몸 의 신 전神殿

황정경 역주

몸의 신전_황정경 역주

초판 발행일   2019년 9월 30일

지은이   정우진
펴낸이   유현조
편집장   강주한
편 집   온현정
디자인   박정미
인쇄·제본   영신사
종 이   한서지업사

펴낸곳   소나무
등록   1987년 12월 12일 제2013-000063호
주소   경기도 고양시 덕양구 대덕로 86번길 85(현천동 121-6)
전화   02-375-5784
팩스   02-375-5789
전자우편   sonamoopub@empas.com
전자집   blog.naver.com/sonamoopub1

ISBN 978-89-7139-348-2   93150

이 도서의 국립중앙도서관 출판예정도서목록(CIP)은 서지정보유통지원시스템 홈페이지(http://seoji.nl.go.kr)
와 국가자료공동목록시스템(http://www.nl.go.kr/kolisnet)에서 이용하실 수 있습니다.(CIP제어번호: CIP2019033191)

몸의 신전^{神殿}

황정경 역주

정우진 지음

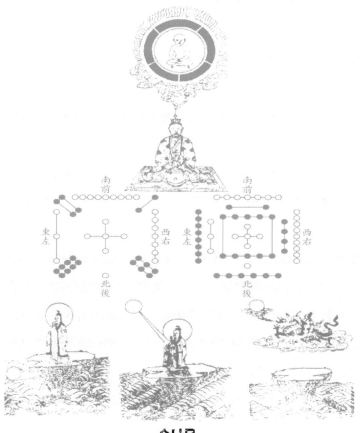

소나무

책을 펴내며

우리는 혼돈에서 왔다. 다음은『장자』에 실려 있는 혼돈에 관한
이야기다.

남해의 제는 숙이요, 북해의 제는 홀이며, 중앙의 제는 혼돈이다. 숙과
홀은 때로 함께 혼돈의 땅에서 만났다. 혼돈은 그들을 잘 대해 주었다.
숙과 홀이 혼돈의 덕에 보답하고자 했다. (그들이 말했다.) 사람들은 모
두 일곱 개의 감각기관이 있어서 보고 듣고 먹고 숨을 쉰다. (그러나) 혼
돈만은 감각기관이 없으니 우리가 구멍을 뚫어 주자 (그리하여 그들은)
매일 구멍 하나씩을 뚫었다. 칠일이 지나자 혼돈이 죽었다.

일곱 개의 구멍은 감각기관을 상징한다. 혼돈은 감관이 없는 무
규정적 존재다. 감관이 없다는 것은 분절할 수 없다는 뜻이다. 혼돈
에게 세계는 모호한 하나의 덩어리다. 그러므로 숙과 홀이 뚫은 구
멍은 혼돈과 세상 모두를 분절하는 행위다. 혼돈은 곧 혼돈한 세상
이다.

칠일은 죽음에 도달한 시간이다. 감관이 생겨날 때마다 혼돈의
생명은 줄어들었다. 감관이 모두 갖춰지자 더 이상 생명은 남아 있
지 않게 되었다. 왜 감관이 죽음을 잃게 만드는가? 감관은 세상을

분절하기 때문이다. 분절을 통해 죽음을 맞이하는 혼돈은 사실 존재하지 않는 존재다. 이 이야기는『장자』의 다른 우화들과 마찬가지로 상식에 고착되어 있던 정신을 각성시키고 존재의 심연으로 향하는 길을 열어 준다. 그리고 수행의 본질을 보여 준다. 원초적 생명력을 찾는 수행자는 보편적 존재화를 꿈꾸면서 생명의 고향을 향해 거슬러 올라간다.

거의 모든 문화권에 수행문화가 있다. 그러나 동양에는 특별함이 있다. 기의 존재! 기는 무의식의 지층에서 발화하여 의식의 영역으로 올라오는 심상의 연원으로서, 희미한 '상(象)'으로 겨우 포착할 수 있는 무의식의 영역에 있다. 혼돈이야기에서 남해와 북해는 의식의 공간이요, 중앙은 무의식의 영역이다. 혼돈의 원초적 생명력은 곧 기다. 거슬러 올라가는 수행자는 기의 흐름에 자신을 맡긴다. 호흡이 길을 안내한다.

수행자는 호흡을 타고 배꼽 아래로 내려가다가 잠시 머문다. 그 순간 수행자는 호흡을 멈춘다. 단전이라고 불리는 그곳에서 수행자는 혼돈의 기와 만난다. 강력해진 에너지를 아래로 밀어 내리면서 곧 척추를 따라 상승시킨다. 회음부가 경계선이다. 항문을 조이면 힘을 받을 수 있다. 정상에 이르렀을 때 피곤해진 기운은 자연스레 잠시 쉰다. 이어서 천천히 아래로 내려오는데, 수행자는 혀를 말아 올려 입천장에 대고 있는 방식으로 그 기운을 받는다. 이후 기운은 다시 아래로 내려간다. 이 과정은 몇 차례나 반복된다. 무의식의 영역에 있는 원초적 생명력이 천천히 깨어남에 따라 개별자는 혼돈이 된다.

이 수행법은 내단이라고 불린다. 수식을 좋아하는 중국 문화는 비전이라는 명분으로 내단을 치장했다. 북창 정렴은 수행자를 오도하는 치장을 삭제하고 간략한 수행문을 작성했다. 『용호비결』이라고 불리는 문헌이 그것이다. 『용호비결』에서 거슬러 올라가면 큰 봉우리를 만난다. 『주역참동계』! 『주역참동계』는 외단의 문구를 빌려 내단론을 피력했다. 외단과 내단의 구분이 모호하지 않을 수 없으므로 해석이 분기했다. 『주역참동계』는 내단과 외단을 모두 담고 있는 문헌이라고 평가해야 한다. 이로부터 더 거슬러 올라가면 『황정경』을 만난다.

『황정경』에는 『내경경』과 『외경경』의 두 종류가 있다. 『외경경』은 도교의 영향을 받지 않은 문헌이다. 4세기경 도교 상청파가 『외경경』을 자신의 입맛에 맞게 재편했다. 『내경경』으로 불리게 된 문헌은 도교화된 『외경경』이다. 왕희지가 거위를 받는 조건으로 도사에게 써 준 글이 『외경경』이다. 왕희지의 『외경경』은 현존하지 않는다. 오직 베껴 쓴 임본과 본을 뜬 탁본이 여러 개 있을 뿐이다. 서로 차이가 있으므로 진위의 논쟁이 있다. 그러나 후대의 왜곡에도 불구하고 도장경 『외경경』에 비하면 원초적이고 순일한 맛이 있다.

동양지성은 논리적 정당화를 가볍게 지나치는 대신, 목표에 도달하는 유용한 방식을 추구한다. 맹자의 윤리학은 윤리적 정당성을 목표로 삼기보다는 윤리적으로 될 수 있는 방법을 이야기한다. 도덕적 동기의 존재를 강조하고 그런 동기를 강화시킬 수 있는 방법에 관해 말한다. 동양의 수행론은 수행을 정당화하기보다는 수행 자체의 목적을 강조한다. 어떻게 하면 더 쉽게 혼돈의 원초적 생명력을 회복할 수 있는가가 동양 수행론의 목적이다.

『황정경』은 동양 수행문화의 원류가 시작되는 곳 언저리에 있다. 이 문헌을 알지 못하고도 수행을 할 수 있음은 물론이지만 이 문헌을 이해하지 못하고는 동양의 수행론을 이야기할 수 없다. 그럼에도 불구하고 국내에서 『황정경』은 번역되지 않은 상태로 남겨져 있었다. 이 문헌의 전통적 번역은 해석자의 편견으로 오염되어 있고, 국외의 현대역은 이들의 편견을 강박적으로 따른다. 나는 이 책의 온전한 번역을 오랫동안 꿈꿔 왔다.

재주가 미천하고 타고난 성향이 조급하므로 이 책의 번역은 온전히 많은 인연 덕분이다. 이 자리를 빌려서 그중 세 분의 선생님께 고마움을 표하고 싶다. 한 분은 대만 도교를 대표하시는 소등복(蕭登福) 선생님이다. 대만에 방문학자로 가 있는 동안 선생님은 내단호흡을 직접 가르쳐 주셨을 뿐 아니라, 매주 한 차례 내 연구실에 오셔서 도장을 읽어 주셨다. 이미 정년을 하신 상태였지만 외국에서 온 젊은 학자에게 아낌없는 가르침을 주셨다. 나는 그분에게서 아낌없이 주는 가르침을 배웠다.

원주 연세대학교 의과대학학장을 지내신 권상옥 선생님은 직접 수행하면서 겪은 체험을 말씀해 주셨다. 그 말씀은 내 공부의 단단한 바닥이 되었다. 선생님은 한국의철학회의 창립을 주도해서 의철학회 초대 회장을 역임하시기도 했다. 지금도 마찬가지지만 그 당시에는 더욱 철이 없던 필자를 의철학에 입문하게 도와주셨을 뿐 아니라, 강의를 직접 주선해서 챙겨 주시기도 했다. 권상옥 선생님이 아니었다면 나의 삶은 참으로 팍팍했을 것이다. 나는 권상옥 선생님으로부터 담담한 수행자의 삶을 배웠다.

경희대학교 철학과의 명예교수님이신 김수중 선생님은 대학원 과정 중에 나를 직접 지도해 주셨다. 선생님이 한의철학협동과정을 만들지 않았다면 나의 학문 이력은 완전히 달라졌을 것이고, 학위 과정 중에『주역참동계』강독을 진행하지 않으셨다면 도교와의 인연은 그리 깊어지지 않았을 가능성이 높다. 선생님은 학위를 취득하기 전에는 엄하셨고 취득한 후에는 넉넉하게 품어 주셨다. 선생님 후임으로 경희대학교 철학과에서 일하게 된 것은 과분한 복이다. 나는 김수중 선생님으로부터 학자의 자세를 배웠다.

이 책을 위해『외경경』의 판본을 다시 만들어야 했다. 그리고 왕희지가『외경경』을 썼던 것처럼『외경경』을 새로 쓰고 싶었다. 내 생각을 흔쾌히 들어준 서예가는 민승준 박사다. 민승준 박사는 산동대에서 2011년 문학박사학위를, 2019년 석재기념사업회에서 올해의 청년작가상을 받았다. 두텁지 않지만 가늘고 힘이 있어서, 나는 그의 글을 좋아한다.『내경경』과『외경경』전체를 써 달라는 무리한 부탁에 흔쾌히 응한 바보 같은 청년 서예가의 푸른 미래를 기원한다.

동양의 수행문화는 다양하고 관련된 문헌도 적지 않으나, 현대 한국에서는 위빠사나 수행이 유행한다. 나는 어떤 수행법이든 문화적 상징에서 차이가 날 뿐, 그 궁극적 목표는 동일하다고 생각하기 때문에 수행 문헌의 우열은 따지지 않는다. 그러나 우리나라의 전통문화에서 차지하는 비중을 보면 도교 수행문화가 가장 크다고

할 수 있다. 도교 수행문화를 연구해 온 이로서 나는『황정경』외에
『주역참동계』와『용호비결』을 번역할 계획을 갖고 있다.『주역참
동계』를 외단과 내단의 맥락에서 번역하고,『용호비결』을 그 취지
에 맞춰 핵심 위주로 간결하고 명확하게 해석하는 것이 목표다.

　인연을 확인해 보고 싶다.

2019년 말복 저녁
경희대학교 교수회관에서

차례

方寸之中至关（谨）素神之子中池立下，為長城玄谷邑長生

五采綜罗之中精氣深子欲不死修崑崙，建立玄膺十二枚

中神以戶飲玉饴子教我者明堂四達法海源，真人子丹當吾（？）

迴流不煩不章違，靈臺通天臨中野方寸之中至關下玉房之

藏精神還歸老復壯，俠以幽阙流下竟養子玉樹不可故（枯？）

迥無慈咽啄庐留己自賞保守完堅身虔慶方寸之中謹蓋

士狼守我身太倉子紙見之可不病橫立長尺約守上子紙守之

之中務修治玄膺氣管受精符某圆子精以自持宅中有

衰巾池為士狼衣衣橫下樂主神柱居中央相距重守之神庐

巍巍羊田之中精氣微玉池清水上生肥靈根堅固不

行之可長存，黄庭中人衣朱衣關門壯蒼兩扉幽闔侠之高

上有黄庭下關元後有幽阙前有命門吸庐廬入丹田審能

黄庭外景経

珠璣無窮玉石金寶皆完峰載地與天回乾坤象長

而長生魂欲上天晚入洞還總歸晚道自然琬瑰嬾

月如明珠常照昭此為致勿本朱神自變物義朱陰

山何常常中為真人何矢令藏長紫言牙城棒使長日

地令藏精七日之玉四相合窺峰之性不迷説九原之

長寶子自有之何不守一晚根帶裳華婆報毛則

是長道毛七地朱回相守昇降子行一念九玉石寢寢是

苦子寀子自有之拘勿專印紹不不藏金寶出月入日

象要本一誰與芝之升日月抱珠懷玉和子寶子孤知之

游德圓長生久視乃飛去子行樂羨周根蓋朱玉令

自安靈無之居在廬百厾裏曠然口不言怡淡無欲

泅潔如來靈無自然道之故物卾自然予不願靈挑無為以

寶之中神乃居洗心自治無敢浮歷韻子藏視前度二捎俩

寀之中神乃居洗心自治無敢浮歷韻子藏視前度二捎俩

明達時合太谷示帆陽役失六八神女啕可子精路可長諫示

主莫逆斗而长生逆过华池动肾精望於明堂斗四将失诸

阴阳不於嗽咽逆神的逆华盖下清且凉入情冷洞见兵邪

下願分理通和毛地长生逆过不知老逆坐毛以修

与於玄房逆的坐伏於玄以修毛道逆在於守逆自守精神上

生気先上合気气逆道飲漿承神诀颇在中光随鼻上下知香

阴藏於九常纸行之不知老守之为气调过长程知玉藏

咽夜自守冯自约能飢自能飽庵六術藏卯酉鈎阴阳之

国主五藏之气亮動静气约行道自守乘精神光盡日明

人當食苦與玉味獨食太和阴阳气故纸不死毛相飽一为

是真書夜思之长存仙人道士肥為神稷精尚致为专宝

気致霊根而有真人中金巾気甲於苻有十四以瓜技葉突

四时赤如丹筹仰後束�5异一逆長還斗興玄泉气龍弘

乙亥孟夏之前清斋写珠俊 [印]

取章草笔三京书鄘字随校勘本 [印]

善养常能行之可长生。

池生灵根、披发行之可长生

亥玄膺迥清灵可侯仙道与吾才颈载白朱诸子丹沐浴华

独紫恍惚永见迥清灵恬淡无欲遂约生迥於七一饮大渊浆

阴阳气化、生入二窍挟黄庭忽双虚无见其躯漠恙肩包

日月列宿张阴阳二神相得下玉英五撮为主肾最字侠於太

挟中宫玄上侠命令明堂通利六府调五行会木水火土为王、

荽通灵无牙塞命如玉都对季吉荽杲将有余、狎中之神

观象诸神依除邪、狎形无神状神遇归依大家至於眉

含相求泵下入挥室紫华荽通神庭审宫神转相凝

理髮制寿龙色涧深永後白下於吮嗽何落崇、诸神皆

華飛裙雲氣羅丹青，橫條摮靈柯七蕤玉籥閉兩

扉重掩蔽真雷鳴電激神泯泯黃庭內人服錦衣紫

氣香蘭開蔽百邪玉煉顏審能修之登廣寒

陰以日為玉池太和宮漱咽靈液災不干體生光華

摮靈根七液洞流衝廬間迴紫抱黃入丹田幽室內明

吸存元氣而合乎宿分紫煙上下三素雲灌溉五華

元左為少陽右太陰後有密戶前生門出日入月呼

不懼虎狼之凶殘坐六甲起老年永延上為誌靈下關

是曰玉書可精研詠之萬遍昇三天千災以消百病痊

三疊舞胎仙九氣映明出霄間神蓋童子生紫煙

七言散化五形變萬神是為黃庭曰內篇琴心

上清紫霞虛皇前太上大道玉晨君閑居蕊珠作

黄庭内景经

內運天經晝夜存之自長生。肺部之宮似華蓋。下有童

子坐玉闕俯仰神廬魄宮似明六府五藏神體精皆在心

誦煙字含明翳鬱導煙主濁清腎神玄冥字育嬰脾神

在心自相當。心神丹元字守靈肺神皓華字虛成肝神

崿但思一部壽無窮非各別住俱腦中列位次坐向外方所

字泥丸九真皆有房方圓一寸處此中同服紫衣飛羅裳

齒神崿鋒字羅千一面之神宗泥丸

泥丸眼神明上字英玄鼻神玉壟字靈堅耳神空

泥丸百節皆有神髮神蒼華字太元腦神精根字

青入玄二氣煥子若遇之昇毛濯玉道不煩誦存真

見之無疾患赤珠靈裙華蒨衣下玄膺生死岸出

蓋霞映珠九幽日月洞空無

精謹修靈宅既清玉帝游和道諮無稽休眉號華

帶帔荷橫津三玄靈紫居隱芝翳鬱自相扶毛中之

答斥靈臺盤固永不衰中池內神服赤珠丹錦雲袍

蒙容消若散氣攝弓蜀見為太谷兩叩童坐在金

牝人長生界九毛祥郭之言層戊己中為叩童黄

上致叩兆日月烟有病子實急當子兩郭水玉對生口

主諸六腑九液浮外應兩有百液淚若錦雲衣舞龍幡

魂還晚永無傾晴郭之宮玄畋圓中有童子異止玄

病瓜鐘子無黄因月七日自克盈重抱念神死後飛攔

叩如青錦投覺佩玉鈴和初魂魄淚液平外應眼目四月精百

太乳汗息之宮聖靈裏下有青童神公子主諸劉鏡顋

理命身不枕如應口舌吐玉華瑯抱哗之亦整蘇久行之飛

玄熱榮衛和丹錦飛裳披玉羅金鈴朱帶坐蓮淚調色

雲用之和滿心郭之言蓮合華下有童子毋元家主遠

帶嘴魚峰咙體不忧急支西元和六氣神偽久視無疾

子坐玉瓛七元主調氣和應中岳鼻高佗素錦衣裳黄雲

玉肌完整且無瑕缺上暗然之如連珠歷歷明其照九隔玉
以意当和致陰界玉吾之雲氣結字保護玉庭内自傷
子塞氣罪握固停含漱金體吞玉英逐吏示飢無蚕臨巴
師父師以子玄鄉而為友思此玄宮殊途一含歸李時
桃核念迴生華音男女細九為桃康道文道以對相望
玉柔柔嗚柔名神自迴柔表同坐各有明或私幼執方
沿人百病消吾糧莧衣裳帶我柔乘李精蚕余載見
元、犬長一尺捲木合中都卷見沿明坐厥字靈元名沁康
佩金帶玉祝柔文紙本威明京慶雲役伏莅神却三
廊眼童鼻精眉猶髮相扑六俱鮮九色錦衣孫華祝
八振揚玉旌旂積毛揭火鈴言語氣力攝病兵其外
死狹猴却之宮六狩精巾南童子瞠威明雷電
黄錦玉衣帶帶章注念柔者子託翔長生寺仙道

二十叫重山雲儀玉華徒守四表帝真者與承魂室真抱身

家子在承魂紫房與身此人何志人泥丸子子百自相連一

玉華諸宇書云雪琉璃玉衡色蒙研瞻望臺子坐繫樞下誰

存玄母太一海珠申崑備重于枝管十二環自竟玉下當真人

毛羽精神棲芝為地關生命庭手為人羅把燈爰芝約采宮

陳七曜九元冠生四朵羅之中精臺汴九微之內幽且陰口為

崗志若茉茉子母氣乾煩倍守何在兩眉諸內使日月和宿

玉神公子發神語太易白元衛之虚明坐金匱玉房可上清真人

育七下百羅若衝高金交洞房繁桃畫以戶是耆太上益承者

蓋享可陰伏朵魂白可帝睿命雲名醮芷禍望黄理朵子異雲

魂晩內守不多雄神生擾中衡忘錫臺注此欵那約表琳條

久晨重無方半之中含深藏不圓守惘留氣神運精老方壯

臺夜熠煥八匹子存內皇興東激于枝風布衝帝苻一重示

論、沿生之道了不煩但修洞玄與玉扃行乘巾八景神二十

生神明捨支旦百念視浸度六揃備江句令故行自軻軻入雲

乘宮迫在皇隆拒雷無寂寂室巾素史飛如是不當行九室正

六丁禍魚守精竃句乘世守乃雷之一而長流起自飛巾初不羅

屑相通達洞視行見無内外于漱五養不飢鴻神華執巾

物不幹泰不乘煞氣匹乃者後了思欲去書入上清、當念素

守守御景乃長守保疾沠九染奇靈怳浚不視内自明物

苦當浩海百濱傾莫去樹拮先考氣亡流漏肌已飛

神位魚之初以朶臺發但當吸氣錄子精主田尺宅而沿生

郊邑六我散飛難分於長生之慎房巾無何為死化令

友狹嬰、後靈之巾八素集派我九之人當巾之長子玄巾擭

一念華乃克望遙望二如羅星金雲之下不可傾迫疾自首

不浪粘精育托化去守留知止精而長生乘氣去伯九道明正

欲接生章夫蒙玄元一魂魄嫁一之為物正無華兒徑你王

可見四體填血淌口衝靈毫擾五里獨帶弄笙佩金當鬻

高報日月吾上道歡儀恍濟善相保乃見玉清畫丞香

曰泥丸妙蛭一炁光煥照入子室能存玄真螢平等一方精神示四光

伏牛幽蹤羅品和炁以出於生死際洞房靈象斗日月又

珍泉如筆五行相接及歸一炁五念炁九九歆可用隱地迴八衛

何示譬山淵永書讚讚誦窈真人堰入山何處難故請讚人百孫

逞憂明很一憇八風柜控駕氣素示晨雲孔金華正伍伐玉輿

舍宇靈無名入上清死錄陰柒神之兆由隱居倦歔游邀無

遷素來因挑隱景藏飛興世珠兮氣羲精口如朱帶執性

高研怡淡道之園肉視惡盼靈見真真人在己堂忍斁何慶

怵慕可毛生畫和柒玉玄燒香接手玉華芳芝入太室瑺璨以

四真生自然高批無為魂魄女清靜神見興夜言安在紫房

精調陰陽、把握六合隱卯兩腎之神主延壽轉降逗斗

行清涑善氣自明光坐起具俱芒練梁查日暉果藏通逼華

本和精枝紙示永入黄亭心典一體五臟玉勃靜念之道德

明招攀氣零邪従友表甸匶嬰突魂息晚摩傾何尺食薬

淡匴改神、百君之實去地物子味和美能邪魔程真嵐神

朱煉此自然是由精誠六守一内守堅固真畫之真靈可性

優飛昇十毛笇玉璘查夜七日思匀眠子紙偸之而长存積功

薫家是根紫清上皇大道灵太亲太和侠付誨化生善楊朕辰

幡十抱磬室扇扵孫火鈴可青隆落烟亭黄戟兩眉習以此枝

荷圖備壺而莠昂備逞而従五申高下陳執劔百支舞錦

難可卟玉莩粎晉姜羊女字曰真人功全巾負甲捄荷耳七心火是

煉逞飛優、仙人道士北曆神讀精景氣匶為庭黄童一妙音

神方祝壽精牙是謂拜達在中守于玄纏二揃神明主上会玄

得神方於還歸是胃家耽養靈根不後拒守宽宗四侯玉郡命

相束隱藏羽盖寿牙捨動拜太陽卌相收明神八成正辟邪

永知白玉真神為藻庭當怳榮守為座廬象神会含轉

金十六咽玉池中通百掀血液如顏色生光金玉澤芳堅破黑

無鲞拈之芳氣柔焦紅視聽幽冥修三玄之調理玉華精發齒

唯行九轫八後平死後精照玄元日月之華微表殘猂氣周流還

金四通而毛道玄玄根百二十金猶四還过以守通誠甚諳

案於青荒可目内眇自相望矢滿八神還相望七玄癸華開

嗟嗟神明通坐待華蓋遊玄京飄飆翠席清涼玉色雲

渡雲行去臭香口嗅饯齒鍊玉方取津京廬入明堂下湾

且長擇卯六狪生柴光一精亮丙不傾上含柒兔下玉漿玄

藏初九矧雄守峰阿無老知白守玉見坐守抖氣歟動清

鎮校勘苓敕章華慧而書　乙亥孟夏清齋呂塚俊

七祖受真文慧太上微言敕神傳不死之道以至一天巳節字

賣金擲丹符山影海平金書玉景乃西宣傳約書授共集室勾令

後此向受庭内孤立書楊授者暨雲錦鳳羅金鈕壙巳代對發扎

情真人晚至乙六丁印授隱章大洞眞十讀四拜郭太上先謁太帝

當更正氣還見一義忽勿顧冠逼敕巳宴能神精黃華玉女共子

董入宓泉本向調玉篇孤行芳通兼自鮮敕發無敢巳長守五味

雲琅莢西反克飢火菜靈上蓋玉不希章、沐浴螢漱穿把

熙真義華葉内盼沉默煉五朱榮氣徊行神明隱龍通荎

揚風彩玄出如青悅慇之智玉清靈我於訊立見春生逸域

玉霜太上隱璟八素瓊流益八液髓實精伏於太陰見忝肌榮素

化之二泉淡然無味為人糧千年逸餽壽正素黃乃曰琅喬及

해제

『황정경』의 수행론

   기원전 3세기쯤부터 기원후 100~200년 사이의 수백 년에 걸쳐 저술된 『황제내경黃帝內經』은 동아시아 의학의 기점이다. 이 책의 성립으로 한의학뿐만 아니라 동아시아 신체관도 자리를 잡았다. 그러나 『황제내경』의 신체관은 수행에 적합하지 않다. 『황제내경』의 해설서인 『난경難經』은 의학과 수행의 맥락을 모두 고려한 문헌으로 보인다. 그러나 절충으로는 넘어설 수 없는 한계가 있다. 수행자들은 수행을 위한 신체관의 필요성을 절감했고, 도인술과 특수한 호흡법의 수행자가 전위에 섰다.

   『황정경黃庭經』은 태식胎息이라 불리는 호흡법과 존사수행 그리고 수행자의 몸에 관한 책이다. 이 책에서 묘사하는 몸은 작은 우주다. 몸은 머리와 체간으로 나뉘고, 체간은 심장과 황정 그리고 단전으로 나뉜다. 오장은 여전하지만 성스러운 신들의 거주지로 바뀌어 있다. 속된 정액이 성스러운 하늘의 기운으로 바뀌는 과정, 하늘의 기운이 몸으로 들어와서 승화하는 절차, 승화했던 기운이 대시 내려오는 통로, 다시 내려온 기운을 몸 안의 신들이 흠향하는 장관壯觀과 그 결과 신화神化되는 몸에 관한 이야기가 『황정경』의 내용이다.

『황정경』이라고 지칭되곤 하지만, 그런 문헌은 없다.『황정경』은 『내경경內景經』과『외경경外景經』의 통칭일 뿐이다. 이전에는『외경경』과『내경경』의 관계 문제가 논쟁거리였다.[1] 그러나 현재 이 문제는 거의 해결되었다.『내경경』은 뒷날『외경경』으로 불리게 된 원본의 확장판이다.[2] 왕희지본王羲之本『외경경』제일 뒤에는 "永和十二年…"이라고 적혀 있다.[3] 영화 12년은 동진東晉 시기인 356년이다. 왕희지본을 신뢰할 수 있다고 가정해 보자.『외경경』의 현존하

1) Paul W. Kroll, "Body Gods and Inner Vision: The Scripture of the Yellow Court," Donald S. Lopez Jr. ed., *Religions of China in Practice* (Princeton University Press, 1996), p.149. 이 문제에 관한 선행 연구는 金勝惠,「黃庭內景經的神之像與氣:上清派傳統中內在超越的體內神」,《道家文化研究》16輯(北京: 三聯書店, 1999), 註 2와 戴思博 (Catherine Despeux),『修眞圖: 道敎與人體』, 李强國 譯(齊魯書社, 2012), 43쪽 註 2 참조.

2) Kristofer Schipper and Franciscus Verellen, *The Taoist Canon* (The University of Chicago Press, 2004), p.185.

3)『中國法書1: 魏晉唐小楷集』(二玄社, 2006), 31쪽. 주지하듯이『외경경』왕희지본의 탁본(임본臨本 포함)은 다수 전해지고 있고, 탁본 사이에는 글자의 출입이 있다. 이런 문제로 왕희지본에 대한 신뢰도에도 의심의 여지가 있다. 왕희지본은 크게 8자본과 7자본으로 나눌 수 있는데, 양쪽에는 자구에 따른 차이가 있다. 예를 들어, 이 책에서 저본으로 삼은 趙孟頫본은 7자본으로, 서두가 "上有黃庭下關元, 後有幽闕前命門"으로 시작된다. 이에 반해 8자본은 "上有黃庭下有關元, 後有幽闕前有命門"으로 되어 있다. 이 외에도 몇 군데서 글자의 출입이 확인된다. 그러나 양구자본, 무성자본 그리고 도장본과 비교해서 보자면 왕희지본은 독특한 특성을 지니고 있다.『正統道藏』洞玄部 本文類의『太上黃庭外景玉經』, 梁丘子 주석본인『正統道藏』洞眞部 方法類의『黃庭外景玉經註』및 務成子 주석본인『正統道藏』太玄部의『太上黃庭外景經注』을 하나로 본다면, 왕희지본을 따로 하나로 보아야 할 것이다. 나는 이 사실이 왕희지본을 신뢰할 수 있는 중요한 근거이며, 판본 자체가 아닌 수행론에 관한 검토인 한, 왕희지본 중 어떤 것을 저본으로 삼는가 하는 것은 이차적인 문제라고 생각한다.

는 가장 오래된 판본은 356년의 왕희지본이다. 물론『외경경』의 성
립 연대는 당연히 이보다 더 올라간다. 쉬퍼Kristofer Schipper의 해석
에 따르면 위魏까지 소급될 수도 있다.[4]

초기 상청파의 강신 모임은 주로 364~367년에 있었고, 강신降神
모임을 주도한 허밀의 생몰년은 305~376년이다. 도홍경陶弘景(456~
536)의『진고眞誥』에는 허밀이『황정경』을 암송했다는 기록이 있는
데, 허밀이 읽은『황정경』은『외경경』이 아닌『내경경』이었다고 생
각된다. 그렇다면『내경경』은 376년 이전에 성립했다고 볼 수 있다.
줄곧 상청파 문헌으로 받아들여져 온『내경경』은 양희楊羲 등이 위
화존魏華存으로부터 받았다고 하는 31권의 상청파 문헌에는 포함되
어 있지 않다.[5] 그렇다면『내경경』은 강신 모임이 있었을 즈음에 지
어졌을 가능성이 높다.

그런데『내경경』은 몇 차례의 편집을 거친 것으로 보인다. 이 추
정의 근거는『내경경』에 있다. 예를 들어, 간부장肝部章(제11)에는 다
음과 같은 글이 있다. "마찬가지로 (잠을 자지 않고) 칠 일간 존사하면
(정기가) 저절로 (몸 안에) 그득해진다."[6] 인용문의 '마찬가지로同用'
는 다른 곳에 유사한 표현이 있음을 암시한다. 자청장紫淸章(제29)에
서 단서를 찾을 수 있다. "주야로 칠 일간 잠을 자지 않고 존사한다."[7]
그렇다면 본래는 자청장이 간부장보다 앞에 있어야 할 것이지만,

4) Kristofer Schipper and Franciscus Verellen, *The Taoist Canon*, pp.96-97.
5) 蕭登福,『六朝道敎上淸派硏究』, 臺北, 文津出版社, 2005, 14-50쪽.
6)『太上黃庭內景玉經』: 同用七日自充盈.
7)『太上黃庭內景玉經』: 晝夜七日思勿眠.

현존 판본에서는 그렇지 않다. 현재의『내경경』체제에 변화가 있었음을 알 수 있다.

　『내경경』편집자들은『외경경』을 의식한 채 몇 차례에 걸쳐 내용을 수정하면서 새롭게 편집했을 것이다. 이 추정을 뒷받침하는 사례는 적지 않다. 그중 하나가 "上有黃庭下關元"과 "是爲黃庭作內篇"[8]이라는 구절이다. 앞은『외경경』의 첫 구질이고, 뒤는『내경경』의 서두에 있는 글이다.『외경경』의 황정은 몸의 특정 부위를 가리킨다. 그런데 뒤의 황정은 그 정체가 불분명하다. 책명으로도 몸의 부위로도 해석할 수 있다.『내경경』편집자가『외경경』을 참조했다는 가정은 이런 모호함을 설명해 준다. 원의를 오해했다고 볼 수 있기 때문이다. 오해는 전습傳襲을 강력히 지지한다.

　『내경경』편집자가『외경경』에 가필했을 가능성도 있다. 이 점은『외경경』의 왕희지본과 도장본을 비교하면 비교적 명확해진다.

　　왕희지본: 上有黃庭下關元, 後有幽闕前命門. 呼吸廬間入丹田, 審能行之可
　　　長存.
　　도장본: (太上閑居作七言, 解說身形及諸神.) 上有黃庭下關元, 後有幽闕前
　　　命門. 呼吸廬間入丹田, (玉池淸水灌靈根,) 審能修之可長存.

　도장본에는 왕희지본에는 없던 구절이 더해져 있다. 이 구절은『내경경』의 모두에 나오는 다음 구절과 호응한다. "상청의 자줏빛

---

8) 무성자주와 양구자주에는 모두 "日"로 되어 있다.

기운 속 허황이 머무는 곳 앞, 예주에서 태상대도옥신군이 한가로이 칠언의 글을 짓는다."⁹⁾ 게다가 『외경경』에는 몸에 관한 설명이 상대적으로 적다. 심지어 뇌부구궁에 대한 명시적 설명도 없다. 도장본 『외경경』의 몸과 신을 설명한다는 말은 과장이다. 아래에서 확인할 수 있듯이 『외경경』에는 존사수행에 관한 설명이 적고, 이에 따라 몸에 대한 언급도 소략하다. 『내경경』 편집자가 『외경경』에 가필했다고 가정하면 이런 과장을 해명할 수 있다.

『내경경』과 『외경경』에는 무시하지 못할 차이가 있지만, 국내의 연구는 『내경경』에 치중되어 있다. 필자는 『외경경』의 수행법을 고찰하거나 『외경경』과 『내경경』을 비교한 연구물을 보지 못했다. 사정은 국외의 경우도 별반 다르지 않다. 콘Livia Kohn은 『외경경』을 주로 존사수행과 관련된 문헌인 것처럼 소개하고 있다.¹⁰⁾ 크롤Paul W. Kroll은 『외경경』과 『내경경』의 핵심은 몸에 거주하는 신과 존사수행이라고 말했다.¹¹⁾ 푸엣Michael Puett은 『외경경』의 수행에서 기운의 순환과 성태로의 변화가 중요하다는 점을 지적했다. 그러나 그는 이런 것들이 존사수행에 부수적인 것처럼 말한다.¹²⁾ 『황정경』을 어디까지나 존사수행을 중심으로 하는 문헌이라고 본 것이다.

---

9) 『太上黃庭內景玉經』: 上清紫霞虛皇前, 太上大道玉晨君, 閑居藥珠作七言.

10) Livia Kohn, *The Taoist Experience: An Anthology* (Albany: State University of New York Press, 1993), p.181.

11) Donald S. Lopez Jr. ed., *Religions of China in Practice*, p.149.

12) Michael Puett, "Becoming Laozi: Cultivating and Visualizations in Early-Medieval China," *Asia Major* (Third Series: The Birth of Early-Medieval China Studies), Vol. 23, No. 1(2010), p.247.

사실처럼 들린다.『외경경』에서 어렵지 않게 존사存思에 관한 설명을 찾을 수 있기 때문이다.

기가 모이는 옥방 즉 단전을 늘 존사하면 신명스럽게 된다. 때때로 태창즉 위胃를 생각하면 배가 고프거나 갈증을 겪는 일이 없다.[13]

천지를 엿보면서 동자를 존사하면, 정기가 안정되어 머릿결이 기름지고 이가 단단해진다.[14]

심장 속의 선비는 늘 붉은 옷을 입고 있으니, 수행자가 그를 존사하면병에 걸리지 않을 수 있다. (심장은) 비스듬히 서 있고 그 높이는 한 자로서, (횡격막) 위에 있다. 수행자가 심장을 지켜 낼 수 있으면 병환이 없으리라.[15]

적막한 가운데 텅 비워 입으로 말하지 않고, (마음을) 담박하게 하여 욕망을 없앰으로써 덕의 정원에 노닌다. 청정한 가운데 향기롭고 깨끗하니 옥녀가 시봉하는 것을 존사할 수 있다.[16]

모두 존사수행에 관해 말하고 있지만 어떤 것은 독자적인 수행법

13) 王羲之本『外景經』: 常存玉房神明達, 時念太倉不飢渴.
14) 王羲之本『外景經』: 窺視天地存童子, 調和精華理髮齒.
15) 王羲之本『外景經』: 宅中有士常衣絳, 子能見之可不病. 橫立長尺約其上, 子能守之可無恙.
16) 王羲之本『外景經』: 寂寞曠然口不言, 恬淡無欲游德園. 清淨香潔玉女存.

으로, 때에 따라서는 다른 수행법에 수반되는 것처럼 묘사되고 있
다. 그러나 존사수행은 『외경경』을 대표하지 못한다. 존사수행을
상징하는 뇌부구궁腦部九宮의 존재가 선명하지 않다는 점이 이런 해
석을 적극적으로 지지한다. 물론 뇌부구궁의 흔적이 전무하지는 않
다. 『외경경』의 '구원九原'은 뇌부구궁의 존재를 암시한다. 무성자務
成子는 구원이 심장을 가리킨다고 보았고,17) 양구자梁丘子는 니환이
라고 했다.18) 그러나 『외경경』의 '구九'는 특별한 의미를 지닌다. 『외
경경』의 신체관이 낙서洛書에 의존하고 있기 때문이다.

> (달이 뜨면 태양이 들어가듯이) 호흡을 번갈아 하는 것이 나의 수행법이
> 다. 하늘의 일곱 기운과 땅의 세 기운이 돌면서 서로를 지킨다. (기운이)
> 오장을 오르내리면서 일이 구와 합쳐진다. 옥석이 떨어지듯이 기운이
> 내려오는 것이 나의 보배다. 그대는 본래부터 이것을 지니고 있으니, 어
> 찌 지키지 못하겠는가?19)

하늘의 일곱과 땅의 삼은 낙서의 도식과 부합한다.20) 낙서에서 삼

---

17) 『正統道藏』太玄部 『太上黃庭外景經注』: 心爲九原, 眞人太一處其中也.
18) 『正統道藏』洞眞部 方法類 『黃庭外景玉經注』: 泥丸中氣王色明, 眞人太一住其中.
19) 王羲之本 『外景經』: 出月入日是吾道, 天七地三回相守. 昇降五行一合九, 玉石落
   落是吾寶. 子自有之何不守.
20) 낙서의 우주론적 위상에 관해서는 존 헨더슨, 『중국의 우주론과 청대의 과학혁
   명』, 문중양 역(소명출판, 2004), 103-105쪽 참조. 낙서의 등장 시기에 대해서는
   이설이 있다. 그러나 『황정경』 성립 이전에 구궁도가 존재했다는 점은 의심할
   필요가 없을 것이다. 이 점을 증명하는 강력한 증거는 안후이(安徽)성 푸양(阜陽)
   현의 전한여음후묘(前漢汝陰侯墓)에서 발굴된 태일구궁점반(太一九宮占盤)이다.

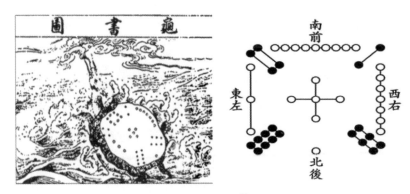

洛書圖와 圖式[21]

과 칠은 하늘과 땅이 아닌 왼쪽과 오른쪽을 가리키지만, 한의학에서 그리고 후대 내단의 도식에서도 좌우는 각각 간과 폐에 대응하고 간은 땅의 기운을 올려 주고 폐는 하늘기운을 내려 보내는 기능을 하므로 삼과 칠은 땅과 하늘을 상징하는 숫자다. 게다가 앞의 '구원' 은 이 글 직후에 나온다. '구원'의 '구'는 거북이의 머리 쪽에 해당하 고, 『외경경』에도 뇌부구궁의 원형이 있다고 말할 수 있다.

　그러나 『내경경』에는 머릿속에 있는 아홉 개의 궁이 명시되어 있 다. 『내경경』과 비교해 볼 때 『외경경』의 설명은 미미하다. 일반적 으로 뇌부구궁은 『황정경』의 존사수행을 대표하는 것처럼 받아들 여진다. 예를 들어, 김승혜는 『내경경』이 존사수행을 위주로 하는 문헌임을 밝힌 후 육장신과 함께 뇌부구궁을 소개하고 있다.[22] 그러

　이 점반의 하단에는 "七年辛酉日中冬至"라는 글이 적혀 있다. 文帝七年 곧 기원 전 173년이다. 山田慶兒, 『中國醫學の起源』, 東京, 岩波書店, 1999, 289쪽.

21) 왼쪽: 來瞿唐, 『易經圖解』, 1a면. 오른쪽: 胡渭, 『易圖明辨』, 권5 300면. 존 헨더슨, 『중국의 우주론과 청대의 과학혁명』, 104쪽과 106쪽에서 전재.

22) 金勝惠, 「黃庭內景經的神之像與氣: 上淸派傳統中內在超越的體內神」.

므로『외경경』에서 뇌부구궁의 위상이 분명하지 않다는 점은 존사수행의 비중이 높지 않다는 점을 함축한다.

『외경경』에는 방중을 암시하는 것처럼 보이는 글도 있다. "그대의 정기가 유출되는 길을 막으면 오랫동안 살 수 있다."[23] 그러나 정기의 누설을 막는 것이 반드시 방중수행의 이념만은 아니다. "코로호흡하여 기운을 보충하고 (정기를) 잘 지켜서 온전하고 견고하게 만들면 몸이 복을 받는다. 사방 한 치 되는 마음을 정성스럽게 덮어 감추면 정신이 다시 돌아올지니, (정신이 돌아오면) 노인이 다시 젊어지리라."[24]

정기의 누설을 금해야 한다는 것은 양생문화 일반의 공통된 지침이었다.『외경경』도 이런 일반적 관념을 반복하고 있지만, 실상『외경경』저자들은 방중수행에 대해 부정적이었다.

기운은 두 신장의 사이를 경유하면서 끝까지 흘러간다. (그러나) 음경을 사용하는 수행법은 믿을 만하지 않다. 지극한 도는 번거롭지 않으니 (방중수행과 같은) 잘못을 저지르지 말라.[25]

---

23) 王羲之本『外景經』: 閉子精路可長活.

24) 王羲之本『外景經』: 呼吸廬間以自償, 保守完堅身受慶. 方寸之中謹蓋藏, 精神還歸老復壯.

25) 王羲之本『外景經』: 俠以幽闕流下竟. 養子玉樹不可杖, 至道不煩不旁迕.『태상황정외경옥경』에는 두 번째 구절이 "養子玉樹令可壯"으로 되어 있다. 그러나『외경경』전체의 논지와 어울리지 않는다. 왕희지본과 비교해 볼 때『태상황정외경옥경』에는 후인의 첨입이나 수정으로 판단되는 구절이 적잖게 존재한다.

장생의 도는 오묘한데, 방중술은 위험하니 음란한 욕정을 버리고 전일하게 정을 지켜야 한다.[26]

방중은 『외경경』의 수행법이 아니다. 그러나 『외경경』 저자들은 방중의 가르침을 요긴하게 차용했다. "영대는 하늘에 통하고 중앙의 들에 임해 있다. 사방 한 치 되는 심장에서 관의 아래에 이르면, 옥방에 있는 신이 드나드는 문호가 있다. 이것은 공자가 미리 내게 가르쳐 준 것이다."[27] 옥방의 옥은 정액과 관련되어 있다. 옥방을 양구자는 여자의 태, 남자의 장정하는 곳이라고 했다.[28] 위치를 확정하기는 어렵지만 옥방은 방중과 관련된 개념이다. 예문의 공자公子도 모종의 결합과 관련되어 있고, 이는 방중과 무관하지 않다.[29] 『외경경』 저자들은 방중술을 행한 것처럼 보일 수도 있겠으나, 방중의 관념이 차용되었을 뿐 방중을 행한 것은 아니다.

『외경경』의 주된 수행법은 호흡법이다. 현존하는 가장 오래된 호흡 관련 문헌은 마왕퇴馬王堆에서 발굴된 『각곡식기却穀食氣』다. 각곡은 일상의 식사를 피하고 약과 호흡으로 대치해야 함을 주장하는 섭생법이다. 유사한 시기의 문헌에서 말하는 '벽곡辟穀'과 '절곡絕穀'

---

26) 王羲之本 『外景經』: 長生要妙房中急, 棄捐淫欲專守精.
27) 『太上黃庭外景經注』: 靈臺通天臨中野. 方寸之中至關下, 玉房之中神門戶, 旣是公子教我者.
28) 『黃庭外景玉經註』: 男曰精, 女曰約, 男以藏精, 女以月水, 故曰門戶.
29) 예를 들어, 무성자는 신공자와 백원군이라고 했다. 『太上黃庭外景經注』: 左爲神公子, 右爲白元君. 신공자과 백원군은 각각 간과 폐에 대응하고, 모종의 결합을 염두에 둔 채 대응하는 존재처럼 보인다.

도 같은 양생법을 가리킨다.30) 『각곡식기』의 식기는 기를 먹는다는 의미다. 즉 흡기吸氣와 같다. 호흡법의 핵심은 땅의 기운을 먹지 않고 하늘 기운을 먹는다는 것이다. 『외경경』에서도 이 점을 명시하고 있다.

선인·도사라고 해서 신이 될 수 있는 특별한 능력이 있는 것은 아니다. 정을 쌓은 결과, 온전히 수명을 누릴 수 있을 뿐이다. 사람들이 모두 곡식과 오미를 먹으나, (선인·도사만이) 홀로 극히 조화로운 음양의 기를 먹기 때문에 죽지 않고 (수명이) 하늘과 같아질 수 있다.31)

곡식을 먹지 않으므로 소화기관에는 아무것도 없다. "육부를 닦으면 깨끗하게 희어진다."32) 조화로운 음양의 기를 먹는다는 것은 흡기를 말한다. "코 즉 호흡을 힘써 닦고 다스려 현응과 기관에서 정기의 부절을 받아들이면, 급히 그대의 정기를 확고하게 하고 (욕망을) 자제하라."33) 다음 글에는 호흡이라는 표현이 등장한다. "위에는 황정이 있고 아래로는 (배꼽 아래 세 치 되는 곳에) 관원이 있으며,

---

30) Donald J Harper, *Early Chinese Medical Literature* (London and New York: Kegan Paul International, 1998), p.305.

31) 王羲之本『外景經』: 仙人道士非有神, 積精所致爲專年. 人皆食穀與五味, 獨食太和陰陽氣, 故能不死天相旣. 『태상황정외경옥경』에는 仙人의 仙이 "僊"으로 되어 있다.

32) 王羲之本『外景經』: 六腑修治潔如素.

33) 王羲之本『外景經』: 神廬之中務修治, 玄膺氣管受精符, 急固子精以自持. 왕희지본에는 神廬가 "神瘴"로 되어 있다. 옳지 않다. 廬로 고친다. 『태상황정외경옥경』에는 務修治가 "當修理"로 되어 있다. 표현을 좀 더 세련되게 바꿨을 뿐, 같은 뜻이다.

뒤에는 신장이 있고 앞에는 배꼽이 있다. 코로 호흡하여 단전으로 들어간다. 이를 살펴 닦으면 장생할 수 있다."[34] 인용문에서 말하듯이 호흡한 기운은 단전으로 들어간다는 인식이 있었다. 정기를 몸에 보관한다는 인식이 있었던 셈이다.

그런데『외경경』에는 좀 이상한 구절이 보인다.

그대는 본래부터 이것을 지니고 있으니 잘 지니고 있으면서 잃지 말라.[35]

그대는 본래부터 이것을 지니고 있으니, 어찌 지키지 않는가?[36]

흡기는 외부의 기운을 흡입하는 것이 아닌가? 인용문에서는 그 기운이 본래부터 수행자에게 있는 것이라고 말한다. 이 말의 맥락을 이해하기 위해서는 복식호흡의 역사를 조망해야 한다. 당 현종대의 문헌인『유진선생복내원기결幼眞先生服內元炁訣』에 호흡법을 조망하기 위한 망루가 있다. 이 문헌에서는 복기법을 내기內氣복식법과 외기外氣복식법 둘로 나누고, 일월의 정기 즉 '울의鬱儀'·'결린結璘'과 '오천五天'의 정기인 '오아五芽' 등을 복식하는 것은 외기를 복식하

---

34) 王羲之本『外景經』: 上有黃庭下關元, 後有幽闕前命門. 呼吸廬間入丹田, 審能行之可長存. 본래 왕희지본에는 呼吸廬間入丹田이 "呼吸廬外出入丹田"으로 되어 있다.『태상황정외경옥경』의 呼吸廬間入丹田을 따라 고쳤다.『태상황정외경옥경』에는 이 뒤에 "玉池淸水灌靈根(옥지의 맑은 물은 [췌장 즉 황정에 있는] 신령스러운 뿌리를 적신다)"라는 구절이 있다.

35) 王羲之本『外景經』: 子自有之持勿失.

36) 王羲之本『外景經』: 子自有之何不守.

는 것이며, 태식은 내기를 복식하는 것이라고 말한다.

　그 두 개의 경(일월), 오아, 육무 및 여러 복기법은 모두 외기를 흡입하는
수행법이다. 외기는 강경하므로 민간의 선비들이 복용할 만한 것이 아
니다. 내기를 복용하는 것을 태식이라고 하는데, 내기는 본래 몸에 있는
것으로서 밖에서 얻는 것이 아니다.[37]

　『외경경』에서는 기운을 본래부터 안에 지니고 있는 것이라고 말
하므로 외기를 먹는 복식법은 아니다. 그러나 앞서 보았듯이『외경
경』에서는 외기의 흡입에 관해서도 말하고 있다. 전형적인 태식법
도 아니다. 발전은 단절적으로 이뤄지는가? 발전은 이전의 것과 이
후의 것이 상당한 기간 병존하면서 천천히 진행된다.『외경경』에
외기를 복식하는 이전의 복식법과 태식법 사이에 존재할 법한 수
행법이 있는 것은 이상한 일이 아니다.
　태식법은 어머니의 뱃속에 있는 태아처럼 호흡하는 수행법이다.
태아가 외기를 흡입하지 않는 것처럼 태식수행자도 내기를 호흡한
다. 내기를 호흡하여 몸 안에 태아와 같은 성태聖胎를 만든다는 생각
이 태식법의 핵심을 이룬다.『외경경』에서도 이와 유사한 생각을 엿
볼 수 있다.

───────────
37)『正統道藏』洞神部 方法類『幼眞先生服內元炁訣』: 其二景(日月), 五牙, 六戊及諸
　　服炁法, 皆爲外炁. 外炁剛勁, 非俗中之士所宜服也. 至如內炁, 是曰胎息, 身中自有,
　　非假外求.

오장을 줄지어 놓고 세 개의 빛을 낳는다. 위로는 삼초와 결합하여 (삼초를 통해 기운이 내려오면 몸 안의) 도가 (그 기운이 섞인) 장을 마신다.[38]

인용문의 도道는 어머니의 뱃속에서 양육되는 태아를 연상시킨다. 당연히 태식수행의 성태와도 유사하다. 『외경경』의 호흡을 복기호흡에서 태식호흡으로의 전개라는 맥락에서 평가해야 한다고 가정해 보자. 『외경경』의 호흡법은 중간에 있으므로 태식수행의 원형이라고 평가할 수도 있을 것이다. 그런데 『외경경』의 호흡법에는 기의 순환이 포함되어 있다. 주지하듯이 기의 순환은 수·당대에 성립한 내단 호흡법의 중요 특징인데도 말이다.

환단을 돌려보내 현천과 결합시킴은 마치 거북이가 기운을 끌어 신령스러운 뿌리 즉 혀에 (기운을) 보내는 것과 같다.[39]

『외경경』에 기의 순환이 언급된다는 것이 함축하는 사실은 무엇일까? 먼저, 『외경경』의 성립 시기에 태식법의 원형뿐만 아니라 내단수행의 원형도 유행했다는 추정이 가능하다. 둘째, 복기·태식·내단의 세 가지 유사한 호흡법은 계승적으로 발전하지 않았다는 점이다. 단순히 시기에 따라 유행하는 호흡법이 달랐을 뿐, 다양한 호흡법이 병존했던 것으로 보인다. 셋째, 태식과 내단수행은 공통점이 적지 않으며 양자는 다른 수행법이라기보다는 하나의 계열에 속하

---

38) 王羲之本 『外景經』: 羅列五臟生三光. 上合三焦道飮漿.
39) 王羲之本 『外景經』: 送以還丹與玄泉, 象龜引氣致靈根.

는 호흡법으로 볼 수 있다는 점이다. 그러나 이곳에서『외경경』의 호흡법에 관해 상세히 논구하기는 어렵다.『외경경』의 수행법에 초점을 맞춰 보자.

『외경경』의 주된 수행법으로는 태식호흡법을 들지 않을 수 없다. 그러나 이미 확인했듯이『외경경』의 태식수행에는 후대에 성행한 내단적 요소도 들어 있다. 먼저, 기의 순환을 들 수 있다. 내단에는 주천周天이라 불리는, 하복부로 내려 보낸 기운을 척추를 따라 올려 보냈다가 다시 체간의 전면부를 따라 내려 보내는 식의 순환이 있다. 둘째, 내단의 결단結丹에서 요긴하게 쓰였던 방중의 관념을 들 수 있다. 내단에서 결단은 간과 폐 그리고 하늘과 땅을 상징하는 청룡과 백호의 결합으로 묘사되고 있다.『황정경』을 대표하는 수행법이라고 하는, 신을 상상하는 존사수행은 오히려 부수적 수행법에 불과했다.『내경경』은 어떠했을까?

『내경경』수행 중 가장 중요한 것은 암송수행이다. "만 번 암송하면 천계에 오르고 온갖 재앙이 없어지며 모든 병이 낫고 맹수의 흉포함을 당하지 않을 수 있다. 또한 늙음을 막아 수명을 길이 늘릴 수 있다."[40]『내경경』의 마지막 장인 목욕장沐浴章(제36)에서는 이 점을 명시한다. "(내경경을 암송할 때는) 목욕하여 몸을 깨끗이 하고 비리고 매운 음식을 먹지 않는다. 정실에 들어가 동향하고 황정경을 암송한다. 대략 만 번을 암송하면 뜻이 절로 선명해진다."[41] 도홍경의『진

---

40)『太上黃庭內景玉經』: 是日玉書可精研, 詠之萬遍昇三天, 千災以消百病瘥, 不憚虎狼之凶殘, 亦以卻老年永延.『내경경』은 正統道藏 洞玄部 本文類의『太上黃庭內景玉經』을 저본으로 삼았다.

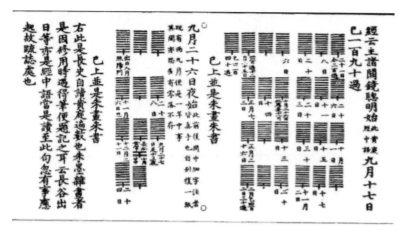

『眞誥』卷十八 握眞輔第二

고』권18에는 허밀이 『황정경』을 암송하면서 횟수를 기록한 흔적
이 보인다.

　허밀은 『황정경』을 암송하면서 10을 단위로 암송한 횟수를 기록
해 두었다. 도홍경의 또 다른 저술인 『등진은결登眞隱訣』하권에는
'송황정경법誦黃庭經法'이라는 글이 있는데, 거기에 다음과 같은 구
절이 있다. "동화옥편황정내경경을 암송할 때는 열 번 읽은 후 사배
해야 한다고 말했다."[42] 따라서 앞서 말했듯이 허밀이 암송한 문헌
은 『내경경』임에 틀림없다.[43] 『내경경』은 기본적으로 경전을 암송
하는 송경誦經수행 문헌이다. 『외경경』에는 암송에 관한 언급이 부
재하다. 두 문헌을 비교하면, 『내경경』의 암송이 더욱 두드러진다.

---

41) 『太上黃庭內景玉經』: 沐浴盛潔棄肥薫, 入室東向誦玉篇, 約得萬遍義自鮮.

42) 『正統道藏』洞玄部 玉訣類 『登眞隱訣』: 誦東華玉篇黃庭內景經, 云十讀四拜.

43) 이미 지적했듯이 이 점은 『내경경』의 성립시기를 알려주는 중요한 단서다.

암송수행은 무의미한 주문의 암송을 연상시킨다. 그러나『내경경』은 상징적이므로 종종 모호하지만 특수한 내용을 담고 있다.『내경경』의 암송은 단순한 주문의 암송과는 다르고, 이 점은『내경경』의 암송수행이 다른 수행과는 층위가 다른 즉 다른 수행과 겸수되는 부수적 수행법임을 함축한다. 암송의 내용이 되는 수행법은 무엇일까?『내경경』에도『외경경』과 마찬가지로 기운의 운행과 축적을 목표로 하는 수행법이 있다.

선인이나 도사라고 해도 (본래부터) 신묘함이 있는 것은 아니고, 정을 쌓고 기를 누적시켜 진인이 되었을 뿐이다. 황동 즉 황정신이 황정의 도를 설명해 주는 묘음은 듣기 어렵다. 황정경은 붉은 대쪽에 붉은색으로 쓰였다.…이 수행법은 지엽말단이 아니요, 수행의 뿌리다.[44]

정을 쌓고 기를 누적시키는 수행법은 기운의 순환을 전제한다. 환정還精은 기의 순환을 함축하는 용어다.

삼신이 환정하면 노인이 다시 젊은이가 된다. 혼魂과 백魄이 안에서 지키고 (서로) 다투지 않으면 신이 뱃속에서 생겨나 옥구슬을 머금고 신령스러운 액이 신장으로 흘러든다. (이렇게 되면) 어찌 잃을 수 있겠는가?[45]

---

44)『太上黃庭內景玉經』: 僊人道士非有神, 積精累氣以爲眞. 黃童妙音難可聞, 玉書絳簡赤丹文.…此非枝葉實是根.

45)『太上黃庭內景玉經』: 三神還精老方壯, 魂魄內守不爭競, 神生腹中銜玉璫, 靈注幽闕那得喪.

환정은 '정을 되돌린다'는 뜻이다.『외경경』의 '환단還丹'이라는 표현과 대응한다. 갈홍葛洪은 3~4세기에 유행하던 방중을 소개하면서 다음과 같이 말했다. "방중에는 10여 가지가 있다. 어떤 것은 손상된 것을 보태 주고, 어떤 것은 다양한 병을 치료한다. 어떤 것은 음기로 양기를 보충하고, 어떤 것은 수명을 증진시키는 것도 있다. (어떤 방중이든) 그 요체는 환정보뇌 한 가지다."[46]

환정은 방중술에서 차용된 개념으로, 사정을 금해야 한다는 생각을 함축하고 있다.『내경경』에서도 사정을 금해야 한다는 것을 반복하고 있다.

장생하는 데 매우 조심해야 할 것이 성교다. 어찌하여 죽음을 초래하는 일을 하고 (생명 그 자체인) 신을 고달프게 하는가? 성교를 하는 순간은 죽음과 삶이 결정되는 때다. 이때 방중을 소홀히 하면 (체내에 거주하는 신인) 삼령이 소멸한다. 기를 흡입하고 정을 보존해야 한다.[47]

정실을 잘 막고 함부로 배설하지 말라. 정실을 막아 정을 소중히 다루면 장수할 수 있다.[48]

---

46)『抱朴子』: 房中之法十余家, 或以補救傷損, 或以攻治衆病, 或以采陰益陽, 或以增年延壽. 其大要在於還精補腦之一事耳.
47)『太上黃庭內景玉經』: 長生至慎房中急, 何爲死作令神泣, 忽之禍鄉三靈歿. 但當吸氣錄子精.
48)『太上黃庭內景玉經』: 急守精室勿妄泄, 閉而保之可長活, 起自形中初不闊, 三宮近在易隱括.

그런데 몸에 축적된 정이 어떻게 뇌에 이르는 걸까?『내경경』의 편집자들은 몸을 삼등분해서 보았다.『상청자정군황초자영도군동상경上清紫精君皇初紫靈道君洞房上經』에서 이 문제에 관한 상청파의 생각을 알 수 있다. 그들은 몸을 상·중·하로 나누고, 상에는 머리 부위를, 중에는 목과 칠장[49]의 여덟 신을, 아래에는 일반적으로 말하는 육부의 신을 배속했다. 육부의 기운 즉 아래로 내려간 기운을 총괄하는 것이 담이고, 담에서 총괄한 기운을 위로 올라가게 하는 것은 간이다.

담부의 궁은 육부의 정을 관장한다.[50]

간의 기는 힘이 강하고 맑은데다가 멀리까지 미친다. 육부가 줄지어 있는 가운데 삼광이 나온다. 마음에 사사로움이 없고 한쪽으로 기울어지지 않으면, 위로 삼초에 합치하고 아래로 옥장에 이어진다.[51]

간에 이른 기운은 폐에서 다시 아래로 내려온다. "폐의 기운은 삼초에서 시작된다."[52] 삼초는 수액대사와 관련된 무형의 기관이다. 삼초에서 시작된다는 말은 간기를 타고 올라간 기운이 폐의 기능에 따라 아래로 내려온다는 뜻이다. 아래로 내려오는 기운은 양쪽의

---

49) 육장六藏(신장을 둘로 나눔)+담장膽藏

50)『太上黃庭內景玉經』: 膽部之宮六腑精.

51)『正統道藏』洞玄部 玉訣類『上清紫精君皇初紫靈道君洞房上經』: 肝氣鬱勃淸且長, 羅列六腑生三光. 心精意專內不傾, 上合三焦下玉漿.

52)『太上黃庭內景玉經』: 肺之爲氣三焦起.

신장에 들어갔다가 결합해서 단丹을 맺는다.

비장은 길이가 한 척으로 태창에 가려져 있다. 중부로군이 황정을 다스리고 있다.…정기를 기르고 명을 늘리는 일은 중부로군에 의존한다. 세 번 이름을 부르면 신이 저절로 감응한다. 삼로군이 함께 앉아 있는데 각각 짝이 있다. (삼로군은) 혹은 정을 혹은 태를 관장하여, 각기 따로 담당하는 것이 있다. 명문도군 해도강의 자는 합정연으로 빛이 난다. 명문도군인 도강은 남녀의 교접을 책임진다. 도부와 도모는 서로 마주하여 있고 사부와 사모는 단현향에 있다. (방중에서 행하는 것처럼) 이들 도부·도모 등을 존사하면 천계에 오를 수 있다.[53]

도부道父·도모道母와 사부師父·사모師母는 모두 방중술에 수반되는 존사법에 사용되는 신이다.[54] 결단結丹을 방중의 개념을 빌려서 말하고 있는 셈이다. 도부나 도모 등의 이름도 실은 육십갑자의 신에서 온 것이다. 이들 신은 특정한 육십갑자에 대응할 뿐만 아니라 몸의 특정 부위와도 대응한다. 예를 들어 사부와 사모는 신장을 다스린다.[55] 이것이 육십갑자신이 방중의 의례에 소용된 배경이다.

---

53) 『太上黃庭內景玉經』: 脾長一尺掩太倉. 中部老君治明堂,…長精益命賴君王. 三呼我名神自通, 三老同坐各有朋, 或精或胎別執方. 桃孩合延生華芒. 男女徊九有桃康, 道父道母對相望, 師父師母丹玄鄕, 可用存思登虛空.

54) 『正統道藏』正一部 『上淸黃書過度儀』: 左足躡寅右, 在中. 言甲寅道父十, 某爲臣妾消四方之災陰, 右足躡申左, 在中. 言甲申道母, 留爲臣妾散四方之禍, 陽次卯陰次未咒, 如初交巳亥周寅申, 每一周咒日, 生我者師父康, 懷我者師母妞, 生我活我, 事在大道與父母. 三周止.

55) 『正統道藏』正一部 『正一法文十籙召儀』: 甲寅明文章, 道父八十一, 長七寸, 靑色

방중의 의례에서는 몸의 부위와 자세를 정확히 지적해야 하기 때문이다.

이미 검토했듯이『외경경』에도 방중의 관념이 존재했다. 그러나 그 내용은 많지 않았다. 방중의 개념과 이론을 차용함으로써 결단의 관념을 명확하게 한 것은『내경경』의 중요한 공헌이다.『외경경』에 보이던 내단수행의 원형적 관념이 보다 구체화된 것이라고 평가할 수도 있다.

지금까지 암송수행을 중시한다는 점과 내단수행과 가까워졌음을『내경경』의 특징으로 들었는데, 보다 중요한 특징은 존사수행의 중시에 있다.

양생의 도는 명료해서 번거롭지 않다. 다만 동현의 상청경과 옥편을 닦고 겸해서 몸 안의 팔경신을 존사하면 이십사진이 자연으로부터 나와 높은 곳에서 공수한 채 무위하여 혼백이 편안해지리라.⋯정성스럽게 내시하면 신을 모두 볼 수 있다. 진인은 내게 있으니 결코 이웃에게 묻지 말라. 하필 먼 곳에서 인연을 구하겠는가?[56]

神明君, 姓嬴名釋字玄明, 從官十六人, 治在紫宮, 長樂鄕, 蓬萊里. 甲申扈文長, 道母闒裡尤切, 長七寸, 白色神明君, 姓嬴名怛字元龍, 從官十六人, 治在華蓋宮, 太淸鄕, 東明里. 甲子王文卿師父康, 長九寸, 色神明君, 姓嬴名鏡, 字昌明, 從官十八人, 治在腎絳宮鄕中元里. 甲午衛上卿師母妼乃丑切, 長九寸, 赤色神明君, 姓嬴名嵩字始丘, 從官十八人, 治在腎絳宮太初鄕苞元里.

56)『太上黃庭內景玉經』: 治生之道了不煩. 但修洞玄與玉篇, 兼行形中八景神, 二十四眞出自然, 高拱無爲魂魄安.⋯內視密盼盡見眞, 眞人在己莫問鄰, 何處遠索求因緣.

존사수행은 단순한 수행법이 아니라『내경경』을 대표하는 지극한 도로 간주되고 있다. 존사수행을 중시했다는 것은 육장신과 뇌부구궁 및 머리에 거주하는 다양한 신에 대한 묘사가 정밀해졌다는 점에서도 확인할 수 있다.

> 니환과 몸의 마디 어느 곳에나 신이 있다. 머리카락의 신은 창화로 자는 태원이고, 뇌신은 정근으로 자는 니환이며, 눈의 신은 명상으로 자는 영현이고, 비신은 옥롱으로 자는 영견이며, 귀의 신 공한은 자가 유전이고, 혀의 신 통명의 자는 정륜이며, 이빨의 신 악봉의 자는 나천이다. 얼굴의 신 모두는 니환을 종조로 삼는데 니환을 비롯한 구진에게는 (각자의) 방이 있다. (방은) 사방 한 치로서 (뇌부구진은) 모두 이곳에 거처한다. (그들은) 모두 자줏빛 상의와 바람에 날릴 듯 가벼운 치마를 입고 있다. 뇌부의 아홉 신 중 한 신만을 존사해도 수명이 무궁하다. 아홉 신은 각각 따로 무질서하게 거주하지 않는다. (아홉 신은) 모두 머릿속에 순서대로 줄지어 앉아 밖을 향하고 있다. 마음으로 존사하면 저절로 신이 되리라.[57]

그뿐이 아니다. 심신장心神章(제8)부터 비장장脾長章(제15)에 이르기까지 육장의 신을 호칭과 복식을 중심으로 자세히 묘사하고 있다. 신의 복식과 호칭에 대한 묘사는 존사수행에 필요하다. 물론『내경

---

57)『太上黃庭內景玉經』: 泥丸百節皆有神. 髮神蒼華字太元, 腦神精根字泥丸, 眼神明上字英玄, 鼻神玉壟字靈堅, 耳神空閑字幽田, 舌神通命字正倫, 齒神愕鋒字羅千. 一面之神宗泥丸, 泥丸九眞皆有房, 方圓一寸處此中, 同服紫衣飛羅裳. 但思一部壽無窮. 非各別住居腦中, 列位次坐向外方. 所存在心自相當.

경』에도 뇌부구궁에 대한 묘사는 빈약하지만 뇌부구궁을 전제하고 있었다는 점은 인용문의 니환에서도 확인할 수 있다. 이때 니환은 뇌부구궁 중 하나인 니환일 뿐만 아니라 뇌부구궁 전체를 일컫는 말이기도 하다.

도홍경은 이 점을 보완할 생각이었던 것으로 보인다. 그는 뇌부구궁을 자세히 묘사했다. 도홍경이 근거한 자료는 그가『등진은결』의 모두에서 인용하고 있는 '현주상경소군전玄洲上卿蘇君傳'으로, 그 내용을 도식화시키면 다음과 같다.

	천정궁 天庭宮	극진궁 極眞宮	현단궁 玄丹宮	태황궁 太皇宮	
수촌守寸	명당궁 明堂宮	동방궁 洞房宮	니환궁 泥丸宮(丹田)	유주궁 流珠宮	옥제궁 玉帝宮

뇌부구궁 중 명당궁은 심장에, 동방궁은 황정에, 니환궁은 단전에 각각 대응한다. 그것은 체간을 수직으로 보았을 때의 구도와 대응한다. 게다가 동방궁은 결단結丹에서 특별한 의미를 지닌다. 도식에서 알 수 있듯이 동방궁은 명당궁과 단전궁의 사이에 있다. 이곳에는 좌·우·중앙에 각각 신이 있다. 무영공자無英公子가 좌측을, 백원군白元君이 우측을, 황로군黃老君이 중앙을 통치한다. 그런데 무영공자와 백원군은 각각 간과 폐를 상징하고, 또한 결합함으로써 단을 만드는 것으로 간주되고 있다.

『내경경』편집자들이 체간의 구도를 뇌부구궁의 설계도에 반영한 셈인데, 주로 체간에서 수행되는 태식수행을 반영하려는 생각이 있었다고 보인다. 즉 존사수행을 대표하는 뇌부구궁은 그 탄생부터 태식수행을 돕기 위한 의도에서 구성되었을 가능성이 있다. 그러나 부수적 수행법일지라도 존사수행이 지극히 강화되었다는 것은 사실이다. 존사수행은 『내경경』에 이르면 보다 중시되었고, 주된 수행법인 태식수행과의 관련성도 더욱 깊어졌다고 말할 수 있다.

이미 말했듯이 『황정경』은 양희 등이 위화존으로부터 받았다고 알려진 31권의 상청파 문헌에는 포함되지 않지만, 상청파 계열의 문헌이다. 특히 『내경경』은 초기 상청파 계열의 사람들에게 중시되었다. 『내경경』은 상청파가 『외경경』에 근거해서 재구성한 문헌이다. 이것이 『내경경』이 상청파의 초기 문헌에 들어 있지 않은 이유다. 상청파의 개입이 두 문헌 사이의 차이를 만들어 냈을 것이다.

가장 큰 차이는 존사수행의 비중이다. 본래 『외경경』의 핵심 수행법은 원형적인 태식수행법이었다. 『외경경』에서는 호흡과 기순환을 말하지만 상세하지는 않았고, 존사수행도 부수적으로 언급되고 있을 뿐이었다. 또한 결단이라는 중국 호흡법의 중요 특징도 뚜렷하지 않았다. 『외경경』은 일종의 호흡법인 태식수행을 위주로 하고 존사수행을 부수적으로 차용한 태식수행 문헌이었다고 할 수 있다.

『내경경』에서는 존사수행의 비중이 몹시 강화되었다. 존사수행은 부수적 수행법이라기보다는 그 자체로 완결된 수행법처럼 받아들여지고 있다. 송경수행에 대한 강조도 특기할 만하다. 송경수행의 도입과 존사수행의 강조를 『내경경』 수행의 가장 큰 특성이라고 할 수 있다. 복식수행이라는 『외경경』의 주된 수행법이 보다 구체화되었다는 점은 또 다른 특징이다. 『외경경』에 부재하던 결단의 방식이 체계화되었고, 그 와중에 방중의 다양한 용어가 차용되었다.

내단에서 말하는 결단의 원형적 모습도 확인할 수 있다.

　요컨대,『내경경』에 이르면 복식수행의 체계화와 존사수행의 중시 그리고 송경수행의 도입이라는 변화가 생겨났다. 상청파의 소의 경전인『상청대동진경上淸大洞眞經』을 대표하는 수행법은 존사에 기반한 송경수행이다.『내경경』에서 일어난 변화를 초래한 이들이 상청파였음을 재확인시켜 주는 사실이다. 강신이라는 무속적 방법에 근거해서 성립한 상청파는, 호흡수행을 받아들일 필요를 느낀 나머지『황정경』을 선택한 것으로 보인다.『황정경』의 이야기는『외경경』에서 시작되었으나,『내경경』까지 이어진다.『황정경』의 수행 이야기를 시작한 이들은 단순한 복식수행자였지만, 완성한 이들은 상청파였던 셈이다.

『외경경』 역주

1장

上有黃庭下關元, 後有幽闕前命門. 呼吸廬間入丹田, 審能行之可長存.

위에는 황정이 있고 아래에는 (배꼽 아래 세 치 되는 곳에) 관원이 있으며, 뒤에는 신장이 있고 앞에는 배꼽이 있다. 코로 호흡하여 단전으로 들어간다. 이를 살펴 닦으면 장생할 수 있다.

해제 내 안의 참 나 즉 성태聖胎가 형성되는 단전의 위치를 설명하고, 호흡법이 『황정경』의 주된 수행법임을 밝히고 있다. 더불어 코로 호흡한 기운이 단전에 도달함을 함축적으로 전달하고 있다.

1) 上有黃庭下關元, 後有幽闕前命門.

단전의 위치를 설명하고 있다. 배꼽 뒷부분이다. 우리나라에서는 하단전을 배꼽 세 치 아래로 간주한다. 『외경경』에서 말하는 단전의 위치와는 다르다. 『태상황정외경옥경太上黃庭外景玉經』에는 이 앞에 "太上閑居作七言, 解說身形及諸神"[1]이라는 두 구절이 있다. 『내경

---

[1] "태상로군이 한가로이 앉아 칠언으로 된 글을 지어 몸과 여러 신에 관해 해설한다." 도교 경전의 모두에서는 상투적으로 문헌의 유래를 밝힌다. 예를 들어, 『正統道藏』正一部『洞眞太上道君元丹上經』의 첫 부분은 다음과 같다. "태제군, 태상천제군, 태미천제군은 세 존군이다. 삼군이 옛날에 태상도군에게서 현단상경을 받아 시행함으로써 도를 닦아 이뤘다.…태제군은 진경을 서왕모에게 전수하고, 태상천제군은 남극상원군에게 전수했으며, 태미천제군은 진경을 금궐성군에게 금궐성군은 진경을 상상청동군에게 상상청동군은 부연자에게 전수했다. 이 경은 소령의 상편으로 그 도가 높아 오묘하니 중선이 얻어 들을 수 있는 것이 아니다(太帝君, 太上天帝君, 太微天帝君, 三尊君. 三君昔之奉受玄丹上經於太上道君, 施行奉修道成.…太帝君以眞經傳授西王母, 太上天帝君以經傳授南極上元君, 太

경』의 앞 구절은 "上有魂靈下關元, 左爲少陽右太陰, 後有密戶前生門"이다.『외경경』의 황정黃庭이 혼령魂靈으로 바뀌었다! 단전의 위치를 중시하는『외경경』과는 달리,『내경경』의 목적은 황정의 위치를 설명하는 것이다.『내경경』에 이르면 황정은 다른 것들을 통해 그 위치를 지정해야 할 정도로 중요해졌다.『내경경』에서는 황정이 체간의 중심이다. 단전에서 황정으로의 변화, 그것은 수행법의 변화 그리고 그런 변화를 신체관에 반영해야 했던『내경경』편집자들의 고민을 상징한다.

黃庭: 양구자는 황정을 명당·동방·단전의 뇌부삼궁이라고 했다.[2] 무성자는 눈이라고 해석했다.[3]『외경경』에는 머리에 있는 아홉 개의 궁 즉 뇌부구궁이 선명하지 않다. 단순히 '구九'라는 숫자로 표현될 뿐이다. 예를 들어 12장에는 "九原之山何亭亭"이라는 글이 있다. 양구자는 후대의 관점으로 해석했으므로 자주 틀린다. 무성자가 말한 눈은 너무 엉뚱하다. 관원은 우리나라에서 전통적으로 생각해 온 배꼽 아래의 하단전이고, 명문命門은 배꼽이다. 황정은『외경경』에 세 번 보인다. 1장, 2장, 23장. 23장의 황정은 신장과 연결되어 있다. 신장 부위에 있는 기관이어야 한다. 내 생각에 황정은 췌장pancreas이다. 황정에 관해서는『내경경』에서 자세히 다룰 것이다.

微天帝君以真經傳授金闕聖君, 金闕聖君以真經傳授上相青童君, 上相青童君以真經傳涓子. 此經是素靈上篇, 此道高妙, 非中仙所可得聞)."『외경경』이 도교도에 의해 정리되면서 같은 투식으로 바뀐 것이다. 운급칠첨본에는 "老君"으로 되어 있다. 도장본의 태상은 태상로군을 가리킨다고 봐야 할 것이다.

2)『黃庭外景玉經註』: 黃庭者, 在頭中, 明堂, 洞房, 丹田此三處是也.

3)『太上黃庭外景經注』: 黃庭者, 目也.

關元: 황정과 근사한 개념으로 관원과 명문 그리고 단전이 있다. 이 중 명문은 후대에는 두 신장의 가운데 있는 기운이라는 뜻으로 쓰였는데, 『외경경』과 성립 시기가 가까운 『난경難經』에서는 오른쪽 신장을 가리키는 말이었다.

"장은 모두 하나일 뿐인데, 신장만은 두 개다. 왜인가?"

"그렇다. 신장은 둘이다. 그러나 둘 모두가 신장인 것은 아니다. 왼쪽에 있는 것이 신장이고 오른쪽 것은 명문이다. 명문은 정신이 머무는 곳이요, 원기가 매어 있는 곳이다. 남자는 그곳에 정을 저장하고 여자는 (그곳에) 태가 매달려 있다. 그러므로 신장도 하나뿐임을 알 수 있다."[4]

『난경』은 후한대에 성립되었다고 하지만, 이설이 적지 않다. 위·진 시기(221~420)일 가능성도 있다. 『황정경』의 성립 시기와 유사하다. 명문은 황정과 구분되는 개념으로서, 오른쪽 신장을 이르는 말이었다. 다른 설명도 있다. 『황제내경』 「근결」편에서는 명문을 눈이라고 한다. "태양은 지음에 뿌리내리고 있으면서 명문에서 맺힌다. 명문은 눈이다."[5] 정신이 눈으로 드러난다는 관념에서 비롯된 명칭이다. 이곳의 맥락과는 어울리지 않는다. 관원은 황정과 가깝지만 다르다. 『황제내경』 「한열병」편에 배꼽 아래 세 치 되는 곳을

---

4) 『難經』 「三十六難」: 藏各有一耳, 腎獨有兩者, 何也. 然, 腎兩者, 非皆腎也. 其左者爲腎, 右者爲命門. 命門者, 諸神精之所舍, 原氣之所繫也, 男子以藏精, 女子以繫胞. 故知腎有一也.

5) 『黃帝內經』 「根結」: 太陽根於至陰, 結於命門, 命門者, 目也.

관원이라고 한다는 말이 있다.[6] 관원은 우리나라에서 말하는 하단
전에 부합하는 자리다.『난경』「육십육난」에도 "배꼽 아래 두 신장
사이에서 움직이는 기는 사람의 생명으로 십이경맥의 근본이므로
이름 하여 원原이라고 한다"[7]는 말이 있다. 위치는 다르지만, 당연
히 原과 元은 통한다. 다만, 좌우를 기준으로 보았을 때 체간의 중심
에 있다는 섬에서는 동일하다. 그러므로『외경경』에서 말하고자 하
는 체간의 중심인 단전은 관원보다 위에 있다. 현대 한국인이 생각
하는 하단전보다는 위쪽 즉 배꼽 뒤쪽이다.

   幽闕: 신장. 신장은 척추 쪽에 바짝 붙어 있으므로 뒤에 있다고 말
했다.

   命門: 앞의 인용문에서 확인할 수 있듯이『내경경』상유장上有章
(제2)에서는 생문生門이라고 해서 분명하게 표현했다. 낳는 곳 즉 배
꼽을 가리킨다.

   2) 呼吸廬間入丹田, 審能行之可長存.

   呼吸廬間入丹田:『태상황정외경옥경』에는 이 뒤에 "玉池淸水灌靈
根(옥지의 맑은 물은 [췌장 즉 황정에 있는] 신령스러운 뿌리를 적신다)"이라
는 구절이 있다. 본래 왕희지본에는 "呼吸廬外出入丹田"으로 되어
있다. 왕희지는 神廬도 神廬로 표현했다. 옳지 않다. 모두 廬로 고쳤
다.『태상황정외경옥경』에는 "呼吸廬間入丹田"이라고 되어 있다. 여
간廬間은『내경경』상유장에도 나온다. "일곱의 액이 흘러내려 여간

---

6)『靈樞』「寒熱病」: 臍下三寸關元也.

7)『難經』「六十六難」: 臍下腎間動氣, 人之生命也, 十二經之根本也, 故名曰原.

에 부딪힌다."[8] 호흡이 통과하는 통로 즉 코를 통과해서 목으로 이어지는 부위를 가리킨다. 『외경경』의 주된 수행법은 복식服食 즉 일종의 호흡법이다. 호흡법이 몸 안에 성태聖胎(성스러운 자아라고 해석해도 좋다)를 이룬다는 관념과 연결되면 태식법이라고 부를 수 있다. 『외경경』의 호흡법도 태식법이라고 할 수 있을 것이다. 호흡을 말하고 있는 이 부분의 의미는 비교적 정확하다. 코를 통해 들어온 기운이 단전으로 들어간다는 뜻이다.

丹田: 『내경경』 상유장에서는 "廻紫抱黃入丹田"이라고 해서 하단전임을 비교적 분명히 밝혔다. 무성자는 하단전으로 보았다.[9] 『외경경』에는 상단이니 중단이니 하는 말은 보이지 않지만, 삼단전을 인식하고 있는 것으로 보인다. 그러나 단전이라는 표현이 나오면, 하단전 즉 배꼽 뒤쪽을 가리킨다. 현대 한국인이 생각하는 단전인 관원 즉 배꼽의 세 치 아래와는 다르다.

行之: 지之는 『외경경』의 태식호흡법을 가리킨다.

---

8) 王羲之本 『內景經』: 七液洞流衝廬間.
9) 『太上黃庭外景經注』: 丹田中者, 臍下三寸陰陽戶, 俗人以生子, 道人以生身.

2장

黃庭中人衣朱衣, 關門壯籥蓋兩扉, 幽闕俠之高巍巍. 丹田之中精氣微,
玉池清水上生肥, 靈根堅固志不衰.

황정에 있는 이는 붉은 옷을 입고 있다. 문을 닫고 장대한 자물쇠를 걸었
으며, (안쪽의) 두 문도 닫아 두었다. 신장은 단전을 끼고 높이 치솟아 있다.
단전 속의 정기는 은미하니 옥지의 맑은 물이 위를 살찌게 하고, 혀가 견
고하니 (생명의) 의지가 쇠하지 않는다.

해제 배꼽 뒤에 있는 단전의 정기를 보존해야 한다는 것과, 그 정기가 입
으로 옮겨 간다는 것을 말하고 있다. 음식을 먹지 않지만, 생명력을 잘 보
존할 수 있음을 말하고 있다.

1) 黃庭中人衣朱衣, 關門壯籥蓋兩扉.

關門: 앞의 명문 즉 배꼽에 빗장을 건다는 뜻이다. 은미하게 보존
되어 있는 정기를 잘 보존한다는 취지다.

壯:『태상황정외경옥경』에는 "茂"로 되어 있다. 관문에 건 자물쇠
가 크다는 것을 뜻한다. 의미상 차이는 없다.

蓋兩扉:『태상황정외경옥경』에는 "合兩扉"로 되어 있다. 무성자는
양비를 두 눈이라고 했다.[1] 이렇게 해석하려면 이 구절 전체가 머리
를 묘사하는 글이라고 해야 한다. 무리한 해석이다. 양구자는 두 개
의 신장으로 본 듯하다.[2] 앞에도 문이 나왔다. 관문의 문은 바깥문

---

1)『太上黃庭外景經注』: 冥目內視, 無所不睹.
2)『黃庭外景玉經註』: 兩腎在關門之間, 地官之樓, 生氣之府, 上通於耳, 耳在頭兩邊, 故

이고 양비는 안쪽 문일 가능성이 있다. 양비가 안쪽 문이라면 신장을 가리킬 가능성이 높다. 그러나 확정하기 어렵다. 양비가 두 신장이라면, 뒤에 유궐 즉 신장을 다시 언급한 까닭을 설명하기 어렵기 때문이다. 단순한 상상의 산물로 대응하는 기관이 없다고 볼 수도 있다.

2) 幽關俠之高巍巍, 丹田之中精氣微.

幽關: 양구자는 귀로 본 듯하다.[3] 무성자는 유궐이 세 곳에 있다고 했다.[4] 단전이나 관문 혹은 황정을 끼고 있다면 신장이라고 할 수밖에 없다.

高巍巍: 두 개의 신장이 세로로 서 있는 모양을 비유한 것이다.

精氣微: 정기는 생명의 씨앗 혹은 생명력 그 자체다. 미미하다는 것은 적다는 뜻이 아니다. 고요한 상태로 잘 보존되어 있다는 의미다.

3) 玉池淸水上生肥, 靈根堅固志不衰.

玉池淸水: 옥액은 침이고, 옥지는 입이다. 결국 입속의 침이라는 뜻이다.

上生肥: 18장에서는 "隨鼻上下知肥香"이라고 했다. 비肥는 수행자의 생명력이 늘어나는 것을 가리키는 말이다. 살이 찌는 것을 의미하지는 않는다. 음식을 먹지 않는 수행자는 생명력이 넘실거리지

日巍巍.

3) 『黃庭外景玉經註』: 兩腎在關門之門.

4) 『太上黃庭外景經注』: 下部幽闕, 玄泉之常. 中部幽闕, 兩腎爲雙. 上部幽闕, 兩耳相望.

만, 살이 찌지는 않는다.

靈根: 양구자는 설근舌根 즉 혀뿌리로 보았다.[5] 무성자의 견해도 같다.[6] 16장에 "象龜引氣致靈根"이라는 글이 있다. 설근이라고 했지만 혀를 포함한다고 볼 수 있다. 혀로 해석해서 무난하다.

志不衰:『태상황정외경옥경』에는 "老不衰"로 되어 있다. 삶의 의지가 쇠하지 않는다는 것으로 뜻이 다르지 않다. 志不衰가 더 자연스럽다.

---

5)『黃庭外景玉經註』: 靈根者, 舌根也.
6)『太上黃庭外景經注』: 舌爲靈根常滋榮.

3장

中池有士服赤衣, 橫下三寸神所居, 中外相距重閉之. 神廬之中務修治,
玄膺氣管受精符, 急固子精以自持. 宅中有士常衣絳, 子能見之可不病.
橫立長尺約其上, 子能守之可無恙.

중지에는 붉은 옷을 입은 선비가 있다. 비스듬히 아래쪽으로 세 치 되는 곳
이 (심장) 신의 거주지다. 안팎으로 서로 떨어져서 (심장을) 거듭 가리고 있
다. 코 즉 호흡을 힘써 닦아 다스려 현응과 기관에서 정기의 부절을 받아
들이면, 급히 그대의 정기를 확고하게 하고 (욕망을) 자제하라. 심장 속의
선비는 늘 붉은 옷을 입고 있으니, 수행자가 그를 존사하면 병에 걸리지 않
을 수 있다. (심장은) 비스듬히 서 있고 그 높이는 한 자로서, (횡격막) 위에
있다. 수행자가 심상을 지켜 낼 수 있으면 병환이 없으리라.

해제 앞에서는 단전을 중심으로 단전의 기운이 머리로 올라갔다가 다시
내려온다는 것을 말했다. 이곳에서는 이 기운이 심장으로 들어오는 과정
과 심장 주위의 경관을 묘사하고 있다.

1) 中池有士服赤朱, 橫下三寸神所居, 中外相距重閉之.

中池: 양구자는 심장이라고 했다.[1] 무성자는 목구멍으로 본 듯하
다.[2] 『내경경』에서는 목을 중루重樓라고 했다. 목에 중中 자를 붙이
지는 않았을 것이다. 심장이라고 하면, 심장신이 붉은 옷을 입고 있
다는 말 즉 의강衣絳과 상충한다. 『외경경』에는 지池가 붙은 단어로

---

1) 『黃庭外景玉經註』: 常存思心中赤子, 著赤綾絳衣居丹田.
2) 『太上黃庭外景經注』: 喉中若京爲元士, 中和之下關分理.

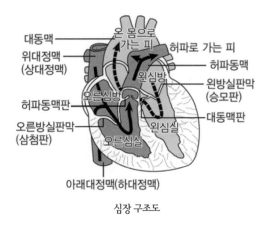

심장 구조도

옥지玉池·화지華池·중지中池가 있다. 옥지는 입을 가리킨다. 화지는 단전 혹은 그 부위다. 옥지 즉 입이 비어 있는 것처럼, 중지도 그럴 가능성이 높다. 허파동맥은 심장으로 들어온 혈류를 폐로 보내 산소를 받아들이게 만든다. 이 관을 역으로 흡기가 심장으로 들어가는 관이라고 보았을 가능성이 있다.[3] 그렇다면 중지는 현응기관 즉 입과 목으로부터 기운을 받아들이는 곳 즉 폐일 가능성이 높다. 심장에서 세 치 위의 부위라는 것도 이런 설명과 어울린다.

服赤衣: 왕희지본에는 "衣赤朱"로 되어 있다. 7장에는 "赤神之子中池立"이라는 구절이 있다. 모두 같은 체내신을 묘사하는 말이다. 赤朱보다는 赤衣가 적절하다.

橫下三寸神所居:『태상황정외경옥경』에는 橫이 "田"으로 되어 있다. 자연스럽지 않다. 양구자는 비장으로 보았다.[4] 양구자가 말하는

---

3) 사체를 해부하면 동맥에는 피가 남지 않는다. 이런 이유로 동서양을 막론하고 동맥이 비어 있는 것에 관해서 나름대로 설명하려고 노력했다.『외경경』저자들은 이것을 기운의 이동통로로 보았을 가능성이 있다.

비장이 이자pancreas인지 지라spleen인지는 분명하지 않다. 그의 판본
도『태상황정외경옥경』과 같다. 橫을 田으로 보았다. 무성자는 뇌부
구궁 중 명당으로 보았다.5) 명당궁의 크기가 세 치라는 점을 근거로
삼았으나, 적절하지 않다. 분명 크기가 아닌 위치를 말하고 있다. 중
지가 폐라면, 폐 아래에 있어야 한다. 橫은 비스듬하다 혹은 옆이라
는 뜻이다. 횡하라고 하면 옆의 아래쪽이라는 뜻이다. 심장은 중앙
에서 조금 왼쪽에 치우쳐 있다. 심장신을 가리키는 것이 분명하다.

中外相距重閉之: 2장의 "關門茂籥合兩扉"는 하단전이 잘 보존되어
있음을 묘사한 글이다. 심장은 갈비뼈에 의해 보호된다. 게다가 한
의학에서는 심장을 보호하는 역할을 하는 무형의 심포心包라는 기
관을 가정한다. 심포락心包絡이라고도 한다. "심心은 오장육부의 큰
주인으로 정신이 머무는 곳이다.…사기가 침범하면 심장이 상한다.
… 그러므로 심의 사기는 모두 심포락에 있다. 포락은 심주의 맥이
다."6) 결국 심포는 심장의 밖에서 심장을 보호하는 기능을 한다. 이
구절은 심포와 갈비뼈로 거듭 싸여 있는 모습, 혹은 폐와 갈비뼈로
가려져 있는 모습을 묘사한 것이다.

2) 神廬之中務修治, 玄膺氣管受精符, 急固子精以自持.

神廬: 무성자는 코로 보았다.7) 양구자의 견해도 같다.8) 1장의 "廬

---

4)『黃庭外景玉經註』: 謂脾也, 在下胃上焦, 下有臍, 中靈根神所居也.

5)『太上黃庭外景經注』: 明堂之宮, 方圓三寸神所居, 正在目中央.

6)『靈樞』「邪客」: 心者, 五藏六府之大主也, 精神之所舍也,…容之則心傷,…故諸邪之在
  於心者, 皆在於心之包絡, 包絡者, 心主之脈也.

7)『太上黃庭外景經注』: 教子去鼻中毛, 神道往來則爲廬宅. 晝夜綿綿無休息也.

間"과 같다. 코다.

務修治:『태상황정외경옥경』에는 "當修理"로 되어 있다. 표현을 좀 더 세련되게 바꿨을 뿐, 같은 뜻이다.

玄膺氣管: 무성자는 현응을 목구멍의 중앙으로 보았다.[9] 기관은 목구멍이다. 현玄에는 다양한 함의가 있다. 먼저, 오묘하고 깊다는 뜻이 있다. 체간의 아래쪽을 묘사할 때 종종 보인다. 예를 들어, 6장의 현곡읍玄谷邑은 장성長城 즉 대장과 소장 부위를 가리킨다. 신장을 현하다고 하는 것은 신장의 오행 배속에도 부합한다. 그러나 이곳의 현은 체간의 아래쪽을 가리키는 말이 아니다. 목의 구조는 구멍이므로 속이 캄캄함을 혹은 단순히 분명한 기관이 없음을 묘사하기 위해 쓰였을 것이다. 신장과의 관계를 생각해 볼 수도 있다. 즉 몸의 아래쪽에서 올라온 기운이 다시 목구멍을 통해 하향하는 과정을 묘사한다고 하면, 이곳의 현은 다시 하강하는 기운이 체간의 아래쪽에서 올라온 기운임을 묘사한 말일 수도 있다.『내경경』천중장天中章(제6)의 현응은 침샘이다. "혀 아래의 현응은 생사가 결정되는 경계다."[10] 이곳에서는 현응을 진액이 들어가는 통로라고 생각했던 것으로 보인다. 위치를 확정하기 어렵다. 침샘이라고 가정해 둔다.

精符: 당시에는 부적을 먹는 수행법이 있었다.[11] 복기服氣 즉 기운

---

8)『黃庭外景玉經註』: 神廬爲鼻, 鼻中毛, 常須修理除去之, 行氣鼻中, 除邪惡也.

9)『太上黃庭外景經注』: 喉中之央則爲玄膺.

10)『太上黃庭外景經注』: 舌下玄膺生死岸.

11) 예를 들어, 왕희지의 처가인 "치씨 일가의 연단복식의 지나침을 나타내고 있는 부분도 있다. 郗愔은 아주 진지한 도교신자였지만 항상 배가 좋지 않아 의사에게 갔으나 치료가 되지 않았다. 法開라는 스님이 명의라는 평판을 듣고 왕진을

을 먹는 것을 부적을 먹는 행위에 비유한 것이다. 부적을 먹는 관습에서 비롯된 표현이다.

子: 수행자

3) 宅中有士常衣絳, 子能見之可不病.

宅中: 양구자는 심장으로, 무성자는 얼굴의 중앙으로 보았다.[12] 『상청대동진경上淸大洞眞經』에서는 강궁絳宮이 심장이다. "삼가 중앙 사명장인군 리명초에게 청한다. 그의 자는 현도경으로 늘 수행자의 강궁심방의 중앙을 지킨다."[13] 택宅은 강궁 즉 심장을 가리킨다. 심이 정신의 거처라는 생각은 뿌리가 깊다. 『관자管子』에서는 사舍라고 했다. "그 욕망을 비워 내면 신이 장차 집으로 들어올 것이다. (신의 처소에 있는) 깨끗하지 못한 것들을 비워 내면 신이 머무를 것이다."[14]

부탁하였다. 다녀온 법개 스님은 치음의 맥을 짚어 보고 '당신의 병은 정진이 너무 지나쳐 생긴 결과입니다'라고 말하였다. 이에 약을 주니 치음이 그것을 복용하자마자 주먹만 한 종이를 많이 토해 냈다. 열어서 조사해 보니 이전에 복용한 부적이었다. 도교신자들은 물뿐만 아니라 부적도 먹었던 것이다. 치음은 『진고』에도 가끔 등장한다. 『진고』의 運象篇에는 9월 6일 저녁에 紫微夫人이라는 여신이 허밀을 가르치는 오언시를 주었다고 기록하고 있는데 여기에는 '許長史(許謐)에게 보여 주었으며, 同學에게 주었다'라는 설명이 있으며, 동학은 郗方回 라고 도홍경은 注記하고 있다. 방회는 치음의 字다." 이승연, 「왕희지의 도교관과 서예」,《道敎文化硏究》 23집, 2008, 328-329쪽.

12) 『黃庭外景玉經註』: 常存思心中赤子, 著赤綾絳衣居丹田. 『太上黃庭外景經注』: 面爲尺宅, 眞人官處其中央, 被服赤珠, 光耀燦然赤如絳.

13) 『上淸大同眞經』: 謹請中央司命丈人君理明初, 字玄度卿, 常守兆絳宮心房之中.

14) 『管子』 「心術上」: 虛其欲, 神將入舍; 掃除不潔, 神乃留處.

4) 橫立長尺約其上, 子能守之可無恙.

橫立長尺: 왕희지본과 무성자본에서는 橫立을 橫理라고 했다.『태
상황정외경옥경』과 양구자본에서는 立이라고 했다. 立이 자연스럽
다. 양구자와 무성자는 이곳에서 말하는 것이 비장이라고 보았다.[15]
『내경경』비장장脾長章(제15)의 "脾長一尺掩太倉"을 참조한 해석이다.
그러나 이곳에서 비장을 말할 이유가 없다. 심장이라고 봐야 할 것
이다. 척尺은 심장의 높이를 말한 것이다. 대체로 어른 손바닥만 한
심장의 크기와도 부합한다.

約其上: 체간은 횡격막을 중심으로 크게 둘로 나뉜다. 심장과 폐는
횡격막 위에 있다. 이 점을 묘사한 말이다.

---

15)『黃庭外景玉經註』: 脾橫長尺餘, 覆在太倉之上.『太上黃庭外景經注』: 脾長一尺, 約
太倉上.

4장

呼吸廬間以自償, 保守完堅身受慶. 方寸之中謹蓋藏. 精神還歸老復壯.
俠以幽闕流下竟, 養子玉樹不可杖, 至道不煩不旁迁.

코로 호흡하여 기운을 보충하고 (정기를) 잘 지켜서 온전하고 견고하게 만들면, 몸이 복을 받는다. 사방 한 치 되는 마음을 징성스럽게 덮어 감추면, 정신이 다시 돌아올지니 (정신이 돌아오면) 노인이 다시 젊어지리라. 기운은 두 신장의 사이를 경유하면서 끝까지 흘러간다. (그러나) 음경을 사용하는 수행법은 믿을 만하지 않다. 지극한 도는 번거롭지 않으니 (방중수행과 같은) 잘못을 저지르지 말라.

해제 호흡을 통해서 들어온 기운이 심장으로 전해지는 것을 설명하고 그것이 정신의 보존이라는 도가수행론의 원형적 관념과 연관된 생각임을 말하고 있다. 뒷부분에서는 기운이 심장에서 하복부 쪽으로 내려가는 것을 말한 후 정신의 정액으로의 변화 때문에 방중에 몰두해서는 안 됨을 말하고 있다.

1) 呼吸廬間以自償, 保守完堅身受慶.

廬間: 코.

自償: 몸의 아래에서 올라온 기운이 다시 내려가지만, 일부는 소실된다고 생각했던 것으로 보인다. 줄어든 기운을 호흡을 통해 보완한다는 뜻이다. 외기의 흡입과 내기의 흡입이라는 관념이 공존하고 있음을 확인할 수 있다.

保守完堅: 호흡을 통해 받아들인 기운을 잘 지켜 내는 것이다.

2) 方寸之中謹蓋藏, 精神還歸老復壯.

方寸之中: 양구자는 단전이라고 했다.[1] 뚜총杜琮도 이런 견해를 따르는 듯하다.[2] 정신이 돌아온다는 관념은 신이 심장에 거주한다는 관념에서 연원한 것이다. 이전에는 마음을 허정하게 만듦으로써 정신을 보존할 수 있다고 보았다.『황정경』은 그런 관념을 호흡과 연결시키고 있을 뿐이다.

3) 俠以幽闕流下竟, 養子玉樹不可杖.

俠以幽闕流下竟: 유궐은 신장이다. 신장 사이로 옥액이 내려오는 모양을 묘사한 말이다.

養子玉樹不可杖: 양자옥수는 성기다. 기운이 끝까지 내려오면 성기에 이른다. 이때 조심해야 함을 즉 성기를 사용하는 수행법인 방중이 위험함을 언급한 말이다.『태상황정외경옥경』에는 "養子玉樹슈可壯"으로 되어 있다. 의미가 전혀 다르다. 성기도 강해진다는 뜻이다.

4) 至道不煩不旁迕.

旁迕:『태상황정외경옥경』에는 "旁午"로 되어 있다. 뚜총은 旁迕는 기가 성대한 모양이고 旁午는 복잡하다는 의미라고 했다.[3] 앞 구

---

1)『黃庭外景玉經註』: 丹田方寸, 念守精氣, 謹潔護持, 爲謹蓋藏也.

2) 杜琮·張超中,『黃庭經今譯·太乙金華宗旨今譯』(北京: 北京社會科學出版社, 1996), 121쪽.

3) 杜琮·張超中,『黃庭經今譯·太乙金華宗旨今譯』, 121쪽.

절을 반복한 즉 엉뚱한 길로 빠져서 방중수행과 같은 잘못을 저지르지 말라는 뜻이다.

5장

靈臺通天臨中野. 方寸之中至關下, 玉房之中神門戶, 旣是公子敎我者.
영대는 하늘에 통하고 중앙의 들에 임해 있다. 사방 한 치 되는 심장에서
관의 아래에 이르면, 옥방에 있는 신이 드나드는 문호가 있다. 이것은 공
자가 미리 내게 가르쳐 준 것이다.

해제 심장을 중심으로 기운이 들어오는 코와 입 그리고 심장의 기운이 전
달되는 부위를 묘사했다.

1) 靈臺通天臨中野.

靈臺: 심장.

通天: 양구자는 천天을 뇌호腦戶라고 했다.[1] 한의학의 뇌호는 혈자
리 이름이다. 머리 뒷부분 정중앙, 풍부혈 위에 있다. 그러나 이곳의
맥락과는 어울리지 않는다. 백회百會를 연상했을 수도 있겠으나, 이
미 말했듯이 『외경경』에는 뇌부구궁의 관념이 분명하지 않다. 호흡
을 통해 들어온 정신이 심장에 이르는 과정과 관련된 표현이다. 18장
에는 "還坐天門候陰陽"이라는 구절이 있다. 18장의 천문에 대한 전통
적 해석은 코이지만, 나는 입이라고 본다. 이곳에서도 천은 천기天
氣가 들어오는 코나 입이라는 뜻이다. 영대靈臺의 정기는 곧 하늘의
기운임을 선언한 말이다.

中野: 양구자는 비장으로 보았다.[2] 무성자는 복부로 본 듯하다.[3]

---

1) 『黃庭外景玉經註』: 心爲靈臺, 上通氣至腦戶.
2) 『黃庭外景玉經註』: 下通氣至脾中.

앞의 3장에서 중지中池를 폐로 해석했다. 설령 폐가 아닐지라도 3장
의 중지는 심장보다 아래일 수는 없다. 뒤에서 그 세 치 아래에 심장
신이 있다고 말하고 있기 때문이다. 이곳의 중야가 중지와 관련되
어 있다면, 비장이나 복부는 아니다. 18장에 "望於明堂臨丹田"이라
는 말이 보이는데, 이때의 임臨은 단전에 혹은 단전으로부터 멀지
않은 곳에 있다는 뜻이다. 임의 용례가 일관된다면, 중야는 영대 즉
심장 가까운 부위일 것이다. 물론 특정 기관을 가리키지 않을 수도
있다. 그냥 중야라고 두고 해석하지 않는다.

2) 方寸之中至關下, 玉房之中神門戶, 旣是公子教我者.

關下: 1장의 관원은 현대 한국인이 생각하는 하단전 부위다. 그러
므로 관원의 아래 부위라는 뜻일 가능성은 적다. 관원은 근원이 되
는 지점이므로 가장 아래쪽이어야 할 것이다. 2장에서는 배꼽 즉 생
문을 관으로 막는다고 했으므로 배꼽 아래일 가능성이 있다. 혹은 6
장의 삼관과 관련지어 볼 때 심장과 하복부 사이의 어느 지점일 수
도 있다. 앞서 보았듯이 『외경경』의 단전은 배꼽 뒤에 있다. 아래가
아니다. 상기시켜 둔다.

玉房之中: 양구자는 여자의 태, 남자의 장정藏精하는 곳을 가리킨
다고 했다.[4] 무성자는 심장이라고 했다.[5] 심장은 엉뚱하다. 21장에
"至於胃管通虛無. 閉塞命門如玉都"라는 구절이 있다. 21장의 허무는

---

3) 『太上黃庭外景經注』: 頭爲高臺, 腸爲廣野.

4) 『黃庭外景玉經註』: 男曰精, 女曰約, 男以藏精, 女以月水, 故曰門戶.

5) 『太上黃庭外景經注』: 一名洞房, 一名紫房, 一名絳宮, 一名明堂.

단전이고 옥도도 같은 곳을 가리킨다. 옥방도 옥도와 같은 곳을 가리킬 것이다. 배꼽 뒤에 있는 단전이다. 8장에도 "常存玉房神明達"이라는 유사한 구절이 있다.

神門戶: 양구자는 남자의 정액을 담고 있는 기관으로 해석했다.[6] 전체적인 맥락에서 보았을 때 음양의 결합을 통해 성태를 만드는 것과 관련되어야 한다. 옥방으로 음양의 기운이 드나드는 문이라고 보아야 할 것이다.

旣是:『태상황정외경옥경』에는 旣가 "皆"로 되어 있다. 旣是로는 의미가 통하지 않는다고 보았을 것이다. 그러나 이미 가르쳐 준 것이라고 해석할 수 있다. 고치지 않는다.

公子: 무성자는 신공자와 백원군이라고 했다.[7] 양구자는 "심의 태부공, 좌신의 사도공, 우신의 사공공을 가리킨다"[8]고 보았다.『내경경』에서는 "是昔太上告我者, 左神公子發神語, 右有白元併立處"라고 해서 의미를 비교적 선명하게 드러냈다. 방중의 이미지가 전제되어 있으므로 방중과 관련된 존재일 것이다.『내경경』에서는 "男女徊九有桃康"이라고 해서 도강桃康이 방중의 소임을 담당한다고 말했다.『상청대동진경』에 따르면 도강의 자는 합정연으로 배꼽의 관을 담당한다고 한다.[9] 방중의 전통에서는 스승의 지도를 중시한

---

6)『黃庭外景玉經註』: 陰陽爲神門戶, 主其精約也. 男曰精, 女曰約, 男以藏精, 女以月水, 故曰門戶.

7)『太上黃庭外景經注』: 左爲神公子, 右爲白元君.

8)『黃庭外景玉經註』: 心爲太府公, 正當左腎爲司徒公, 右腎爲司空公, 皆受精氣, 不得漏泄, 能守一則見之.

9)『上淸大同眞經』: 謹請命門桃君孩道康, 字合精延, 常守兆臍中之關.

다. 예를 들어, 『정통도장』 정일부正—部 『상청황서과도의上淸黃書過度儀』 의례(방중에서 남녀의 성교는 의례다)를 스승이 이끌어 가는 모습을 확인할 수 있는데, 이곳에서 자세히 소개하지는 못한다. 굳이 공자公子의 가르침이라는 말을 쓴 것은 가르침을 전하거나 방중을 참관하는 스승을 전제하는 방중의 전통이 반영되었기 때문이다.

6장

明堂四達法海源, 眞人子丹當吾前. 三關之中精氣深, 子欲不死修崑崙.

(기운이) 명당 즉 심장에서 사방에 도달함은 (수많은 물줄기가) 바다를 향하는 모양을 본떴다. 진인 자단이 내 앞에 있다! 삼관에는 정기가 그윽하다. 수행자여, 불사코자 하면 복식호흡을 행하라.

해제 심장을 중심으로 기운이 몸 안에 도달함을 말하고, 호흡수행을 강조하고 있다.

1) 明堂四達法海源, 眞人子丹當吾前.

明堂: 무성자는 삼단전과 유사한 개념으로 본 듯하다.[1] 양구자는 뇌부의 명당이라고 했다.[2] 모두 억측이다. 위치가 분명하게 고정되어 있으므로 삼단전과 같이 흩어져 있어서는 안 된다. 심장이다. 혈관이 분류分流하듯이, 심장에서 잘 보존되어 있던 정기가 몸으로 흘러 나가는 모양을 묘사한 것이다.

眞人子丹: 양구자에 따르면 앞의 것은 이름이고 뒤는 자다.[3] 『내경경』에서는 "上淸眞人"이라고 했다. 『동진태상소령동원대유묘경洞眞太上素靈洞元大有妙經』에 따르면 명당에는 명동진군·명녀진군·명경신군의 세 신이 거주한다.[4] 3장의 "宅中有士常衣絳, 子能見之可不

---

[1] 『太上黃庭外景經注』: 三寸三重有前後, 使以日月歸中升, 洞達四方流於海也.
[2] 『黃庭外景玉經註』: 眉頭一寸爲明堂.
[3] 『黃庭外景玉經註』: 赤子爲眞人, 字子丹.
[4] 『洞眞太上素靈洞元大有妙經』: 却入一寸爲明堂宮, 左有明童眞君, 右有明女眞君, 中有明鏡神君, 凡三神居之.

病"을 고려하면 심장신으로 봐야 할 것이다.

2) 三關之中精氣深, 子欲不死修崑崙.

三關之中: 왕희지본에는 "閒"으로 되어 있다. 관關은 구체적인 기관을 가리키지는 않는다. 따라서 중中이라는 말은 적절하지 않을 수 있다. 그러나 특정한 위치를 가리키는 것은 사실이다. 더군다나 관을 걸어 두어야 한다는 것은 그곳이 정기의 보관소라는 점을 알려준다. '사이'라고 하면 오해를 불러일으킬 수 있으므로 『태상황정외경옥경』을 따른다. 후대 내단수행의 삼관은 척추를 따라 있는 미려尾閭·협척夾脊·옥침玉枕이다. 그러나 이때의 삼관은 아래에서 올라가는 기운이 지나야 하는 어려운 관문이라는 의미다. 『내경경』의 삼관은 입·손·발이다. "입은 천관으로서 정신의 기틀이고 발은 지관으로 생명의 문이며 손은 인관으로 성쇠를 주관한다."[5] 기운이 새어 나갈 수 있으므로 잘 지켜야 하는 자리다. 앞에서는 단전에 기운이 은미하다고 했다. 삼관은 배꼽 뒤의 단전과 심장 그리고 머리일 것이다.

崑崙: 머리와 배꼽 부위를 곤륜에 비유할 수 있다. 곤륜을 닦는다는 것은 비유적 표현이다. 기운이 오르내리는 수행법 즉 복식수행법을 닦아야 한다는 뜻이다.

---

5) 『太上黃庭內景玉經』: 口爲天關精神機, 足爲地關生命扉, 手爲人關把盛衰.

7장

絳宮重樓十二級, 宮室之中五采集. 赤神之子中池立, 下有長城玄谷邑.
長生要妙房中急, 棄捐淫欲專守精. 寸田尺宅可治生, 繫子長流心安寧.
觀志遊神三奇靈, 閑暇無事心太平.

강궁의 중루 즉 목은 12층으로 되어 있다. 심장의 궁실 안에는 오색이 빛난
다. 적신지자가 중지에 서 있다. (체간의) 아래쪽에는 긴 성이 있고 (성 안에)
현곡의 읍이 있다. 장생의 도는 오묘한데, 방중술은 위험하니 음란한 욕정
을 버리고 전일하게 정을 지켜야 한다. 심장에서 생명을 잘 다스릴 수 있
으면, 정기가 길이 흘러내려 마음이 편안해지리라. 마음의 움직임을 보아
신을 노닐게 하면 몸의 세 가지 기이한 기운이 신령스럽게 되리라. 한가로
이 여유를 가지면 마음은 크게 평안해진다.

해제 앞의 논의를 이어 거듭 수행에서 심장의 특정 측면을 말하고 있다.
앞에서는 기술적 측면에서 심장에 관해 말했다면, 이곳에서는 마음의 안
정이라는 수행의 기본적 이념을 위주로 설명하고 있다.

1) 絳宮重樓十二級, 宮室之中五采集.

絳宮重樓十二級: 강궁은 심장, 중루는 목을 가리킨다. 목뼈는 구조
상 몇 층으로 되어 있는 건물에 비유할 수 있다. 다음 그림의 왼쪽은
베이징 바이윈관白雲觀에 소장되어 있는 목판본 내경도內經圖이고,
오른쪽은『동의보감』의 신형장부도身形藏府圖다. 신형장부도에는 목
부위에 아홉 개의 선이, 내경도에는 12층의 누각이 그려져 있으며
누각 옆에 "十二樓臺藏秘訣"이라는 일곱 자가 작은 글씨로 적혀 있

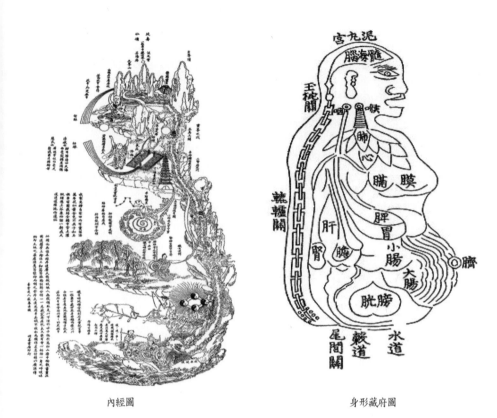

內經圖　　　　　　　　　　　　　　身形藏府圖

다. 내경도에서 12층 누각의 아래쪽, 북두칠성을 머리에 묶은 동자
가 서 있는 곳이 심장이다.

宮室之中五采集:『태상황정외경옥경』에는 "宮室之中五炁(氣)集"으
로 되어 있다. 12장에서는 "心曉根蔕養華采"라고 했다. 결국 기氣이
지만 화려하게 빛나는 모양을 묘사한 것이다. 采가 맞다. 오채는 오
장의 기운을 말한다. 오장의 기운이 모두 심장에 모인다는 뜻이다.
궁실은 심장이다.

2) 赤神之子中池立, 下有長城玄谷邑.

赤神之子:『태상황정외경옥경』에는 "赤城之子"로 되어 있다. 3장에 "中池有士服赤衣"라는 구절이 있다. 같은 것을 가리킨다.

長城: 횡격막 아래쪽에 있어야 한다. 복부 부위의 대장이거나, 직선으로 내려오다가 하복부에서 양쪽으로 갈라지는 동맥일 것이다. 대장이 소장을 두르고 있는 모양 혹은 동맥이 단전을 두르고 있는 모양이므로 장성이라고 표현했을 것이다.

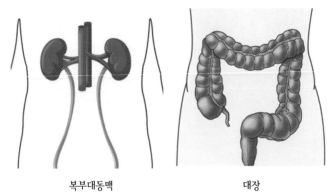

복부대동맥   대장

玄谷邑: 성이 두르고 있는 곳을 말하므로 복부 즉 아랫배의 중간 부위인 단전을 가리킨다. 더 정확히 말하면 몸의 뒤쪽 즉 척추 부위를 가리킨다. 신장은 척추 쪽에 바짝 붙어 있다. 그곳은 뒤쪽인데다 척추가 있으므로 현곡에 비유했을 것이다. 양구자는 소장을 장성이라고 했다.[1] 무성자는 장이 장성이자 읍이며, 현곡은 신장이라고 했다.[2] 해부적 구조와 수행자의 체험 그리고 수행론에 내재되어 있는 논리를 결합함으로써『황정경』의 신체관이 탄생했다. 현곡읍에 대

---

1)『黃庭外景玉經註』: 小腸爲長城.
2)『太上黃庭外景經注』: 腸爲長城, 腸爲邑. 腎爲玄谷.

한 양구자와 무성자의 견해도 나의 생각과 크게 다르지 않다. 참고
할 만하다.

3) **長生要妙房中急, 棄捐淫欲專守精.**

왕희지본에는 妙가 "眇"로 되어 있다.『태상황정외경옥경』을 따
라 바꾼다.

4) **寸田尺宅可治生, 繫子長流心安寧.**

寸田尺宅:『내경경』에서는 얼굴을 영택靈宅·운택雲宅이라고 했다.
양구자는 순서대로 눈과 얼굴이라고 했다.[3] 무성자는 단전과 얼굴
이라고 했다.[4] 양구자와 무성자는『내경경』을 기준으로『외경경』을
해석하는 경우가 적지 않다.『외경경』이 먼저 성립되었으므로 이런
해석은 왜곡의 가능성이 높다. 3장에서는 "方寸之中謹蓋藏"이라고
했다. 심장을 방촌이라 하는 것은 오래된 용법이다. 예를 들어,『포
박자抱樸子』에는 "사방 한 치 되는 마음을 제어하는 것은 내게 달려
있다. 제 멋대로 흘러가도록 내버려 두면 안 된다"[5]는 말이 있다. 마
찬가지로 3장에서 "宅中有士常衣絳"이라고 했다. 이곳의 택은 심장
이다.

治生:『태상황정외경옥경』에는 治가 "理"로 되어 있다. 결국 양생
養生과 같은 뜻이다.

---

3)『黃庭外景玉經註』: 目爲寸田, 面爲尺宅
4)『太上黃庭外景經注』: 寸田, 丹田. 尺宅, 面也.
5)『抱樸子』「嘉遯」: "方寸之心, 制之在我, 不可放之於流遁也."

繫子: 양구자는 심장의 신인 적자지신赤子之身이라고 했다.6) 무성자본에는 繫가 "鷄"로 되어 있다. 암탉의 뱃속에는 점점 모양을 갖춰 가는 달걀이 들어 있고, 그것이 점점 아래로 내려가면서 달걀의 모양을 갖춘다. 무성자는 대도大道가 자연스레 형성된 것이라고 했다.7) 심장에서 잘 보존된 정기가 아래로 흘러내린다는 뜻이다. 심장의 정기(곧 정신)는 결국 신장의 정자이므로 계자라고 했다.

長流: 『태상황정외경옥경』에는 流가 "留"로 되어 있다. 치생 즉 양생을 잘하면 정이 끊이지 않는다는 뜻이다.

心安寧: 왕희지본에는 心이 "志"로 되어 있다. 큰 차이는 없으나 이 경우에는 心이 더 낫다. 지志는 무엇인가를 지향한다는 의미에서 허정을 지향해야 하는 수행에 부정적인 뜻으로 쓰일 경우도 있다. 물론 지일志一이라고 하면 잡된 마음을 통일한다는 긍정적 의미다. 혼동을 일으킬 수 있으므로 『태상황정외경옥경』을 따른다.

5) 觀志遊神三奇靈, 閑暇無事心太平.

觀志遊神: 왕희지본에는 遊가 "流"로 되어 있다. 외부의 것을 의도하지 않고 가볍게 노니는 마음의 움직임을 살펴 신을 노닐게 한다는 뜻이다. 소요逍遙의 의미와 가까운 遊가 적절하다.

三奇靈: 양구자는 혀·배꼽 그리고 정방精房이라고 했고,8) 무성자는 별다른 설명 없이 삼령이라고 했다.9) 몸의 상·중·하 부위를 말하

---

6) 『黃庭外景玉經註』: 常觀赤子之身形也.
7) 『太上黃庭外景經注』: 大道混成自然子, 濛濛鴻鴻, 狀如雞子.
8) 『黃庭外景玉經註』: 守上部靈根舌也, 守中部靈根臍也, 守下部靈根精房也.

는 것이지만, 혀나 배꼽 등은 아니다. 6장의 "三關"과 같다. 심장과 배꼽 뒤의 단전은 분명히 포함되어야 한다. 나머지 한 곳은 머리 부위일 것이다.

---

9)『太上黃庭外景經注』: 三靈侍側, 彈琴鼓箏也.

8장

常存玉房神明達, 時念太倉不飢渴. 役使六丁神女謁, 閉子精路可長活.

기가 모이는 옥방 즉 단전을 늘 존사하면 신명스럽게 된다. 때때로 태창 즉
위胃를 생각하면 배가 고프거나 갈증을 겪는 일이 없다. 육정의 신장을 부
릴 수 있고 옥녀가 알현한다. 정액이 나가는 길을 막으면 장수할 수 있다.

해제 앞에서는 심장으로부터 하복부로 이어지는 과정을 묘사했다. 이곳
에서는 단전에서 결단結丹이 일어나는 것과 정액의 방출을 금해야 함을 말
하고 있다. 수반되는 수행법으로 존사가 사용되고 있다.

　1) 常存玉房神明達, 時念太倉不飢渴.

　玉房: 5장에서는 "玉房之中神門戶"라고 했다. 옥 즉 정精이 들어 있
는 단전이다.

　神明達: 무성자는 널리 내다볼 수 있는 신통력이라고 했다.[1] 양구
자는 신명이 이른다고 해석했다.[2] 신명이 이르러야 신통력을 지닌
다는 의미에서 양자는 구분된다. 전자는 불교의 정靜(定)에 해당하고
후자는 혜慧에 해당한다. 혹은 도가의 허정虛靜과 신명함에 해당한
다. 허정함과 허정함에 기인한 놀라운 통찰력 즉 신명함은 구분되
지만, 하나의 과정이다. 두 사람의 해석을 모두 참조할 만하다.

　時念太倉不飢渴: 태창太倉은 위胃를 가리킨다. 복식은 곡기를 먹지
않는다. 태창을 존사함으로써 기갈을 해결할 수 있다고 본 것이다.

---

1)『太上黃庭外景經注』: 臥於山西, 知於山東; 處於幽冥, 都見無窮.
2)『黃庭外景玉經註』: 常存精氣往來, 神明自達.

84

2) 役使六丁神女謁, 閉子精路可長活.

六丁: 정丁으로 시작되는 여신을 가리킨다. 직위가 낮은 신으로 경지가 오른 수행자의 심부름을 담당한다. 육십갑자 각각에 신을 배당하는 관행에서 비롯되었다. 본래 연월일시를 기록하는 데서 시작되었으므로 육십갑자는 운명과 관련된 것으로 이해되었다. 남두성은 생명을 북두성은 죽음을 주관하는 외에, 육십 원신도 각각 사람의 귀하고 천함, 장수하고 요절함을 주관하는 것으로 받아들여졌다. 육십갑자신에는 각각 이름이 부여되었는데, 수가 너무 많아 여섯으로 분류하는 관행이 생겼다. 이 여섯 그룹은 각기 갑자·갑술 하는 식으로 명명되었다. 이어서 음양대대陰陽對待의 관념에 따라 정을 표지어로 하는 분류도 생겨났다.

갑자	갑술	갑신	갑오	갑진	갑인
정묘	정사	정미	정유	정해	정축

본래 이 분류에는 남녀의 구분이 없었는데, 후에 음양 관념에 따라 육갑을 남신으로 육정을 여신으로 여기게 되었다. 혹은 육갑을 신장으로 육정은 옥녀로 보는 관념도 있었다. 주지하듯이 갑은 양에 정은 음에 속한다. 12지지도 각각 음양에 배속된다. 자는 양에 축은 음에 속한다. 이런 배당은 양·음·양·음의 순으로 반복된다. 위 분류에는 이런 배속관계가 반영되어 있다. 이곳의 육정은 신녀神女와 구분되고 단순히 신장이라는 뜻으로 쓰였다. 육갑이라고 하지 않은 것으로 보아 여자 신장임을 알 수 있다.

神女:『태상황정외경옥경』에는 "玉女"로 되어 있다.

9장

正室之中神所居, 洗心自治無敢污. 歷觀五臟視節度, 六腑修治潔如素.
虛無自然道之故, 物有自然事不煩. 垂拱無爲心自安, 虛無之居在廉間.
寂寞曠然口不言, 恬淡無欲游德園. 積精香潔玉女存. 作道優游身獨居,
扶養性命守虛無, 恬淡無欲何思慮. 羽翼已成正扶疏, 長生久視乃飛去.

정실은 신이 거처하는 곳이다. (수행공간인 정실에서는) 마음을 씻고 다스
려 감히 더럽히지 말라. 법도에 따라 순서대로 오장 각각을 내시하고, 육
부를 다스려 깨끗이 희게 만들라. 허무하여 본래부터 그러한 것 즉 인위적
인 덧붙임이 없는 것이 도의 본래 모습이다. 사물에는 본래부터 그러함이
있으니 수행은 (그 본래부터 그러함으로 돌아가는 것이어서) 번거롭지 않다.
두 손을 모으고 무위하면 마음이 저절로 편안해지리라. (허무한 도가 그렇듯)
자기를 비우고 무위하여 장막 안에 거처한다. 적막한 가운데 텅 비워 입으
로 말하지 않고, (마음을) 담박하게 하여 욕망을 없앰으로써 덕의 정원에
노닌다. 정기를 쌓으면 향기롭고 깨끗하니 옥녀가 시봉하는 것을 존사할
수 있다. 여유롭게 도를 행하고 한가롭게 거처하며, 생명을 돌봐 허무의 도
를 지켜라. 담박한 가운데 욕망이 없으니 무엇을 사려하겠는가? 날개가 생
겨난 후에는 몸이 가벼워지니, 장수하다가 날아서 하늘로 떠나게 된다.

해제 『태상황정외경옥경』은 상·중·하로 구분되어 있다. 이곳의 "作道優游
身獨居"부터가 중이다. 그러나 문맥상 이어지는 곳이므로 구분점으로 삼기
에는 적절하지 않다. 수행공간에서 수행하는 방법과 의미 그리고 그 효과
에 대해 개괄적으로 말하고 있다.

1) 正室之中神所居, 洗心自治無敢汚.

正室之中神所居: 양구자는 정실을 명당과 동방으로 보았다.[1] 뇌부의 명당과 동방은 심장과 황정에 대응한다. 양구자가 심장과 황정을 말한 것인지는 알 수 없다. 어쨌거나 양구자의 해석은 받아들이기 어렵다. 이 구절은 수행을 준비하는 단계를 묘사하고 있다. 정실 正室은 수행자가 수행을 하는 공간 즉 '靜室'이다. 한대 그리고 위와 육조기에는 치治·정靖·정靜·관觀이라고 했고, 송대 이후에는 궁宮·묘廟라고 했다.

도홍경陶弘景의 『진고眞誥』 악진보握眞輔에는 정실을 만드는 법에 관한 허장사 즉 허밀許謐의 기록이 있다. 『도장집요道藏輯要』 장집사張集四에 실려 있는 주법만朱法滿의 『요수과의계율초要修科儀戒律鈔』에서는 『태진과太眞科』와 『현도률玄都律』 등의 책을 인용하면서 정실의 건축법에 관해 기술하고 있다.[2] 정실은 오두미도五斗米道에서 시작되었다.

오두미도는 중국 최초의 교단 도교 중 하나다. 도교의 뿌리 중 하나는 의학과 주술이 혼합된 복잡하고 어지러워 하나의 이론으로 포착하기 난해한 양생문화였다. 이런 양생문화를 체계적으로 종합한 것은 갈홍葛洪이다. 이와는 별도로 수행문화를 조직적으로 뒷받침

---

1) 『黃庭外景玉經註』: 正室, 明堂洞房也.
2) 정실과 관련된 자세한 내용은 蕭登福, 『周秦兩漢早期道敎』(文津出版社, 1998), 5章 참조. 청나라 가경연간에 편집·출간된 것으로 추정되는 『도장집요』는 『정통도장』과 『만력속도장』에서 204종을 선별하고 따로 93종을 추가하여 출간된 사찬의 간행물이다. 집요라는 명칭에 맞게 일종의 축약본인 이 전집에서는 도장본의 경우에도 일부 삭제한 내용이 있다.

할 수 있는 사회집단이 나타났다. 흔히 교단 종교라고 불리는 태평도太平道와 오두미도가 그것이다. 주지하듯이 태평도는 황건적의 난을 일으킨 이들이다. 당시에는 태평도의 교세가 컸지만, 도교의 전개에서는 오두미도의 영향력이 강력했다. 위화존魏華存이나 육수정陸修靜 등 위·진 시기 도교 정립기의 중요 인물들은 오두미도의 후신인 천사도天師道와 직간접적으로 연관되어 있다.

오두미도의 창립자는 현재의 쓰촨성 학명산鶴鳴山에서 수도한 장릉張陵이다. 이 사람과 태평도가 어떤 식으로 관련되어 있는지에 대해서는 알려지지 않았다. 다만, 관련이 있을 것이라는 점은 분명하다. 장릉은 본래 패국沛國 풍豊(장쑤성 서북부) 지역 사람이다. 후한의 순제·환제 무렵에 활동했던 장릉은 도를 받는 이에게 오두(다섯 말)의 쌀을 내게 했다. 이것이 오두미도라는 호칭의 연원이다.

오두미도의 교법이 어떠했는지, 어떤 수행법을 행했는지는 정확히 알려져 있지 않다. 초기에 방중도 행해졌던 것으로 보이는데, 핵심은 치병이었던 것으로 보인다. 오두미도는 병과 죄를 연결시키는 관념에 의거했다. 병자로 하여금 죄를 반성·고백하게 한 다음 신에게 용서를 구하는 의식을 행했다. 그 의식은 신에 대한 맹약이므로 오두미도가 정일맹위지도正一盟威之道라고 자칭한 근거다. 의식은 천天·지地·수水의 삼신에게 죄를 범하지 않을 것임을 맹세하고 속죄를 구하는 식으로 행해졌다. 하수서下手書라고 불리던 당시의 토지 매매계약서와 유사한 형태를 취해서 맹약했다. 이 맹세의 문서를 삼관수서三官手書라고 한다.

이런 의식을 행하던 공간이 정실靜室이었다. 이후 정실은 수행공

誦經入室存思之圖

간으로 바뀌었다. 상청파의 소의경전『상청대동진경』의 모두에는,
정실에서 행하는 예를 도식화시킨 것과 수행자가 수행을 위한 공간
으로 들어가는 모습이 신화적으로 묘사되어 있다.

먼저 실의 밖에서 간을 쥐어 심장에 대고 눈을 감고 고치를 세 번 한다.
실의 안에 자줏빛 구름기운이 가득하고 빼곡히 있다가 수행자를 위에
서부터 씌우는 모양을 존사한다. 옥동과 옥녀가 경을 받들고 좌우에서
시봉하는 모습을 존사한다. 일·월·성 세 가지의 찬연한 빛과 영지가 실
의 내부를 환하게 비추는 모습을 존사한다. 존사를 마친 후 고치를 세
번 하고 방문으로 들어가는 주문을 암송한다.[3]

―――――――――――
3)『正統道藏』洞眞部 本文類『上淸大同眞經』: 訣曰: 先於室外秉簡當心, 臨目扣齒三
通, 存室內有紫雲之炁遍滿, 又鬱鬱來冠兆身. 存玉童玉女侍經左右, 三光寶芝洞煥

洗心自治:『태상황정외경옥경』에는 "洗身自理"로 되어 있다.

2) 歷觀五臟視節度, 六腑修治潔如素.

歷觀五臟視節度: 오장을 두루 내관하는 수행법이 따라야 할 순서
가 있음을 말하고 있다.

六腑修治潔如素: 곡식을 먹지 않으므로 몸이 깨끗함을 표현한 것
이다.

3) 虛無自然道之故, 物有自然事不煩.

道之故: 고故는 자취 즉 본래의 모습이라는 뜻이다.

物有自然事不煩: 뒤의 무위無爲를 말하기 위해 사태의 이치가 있음
을 말한 것이다. 사태의 이치에 따르는 것은 유위하지 않는다는 것
과 같다.

4) 垂拱無爲心自安, 虛無之居在簾間.

垂拱: 두 손을 모아 잡은 공손함을 표현하는 자세이지만, 이곳에
서는 무위 즉 의도를 담은 유위적 행위를 하지 않는다는 의미다.

心自安: 왕희지본에는 "心自安體"로 되어 있다. 자연스럽지 않다.
體를 삭제했다.『태상황정외경옥경』에는 "身體安"으로 되어 있다.

簾:『태상황정외경옥경』에는 "幃"로, 왕희지본에는 "廉"으로 되어
있다. 주렴 즉 簾의 의미로 봐야 할 것이다. 簾으로 고친다. 결국 幃

室内. 存思畢, 扣齒三通, 念入戶呪.

도 다르지 않다.

5) 恬淡無欲游德園, 積精香潔玉女存.

恬淡無欲游德園: 덕은 도의 공능이다. 따라서 덕원은 도의 이상적
인 경지다.

積精香潔:『태상황정외경옥경』에는 이 앞에 "修德明達道之門"이
있다.『태상황정외경옥경』에는 積精이 "淸靜"으로 되어 있다.『외경
경』의 수행은 결국 존사가 수반되는 복식이다. 복식수행의 결과를
나타내기에는 積精이 적합하다. 더군다나 앞의 염담무욕恬淡無欲이
마음수행이라면 이 구절은 신장의 정기와 관련된 내용이라고 보아
야 할 것이다.

玉女存: 양구자는 옥녀가 시봉하는 것이라고 해석했다.[4] 무성자는
육정 옥녀가 시봉한다는 뜻으로 해석했다.[5] 옥녀가 수행자를 시봉
하는 모습을 존사할 수 있다는 의미다.

6) 作道憂柔身獨居, 扶養性命守虛無, 恬淡無欲何思慮.

作道優游身獨居:『태상황정외경옥경』은 상·중·하로 구분되어 있
고, 이곳부터가 중이다. 그러나 문맥상 앞의 글과 끊어지지 않는다.
본래 왕희지본에는 "憂柔"라고 되어 있다. 우유優游 즉 소요逍遙와
같은 뜻으로 사용되었을 것이지만, 오해를 일으킬 수 있다.『태상황
정외경옥경』을 따라 바꿨다. 수행으로 이상적 경지에 오른 이후의

---

4)『黃庭外景玉經註』: 玉女侍衛也.
5)『太上黃庭外景經注』: 六丁玉女自到, 徑來侍人也.

모습을 묘사하고 있다.『태상황정외경옥경』에는 身이 "心"으로 되어 있다. 별 차이가 없다. 독거는 한가로이 있다는 뜻일 수도 있으나, 깨달은 경지를 묘사하는 것일 수도 있다. 부분이 아닌 일기一氣 전체의 경지에서 세상을 보면 쪼개지고 분산된 세상의 개물個物이 없으므로 독거라고 할 수 있다.

性命: 생명.

7) 羽翼已成正扶疎, 長生久視乃飛去.

羽翼已成: 무성자의 주석은 다음과 같다. "도덕이 성취된 후 운거가 와서 맞이하고 옥녀가 수레를 잡아 태청에 오르는 것으로 정말로 날개로 나는 것이 아니다."[6]

扶疎: 무성자는 신속하게 뛰어 날아오르는 모양이라고 했다.[7] 새가 날아오를 때 몸을 움츠렸다가 박차고 오르는 모습 즉 몸이 깃털처럼 가벼워진 모양을 묘사한 것이다.

---

6)『太上黃庭外景經注』: 道成德就, 雲車來迎. 玉女扶轅, 徑升太淸. 非生毛羽也.
7)『太上黃庭外景經注』: 正扶骨…, 骨騰肉輕.

10장

五行參差同根節, 三五合氣要本一. 誰與共之升日月, 抱珠懷玉和子室, 子能知之萬事畢. 子自有之持勿失, 即得不死藏金室.

오행은 각기 다르지만 뿌리와 따르는 질서가 같다. 일·월·성과 오행의 기가 합치하면 요체가 되는 뿌리는 같다. (내가 말하는 것은 방중이 아니니) 복기를 수행함에 누구와 함께하겠는가? 옥과 구슬을 품은 듯 자실에서 (음양이) 조화롭다. 그대가 이것 즉 복기수행에 관해 알 수 있으면 모든 일이 그만이리라. 그대는 본래 이것을 지니고 있다. 잘 지켜 잃지 않으면, 곧 불사의 경지를 얻고 금실에 (있는 선적에) 이름을 실을 수 있으리라.

해제 신체를 우주에 비유해서 설명하고 있다. 호흡은 태양과 달의 운행에, 성태를 만드는 것은 일·월의 결합에 비유되고 있다.

1) 五行參差同根節, 三五合氣要本一.

五行參差: 참치參差는 서로 높이가 다른 봉우리가 줄지어 있는 것처럼 다른 것들이 엇갈려 있는 모양이다. 양구자는 오행을 오장으로 보았다.[1] 무성자는 혼돈에서 다섯 가지 기운이 생겨나는 모양이라고 보았다.[2] 바로 앞의 9장에서 "오장을 두루 존사함에 절도에 따라야 한다"[3]고 말했다. 오행은 각기 다르지만 일정한 질서에 따른다는 의미다. 이곳에서는 호흡에 수반되는 체내의 우주론을 말한다.

---

1) 『黃庭外景玉經註』: 五藏法五行, 或上或下, 參差同一喉嚨也.

2) 『太上黃庭外景經注』: 五彩騰起, 或參或差, 混沌不別, 共生根帶.

3) 『太上黃庭外景經注』: 歷觀五臟視節度.

根節: 뿌리마디. 결국 뿌리와 질서라는 뜻이다.

三五: 무성자는 중앙을 의미한다고 했다.[4] 오장과 하늘의 일·월·성의 세 기운을 의미한다. 일·월·성은 수직의 몸에서 세 곳 즉『외경경』에서 말하는 삼관三關·삼기三奇로서 머리·심장·단전이 이에 해당한다. 요컨대, 삼오는 머리·심장·단전의 삼과 오장의 오를 말한다.

要本一: 본일本一은 기본이 되는 하나로서, 삼과 오가 결합되어 있다는 뜻이다. 천지의 뿌리는 하나의 원기에서 비롯되었다는 의미다.

2) 誰與共之升日月, 抱珠懷玉和子室, 子能知之萬事畢.

誰與共之升日月:『태상황정외경옥경』에는 升이 "斗"로 되어 있다. 양구자본과 무성자본도 동일하다. 남두·북두 등의 사방과 중앙의 별자리를 중시하는 도교적 관념 때문에 斗로 바꿨을 것이다. 도교에는 별이 사람의 운명을 관장한다는 생각이 있다. 북두, 남두, 이십팔수, 일, 월, 오성 등이 중시되었다. 그중에서도 특히 북두가 두드러진다. 북두는 사람의 수명과 국명을 관장한다고 믿어졌다. 그러므로 도교 문헌에 두가 나오는 것은 자연스럽다. 그러나 이곳의 승을 두로 고치면 엉뚱해진다. 북두칠성을 가리키는 선기옥형璇璣玉衡이라는 표현이 나오긴 하지만,『외경경』에는 두를 중앙과 사방에 배당하는 도교의 전통적 관념이 없다. 게다가 이어지는 11장에서는 "出月入日是吾道"라고 했다. 일·월은 호흡이다. 상청파에서는 해와 달의 정기를 흡입하는 것을 중요한 수행법으로 간주한다.『태상옥신

---

4)『太上黃庭外景經注』: 三五十五在中央.

울의결린분일월도太上玉晨鬱儀結璘奔日月圖』와『동진태상팔소진경복
식일월황화결洞眞太上八素眞經服食日月皇華訣』이 대표적이다. 두 문헌
의 요지는 해와 달의 정기를 흡입하는 것이다. 승은 이런 관념과 무
관하지 않을 것이다. 여기서도 일·월은 호흡을 나타내는 것으로 보
인다. 방중이 아니라 호흡법이 핵심이다. 다만, 방중과 유사한 이미
지 즉 음양일월의 결합이 전제되어 있다. 호흡과 방중의 결합으로
부터 호흡을 통해 합정合精·결정結精한다는 생각이 만들어졌다.

   오두미도의 초기 수행법에서는 방중이 중시되었던 것으로 보인
다. 이 점은『위서』「석로지」의 구겸지寇謙之에 관한 항목에서 신이
겸지에게 내린 말에 보인다. 신은 겸지에게『운중음송계경』을 내리
면서 조미전세(오두미도)와 남녀합기의 방중술을 없앨 것을 말한다.

겸지는 숭악에서 뜻을 지키고 수행에 전일하여 게으르지 않았다. 신서
2년 10월 을묘일에 홀연히 대신이 구름을 타고 용을 부리는 모습을 보
았다. 온갖 영이 그를 따랐고, 선인과 옥녀는 좌우에서 시종하였다. 그
들은 산정에 모여 (대신을) 태상로군이라고 했다. 태상로군이 겸지에게
말했다. 일찍이 신해년에 숭악진령집선궁주가 천조에 아뢰기를 '천사
인 장릉이 세상을 떠난 이래로 지상은 텅 비어 도를 닦는 이들이 사수할
수 없었습니다. 숭악도사 상곡의 구겸지는 몸을 세워 올곧게 다스리고
행함이 자연에 합치하며 재질은 궤범에 부합하니 먼저 천사의 위치에
처할 만합니다'라고 하였다. 나는 이런 까닭으로 너를 보러 왔다. 네게
천사의 지위를 주고 병진이라는 운중음송신과지계 20권을 준다. 이 경
계는 천지개벽 이래로 세상에 전해지지 않았으나 이제 운수에 따라 응

당 세상에 내보낸다. 너는 나의 새로운 과계를 선포하여 도교를 맑게 정돈하라. 삼장의 위법 즉 조미전세와 남녀합기의 술을 제거하라. 대도는 맑고 텅 비었으니 어찌 이런 일이 있겠는가? 오로지 예도로 기본을 삼고 여기에 복식폐련을 더하라. (이어서) 왕구의인장객지 등 12인으로 하여금 구겸지에게 복기·도인에 관한 구결의 법을 전하도록 했다. 마침내 벽곡할 수 있었으니 기운이 성대하고 몸은 가벼웠으며 안색은 수려해졌다. 제자 10여 명이 모두 그 방법을 얻었다.[5]

『운중음송계경』은 현재 온전히 전하지 않는다.『정통도장』의「노군음송계경」은 그 잔본으로 알려져 있다.

抱珠懷玉:『태상황정외경옥경』에는 "抱玉懷珠"로 되어 있다. 양구자[6]와 무성자[7]의 해설은 대동소이하다. 기운이 연이어 이어지는 모양을 묘사한 것이라고 했다.『외경경』에서 일·월은 호흡을 상징한다. 이곳의 구슬과 옥은 일·월로 상징되는 기운이다.

---

5)『魏書』「釋老志」: 謙之守志嵩岳, 精專不懈, 以神瑞二年十月乙卯, 忽遇大神, 乘雲駕龍, 導從百靈, 仙人玉女, 左右侍衛, 集止山頂, 稱太上老君. 謂謙之曰:「往辛亥年, 嵩岳鎭靈集仙宮主, 表天曹, 稱自天師張陵去世已來, 地上曠誠, 修善之人, 無所師授. 嵩岳道士上谷寇謙之, 立身直理, 行合自然, 才任軌範, 首處師位, 吾故來觀汝, 授汝天師之位, 賜汝雲中音誦新科之誡二十卷. 號曰『竝進』. 言:「吾此經誡, 自天地開闢已來, 不傳於世, 今運數應出. 汝宣吾新科, 淸整道敎, 除去三張僞法, 租米錢稅, 及男女合氣之術. 大道淸虛, 豈有斯事. 專以禮度爲首, 而加之以服食閉練.」使王九疑人長客之等十二人, 授謙之服氣導引口訣之法. 遂得辟穀, 氣盛體輕, 顏色殊麗. 弟子十餘人, 皆得其術.
6)『黃庭外景玉經註』: 碌碌如玉, 落落如石, 行氣握之, 念如運珠.
7)『太上黃庭外景經注』: 琭琭如玉, 連連如珠, 調和室房.

和子室: 자실은 태식법에서 말하는 태실이다. 호흡한 기운이 몸 안에서 잘 어울려 태를 이루는 모양을 묘사한 구절이다. 결국 단전 이다.

3) 子自有之持勿失, 即得不死藏金室.

子自有之: 지之를 무성자는 일종의 존사법인 수일守一의 일一로 보 았다.[8] 양구자는 정기로 보았다.[9] '子自有之'는 11장에도 그대로 나 온다. 태식은 외기를 흡입한다는 관념에서 점차 내기로 숨을 쉰다 는 관념으로 바뀌어 갔다. 일반적으로는 당대에 이르러서야 이런 관 념의 전환이 일어났다고 알려져 있다. 그러나 이전에도 그런 생각 의 맹아가 없지는 않았다. 이곳에서는 이 점을 즉 후대의 내기 그 자 체는 아니고 원래는 외기이지만 몸에 있던 내기임을 강조해서 말하 는 것이다. 여인에게서 기운을 취하는 유형의 양생술인 방중 등을 통해 밖에서 구할 필요가 없다는 의미도 함축하고 있다.

藏金室: 『태상황정외경옥경』에는 "入金室"로 되어 있다. 무성자는 니환 즉 뇌부구궁의 단전으로 보았다.[10] 양구자의 견해도 같아 보 인다.[11] 금실은 말 그대로 금으로 된 건물이다. 선인의 이름이 기록 된 선적仙籍을 저장하는 공간일 것이다. 인간의 수명과 불사의 존재 가 된 이들의 이름이 기록되어 있다는, 혹은 이름이 기입된다는 관

---

8) 『太上黃庭外景經注』: 人人有一.
9) 『黃庭外景玉經註』: 閉精自守.
10) 『太上黃庭外景經注』: 卻入三寸爲金室, 洞房之中當幽關, 變吾形爲眞人, 眞人所處 丹田中.
11) 『黃庭外景玉經註』: 修道審入九室, 返胎煉形, 修理玄白.

념은 도교에 널리 퍼져 있었다. 예를 들어,『동진고상옥제대동자일옥검오로보경洞真高上玉帝大洞雌一玉檢五老寶經』에는 다음과 같은 글이 있다. "다만, 이 경 즉 대동진경을 읽지 못하는 이가 이 경을 얻기만 해도 태미천제군이 이 경을 받을 때에 그를 죽음이 기록되어 있는 사간에서 빼내 주고…동화에 이름을 새겨 넣는다."12)

---

12)『正統道藏』正一部『洞真高上玉帝大洞雌一玉檢五老寶經』: 又但有此經, 不得讀之者, 太微天帝君拔出死簡於受經之始,…刻名東華.

11장

出月入日是吾道, 天七地三回相守. 昇降五行一合九, 玉石落落是吾實.
子自有之何不守.

(달이 뜨면 태양이 들어가듯이) 호흡을 번갈아 하는 것이 나의 수행법이다.
하늘의 일곱 기운과 땅의 세 기운이 돌면서 서로를 지킨다. (기운이) 오장
을 오르내리면서 일이 구와 합쳐진다. 옥석이 떨어지듯이 기운이 내려오
는 것이 나의 보배다. 그대는 본래부터 이것을 지니고 있으니, 어찌 지키
지 못하겠는가?

해제 앞장에 이어 호흡을 일·월의 뜨고 짐으로 비유해서 묘사하고 있다.
『외경경』의 기본적 신체관이 보이는 장이다.

1) 出月入日是吾道, 天七地三回相守.

出月入日:『태상황정외경옥경』에는 "出日入月"로 되어 있다. 호흡
을 해와 달의 출입으로 비유한 것이다. 음양의 관계에 적합하지 않
다고 생각한 이가 고쳤을 것이다. 그러나 이 구절은『황제내경』에
보이는 수승화강水升火降의 구도와 잘 어울린다. 천기는 내려오고
지기가 올라간다고 생각하면 출월입일이 적절하다. 즉 지기인 달은
올라가고 천기인 일은 내려와야 맞다.

天七: 양구자는 북두칠성이라고 했다.[1] 머리의 감관 즉 칠규七竅
를 의미한다.

---

1)『黃庭外景玉經註』: 天有七星, 地有三精, 元氣回行, 無窮極也.

地三:『태상황정외경옥경』에는 "地二"로 되어 있다. 양구자본과 무성자본에는 모두 "地三"으로 되어 있다. 二라면 심장과 단전만 가리킨다고 봐야 할 것이다. 二는 아닐 것이다. 특히 낙서와의 관련성을 생각할 때 三으로 되어야 할 것이다. 천기는 아래로 내려오고, 지기는 위로 올라간다.

回相守: 아래로 내려왔던 하늘 기운은 땅의 기운이 되어 올라가고, 올라갔던 땅의 기운은 하늘 기운이 되어 내려온다. 이 변화와 호흡의 과정을 설명하고 있다.

2) 昇降五行一合九, 玉石落落是吾寶, 子自有之何不守.

昇降五行一合九:『태상황정외경옥경』에는 "昇降進退合乃久"로 되어 있다. 양구자본과 무성자본도『태상황정외경옥경』과 같다. 앞의 천칠지삼天七地三과 연결된다. 왕희지본에서는 이 점을 분명히 나타냈다. 하도낙서河圖洛書의 낙서에서 일一은 북北을 구九는 남南을 상징한다. 기운이 가운데 있는 오장을 따라 오르내리므로 이렇게 말했다. 일과 구의 결합은 결국 천지음양의 결합과 같다.

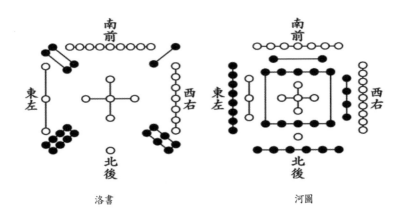

洛書   河圖

玉石落落是吾寶: 『태상황정외경옥경』에는 "玉石珞珞是吾寶"로 되어 있다. 호흡을 할 때는 침을 삼키면서 기운이 아래로 내려오는 모습을 상상한다. 기운이 아래로 떨어지는 모양을 묘사한 것이다.

子自有之: 10장과 같다. 외기를 취한다는 방중 혹은 천지의 기운을 삼킨다고 하는 『황정경』 이전의 복식수행을 염두에 두고, 그런 외기를 취하는 방식은 아니라는 것이다. 물론 이런 변화는 일거에 모든 영역에서 일어나지는 않는다. 앞에서 말했듯이 『황정경』 이후의 상청파에서도 해와 달의 기운을 삼킨다는 관념이 유행하기도 했다.

12장

心曉根蔕養華采, 服天順地合藏精. 七日之五回相合, 崑崙之性不迷誤.

마음으로 근본을 깨닫고 화려하고 빛나는 기운을 기른다. 하늘의 기운을 먹고 땅의 질서를 따라 천지의 기운을 결합해서 정을 품는다. 일곱 개의 하늘 기운이 땅의 다섯 기운과 결합하는 것은 복식수행으로 인한 것이니, 이 수행법을 (방중으로) 오해하지 말라.

해제 몸 안에서 기운의 결합을 통해 생명의 씨앗인 정을 만드는 것임을 강조하고 이것을 방중과 혼동하지 말라고 말하고 있다.

1) 心曉根蔕養華采, 服天順地合藏精.

心曉根蔕:『태상황정외경옥경』에는 根蔕가 "眞基"로 되어 있다. 체蔕는 꽃받침으로 매개가 되는 중요한 고리를 가리킨다. 근본이라는 뜻으로 마음을 허정하게 함으로써 마음에 있는 정기를 보존하라는 뜻이다.

華采:『태상황정외경옥경』에는 "華彩"로 되어 있다. 의미가 다르지 않다. 무성자는 낯빛이라고 했다.[1] 양구자는 낯빛을 포함하는 몸의 윤택함이라고 했다.[2] 7장에 "絳宮重樓十二級, 宮室之中五采集"이라는 구절이 있다. 심장에 모인 기운이다.

服天順地: 무성자는 하늘의 기운을 먹고 땅의 질서를 따른다고 해석했다.[3] 양구자의 해석도 크게 다르지 않다.[4] 복천은 복기服氣 즉

---

1)『太上黃庭外景經注』: 開闔陰陽, 布色華彩, 常若少年.
2)『黃庭外景玉經註』: 謂入面目悅澤, 體有光華也

복식법을 말한다. 땅은 앞에서 말한 삼관을 의미한다. 하늘 기운이 땅인 몸을 드나드는 것을 묘사한 말이다.

合藏精: 천기와 지기의 결합을 통해 정을 만든다는 뜻이다.

2) 七日之五回相合, 崑崙之性不迷誤.[5]

七日之五回相合: 왕희지본에는 "七日之奇五連相合"으로 되어 있다. 『태상황정외경옥경』에는 "七日之五迴相合"으로 되어 있다. 連은 중복된다. 칠일과 오에 대해 양구자는 칠규와 오장이라고 했다.[6] 무성자는 도를 행하는 요체가 칠일에 한 번 합치하는 것이라고 했다.[7] 『내경경』자청장紫淸章(제29)에 "晝夜七日思勿眠"이라는 구절이 있다. 그때는 수행의 기간을 가리킨다. 이곳의 칠일은 칠규 즉 감관을 통해서 들어오는 하늘의 기운을 뜻한다. 오는 오장이다. 하늘의 기운과 땅의 기운이 결합하는 것을 묘사하고 있다. 양구자의 해석이 옳다. 그리고 당연히 낙서의 도식이 전제되어 있다.

崑崙之性不迷誤: 『태상황정외경옥경』에는 이 구절이 없다. 곤륜이라는 표현은 7장의 "子欲不死修崑崙"에도 나왔다. 호흡에 따라 기운이 오르락내리락 하는 모양을 곤륜이라고 표현했다.

---

3) 『太上黃庭外景經注』: 頭爲天, 足爲地. 服食天氣, 灌漑身形, 合人丹田, 藏之腦戶.

4) 『黃庭外景玉經註』: 天氣下降, 地氣上升, 二合成德, 變化相生, 閉氣守精, 養神煉質.

5) 『태상황정외경옥경』에는 이 앞에 "九原之山何亭亭, 中住眞人可使令"이 있다. 즉 네 구의 순서가 뒤집혀 있다.

6) 『黃庭外景玉經註』: 七竅五藏, 共相和同, 共於一室.

7) 『太上黃庭外景經注』: 行道之要, 七日一合.

13장

九原之山何亭亭, 中有眞人可使令. 蔽以紫宮丹城樓, 俠以日月如明珠.
萬歲昭昭非有期.

아홉 가지 기운의 근원이 되는 저 산은 얼마나 높은가? 그 속에 있는 진인
에게 심부름을 시킬 만하다. 자줏빛 궁과 붉은색 성루에 가려져 있고, 마치
밝은 구슬 같은 눈을 양쪽에 끼고 있다. (이런 수행을 닦으면) 만세토록 밝
고 밝아 수명에 한정이 없게 되리라.

해제 머리를 묘사한 것이다. 낙서의 영향을 받아 머리를 구원九原이라고
표현했다. 일·월은 좌우의 눈을 가리킨다.

　1) 九原之山何亭亭, 中有眞人可使令.
　九原之山何亭亭: 무성자는 구원이 심장을 가리킨다고 보았다.[1] 양
구자는 니환이라고 했다.[2] 정정亭亭은 무엇인가 우뚝 솟아 있는 모
양이다. 12장에서 소개한 낙서에 따르면 구九는 머리다. 이곳에서도
머리를 가리킨다. 『내경경』 편집자들은 『외경경』의 구를 구궁九宮
으로 구체화했다.
　中有眞人可使令: 『태상황정외경옥경』에는 有가 "住"로 되어 있다.

　2) 蔽以紫宮丹城樓, 俠以日月如明珠.
　蔽以紫宮丹城樓: 표현 형식이 5장의 "絳官重樓十二環"과 유사하지

---

1) 『太上黃庭外景經注』: 心爲九原, 眞人太一處其中也.
2) 『黃庭外景玉經註』: 泥丸中氣王色明, 眞人太一住其中.

만 다른 곳을 가리킨다. 머리에 있는 신의 처소를 가리킨다.

日月:『외경경』에서 일·월은 호흡을 통해 순환하는 음양의 기운, 두 개의 신장 혹은 두 개의 눈을 가리킨다. 이곳에서는 눈을 가리킨다.

明珠:『태상황정외경옥경』에는 "連珠"로 되어 있다.

14장

外本三陽神自來, 內養三陰可長生. 魂欲上天魄入淵, 還魂返魄道自然.
밖으로 삼양에 근본하니 신이 저절로 오고, 안으로 삼음을 길러 내니 장수할 수 있다. 혼은 하늘로 오르려 하고 백은 연못으로 들어가려 한다. 혼백을 돌려놓으면 도는 본래의 모습을 회복하리라.

해제 복식호흡의 논리 중 일부를 혼백의 결합이라는 관념과 연결해 말하고 있다. 방중의 이미지를 차용하는 것과 그 목적이 같다. 결단結丹의 과정에 관한 묘사다.

1) 外本三陽神自來, 內養三陰可長生.
三陽: 일·월·성.

三陰: 왕희지본에는 "三神"으로 되어 있다. 삼양三陽과의 대응 때문에 三陰이라고 고쳤을 것이다. 일·월·성의 외기를 받아들여 몸의 신이 되면 이 신을 기른다는 논리는 체계적이고 설득력이 있다. 그러나 바로 다음 구절을 볼 때『외경경』저자들은 복식을 혼과 백의 결합으로 이해한 듯하다. 그렇다면 양과 대응할 수 있는 음이라고 보는 것이 적절할 것이다. 물론 삼음이든 삼신이든 의미는 같다. 몸의 세 가지 기운 즉 단전을 포함하는 삼관이다.

2) 魂欲上天魄入淵, 還魂返魄道自然.
還魂返魄: 후대의 진혼고백鎭魂固魄법의 원형적 관념을 담고 있다. 혼백이 이반되는 것이 죽음이므로 양생을 위해서는 혼백을 다시 돌아오게 해야 한다. 천기를 흡입하고 몸의 정기를 배설하지 않는 것 즉 복식수행법이 혼백을 불러들여 결합시키는 것과 다르지 않다고 생각했을 것이다. 도교 관련 문헌에서는 같은 관념을 진혼고백 혹은 보혼고백保魂固魄 등으로 표현하고 있다. 양구자는 이 관념을 설명하면서 『태미영서太微靈書』의 내용을 길게 인용하고 있다. 혼과 백을 불러들여 안정시키는 수행법이다. 조금 길지만 옮겨 둔다.

태미영서에 다음과 같이 말한다. 매월 3일·13일·23일 저녁 삼혼이 몸을 버리고 밖으로 나가 노닌다. 혼을 제어해야 하는 이는 마땅히 위를 보고 베개를 베지 않고 발을 쭉 편 후 손을 깍지 껴서 심장 위에 둔다. 눈을 감고 삼식 동안 폐기하고 고치를 세 번 한다. 심장 속에서 닭 볏과 같은 색의 붉은 기운이 목을 통해서 나와, 붉은 기운이 굴러서 크게 몸을 덮어 변해서 불로 되어 몸을 태워 (그 기운이) 몸을 에워싸는 것을 존사한다. 문득 몸에서 작은 열기가 있음을 느끼면 삼혼의 이름을 부른다. "상영, 태광, 유정." 이어서 곧 작은 소리로 주문을 외운다. "태미현궁, 중황시청에서 삼혼을 단련함에 태광이 편안하다. 신보옥실은 나와 더불어 태어났으니 망동해서는 안 된다. 거울은 크게 영묘하니 비행하려 하나 상청에 이르기는 어렵다. 만약 기갈이 있으면 현수옥정을 구해서 마시면 된다."[1]

---

1) 『黃庭外景玉經註』: 太微靈書云: 每月三日, 十三日, 二十三日夕, 三魂棄身遊外, 攝之者當仰眠, 去枕伸足, 交手心上, 瞑目, 閉氣三息, 叩齒三通, 存心中有赤氣如鷄子從內出於咽中, 赤氣轉大覆身變成火, 以燒身使匝, 覺體中小熱, 呼三魂名曰爽靈, 胎光, 幽精, 即微呪曰: 太微玄官, 中黃始青. 內煉三魂, 胎光安寧. 神寶玉室, 與我俱生. 不得妄動, 鑒者太靈. 若欲飛行, 難詣上淸. 若有飢渴, 得飮玄水玉精.

또 매월 초하루·보름·그믐날에 칠백이 흘러 넘쳐 귀매와 섞이려 하면 제어하여 백을 돌아오게 하는 법을 사용한다. 이날 저녁 위를 바라보고 발을 쭉 펴고 손바닥으로 두 귀를 가려 손가락이 목 뒤에서 닿게 한다. 폐식을 일곱 회하고 고치를 일곱 번 한다. 이어서 다음과 같이 존사한다. 코끝에서 작은 콩만 한 흰 기운이 갑자기 불룩해져서 점차 커져 몸을 위아래 이홉 겹으로 에워싼다. 기운이 홀연히 변해 두 눈 속의 두 청룡으로 된다. 두 마리의 호랑이가 두 개의 콧구멍 속에서 모두 밖을 향한다. 붉은 까마귀가 심장 위에서 사람을 향한다. 푸르른 거북이가 왼쪽 발 아래에 있고, 신령한 뱀이 오른쪽 아래에 있다. 두 옥녀가 비단 옷을 입고 손으로 불빛을 들고 두 귀에 댄다. 존사를 마치면 침을 일곱 번 삼키고 칠백의 이름을 부른다. "시구, 복시, 작음, 탄적, 비독, 제예, 취페" 이어서 곧 작은 목소리로 주문을 외운다. "흰 기운이 아홉 번 휘감아 백의 사악하고 간사한 기운을 제어한다. 하늘은 묵묵히 문을 지키고 아리따운 여인이 관문을 쥐고 있다. 단련하여 조화되고 부드러워지면 나와 더불어 서로 편안하리라. 망동해서는 안 되니 몸의 근원을 살펴야 한다. 만약 기갈증이 있으면 월황일단을 들어서 마신다."[2]

---

2) 『黃庭外景玉經註』: 又每月朔, 望, 晦日, 七魄流蕩, 交通鬼魅. 制檢還魄之法, 當此夕仰眠伸足, 掌心掩兩耳, 令指相接於項上, 閉息七遍, 叩齒七通, 心存鼻端白氣如小豆大, 須突漸大, 冠身上下九重, 氣忽變成兩青龍在兩目中; 兩白虎在兩鼻孔中, 皆向外; 朱鳥在心上, 向人. 蒼龜在左足下; 靈蛇在右足下; 兩玉女著錦衣, 手把火光, 當兩耳門. 畢, 咽液七過, 呼七魄名曰: 尸狗, 伏矢, 雀陰, 吞賊, 非毒, 除穢, 臭肺. 即微咒曰: 素氣九回, 制魄邪奸. 天默守門, 嬌女執關. 煉既和柔, 與我相安. 不得妄動, 看察形源. 若有飢渴, 聽飲月黃日丹.

앞의 글은 혼을, 뒤의 글은 백을 제어하는 방법에 관한 내용을 다루고 있다.

15장

璇璣懸珠環無端, 玉石金籥身完堅. 載地懸天迴乾坤, 象以四時赤如丹. 前仰後卑各異門, 送以還丹與玄泉, 象龜引氣致靈根. 中有眞人巾金巾, 負甲持符開七門. 此非枝葉實是眞, 晝夜思之可長存.

몸에서 기운이 순환하는 것은 마치 북두칠성이 사시에 따라 순환하는 것과 같다. 옥 같은 정기를 (보관하기 위해) 단단히 자물쇠를 채워 두면 몸이 온전하고 견고해진다. 기운은 (북두칠성처럼) 땅에 실리고 하늘에 매달려 몸의 위아래를 회전한다. (북두칠성의 움직임은) 사시의 순환과 같고 그 붉음은 단사와 같다. 앞은 높이 들고 뒤는 낮췄는데, 앞에서부터 뒤로 이어지는 문은 각기 다르다. 환단을 돌려보내 현천과 결합시킴은 마치 거북이가 기운을 끌어 신령스러운 뿌리 즉 혀에 (기운을) 보내는 것과 같다. 머리에 있는 진인은 금건을 쓰고 갑옷을 (거북이처럼) 두르고 부절을 들고 기운이 들어오는 일곱 개의 문을 연다. 기운의 순환과 천기의 흡입은 말단이 아니요, 실로 뿌리다. 주야로 이 진인을 생각하면 장수할 수 있다.

해제 『태상황정외경옥경』에서는 이곳부터가 하경이다. 이 장의 앞부분에서는 우주론과 신체관 그리고 복식의 수행법을 연결시켜서 『외경경』의 기본 관념을 설명하고 있다. 이 장도 마찬가지다. 이 앞에서 끊을 이유가 없다.

1) 璇璣懸珠環無端, 玉石金籥身完堅.

璇璣懸珠環無端: 『태상황정외경옥경』에는 "璇璣懸天周乾坤"이라 되어 있다. 관측기구의 일종인 혼천의를 선기옥형이라고 부르기도

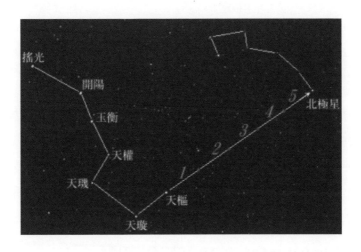

한다. 사실은 선기옥형 즉 북두칠성을 말한다.『사기史記』「천관서天官書」에서는 다음과 같이 말한다. "북두칠성은 이른바 선기옥형으로 칠정을 다스린다."[1] 선기는 첫 번째 별에서 네 번째 별까지를 말하고 옥형은 다섯 번째별부터 일곱 번째 별까지를 말한다. 북두칠성의 이름은 순서대로 천추天樞, 천선天璇, 천기天璣, 천권天權, 옥형玉衡, 개양開陽, 요광搖光이다. 그중 천추·천선·천기·천권을 괴魁라 하고, 옥형·개양·요광을 손잡이 쪽에 해당한다고 하여 표杓 혹은 병병柄이라 한다. 몸의 순환 즉 호흡을 통해 일·월의 기운을 받아들이고 그것이 다시 오장을 따라 오르내리는 모양을 표현한 것이다. 7이라는 숫자에 근거해서 유비적으로 표현했다.

懸珠: 양구자는 몸을 순환하는 기운, 특히 입에 고인 침의 비유어로 보았다.[2] 10장에서는 "抱珠懷玉"이라고 했고, 13장에서는 "日月

---

1)『史記』「天官書」: 北斗七星 所謂璇璣玉衡 以齊七政.
2)『黃庭外景玉經註』: 閉口養神, 漱煉醴泉如流珠.

如明珠"라고 했다. 13장의 주珠는 일·월을 가리키고, 10장의 주는 몸을 순환하는 기운을 가리킨다. 이곳에서는 북두칠성의 별들을 가리킨다고 보아야 할 것이다.

玉石金篇身完堅: 왕희지본에는 "玉石戶金篇身完堅"으로 되어 있다. 12장에는 "玉石落落是吾寶"로 되어 있다. 옥석은 정기를 가리킨다.『태상황정외경옥경』에는 "迅牝金篇常完堅"으로 되어 있다. 石을 이상하게 여겼을 것이다. 양구자본도 같은데, 그는 음양을 상징한다고 해석했다.[3] 억지스럽다. 옥석은 옥 혹은 미석 또는 아직 다듬지 않은 옥의 뜻으로 쓰인다. 옥으로 해석해도 무난하다. 옥은 몸의 기운을 비유한 말이다.

2) 載地懸天迴乾坤, 象以四時赤如丹.

載地懸天迴乾坤:『태상황정외경옥경』에는 "載地懸天周乾坤"이라고 되어 있다. 몸통을 우주로 표현하고 있다. 천지 사이에서 기운이 회전하는 모양을 묘사한 것이다.

象以四時: 북두칠성의 손잡이 쪽은 계절에 따라 동서남북을 가리키면서 일주한다. 그 점을 지적한 것이다.

赤如丹: 단丹은 단사丹砂를 가리킨다. 기운의 색이 마치 단사처럼 붉다는 뜻이다.

---

3)『黃庭外景玉經註』: 陰爲牝, 陽爲篇, 兩不相傷得中和之氣.

3) 前仰後卑各異門, 送以還丹與玄泉, 象龜引氣致靈根.

前仰後卑各異門: 양구자는 심장과 신장의 정기가 같으나 오행상 서로 다른 것을 말한다고 보았다.[4] 머리의 칠규라고 볼 수도 있다. 그러나 이곳에서는 맥락상 하복부의 정기가 위로 올라가는 과정에 있는 문으로 보아야 할 것이다. 그 문은 위로 올라가는 경로에 있다. 내단호흡을 할 때 척추를 따라 기운을 돌리면 위로 올라갈 때 어려움을 느낀다. 마치 고개를 넘어간다는 느낌이 들 정도다. 앞은 들리고 뒤는 낮다는 것은 그런 느낌을 표현한 말이다.

送以還丹與玄泉: 양구자는 현천을 옥천 즉 침으로 보았다. 그는 침이 관원關原에 있던 정액이라고 말한다.[5] 아래에서 올라온 기운을 침과 함께 삼키는 것이므로 양구자의 해석이 맞다. 환단還丹의 일차적 의미는 외단의 용어로 산화수은(외단가들은 이것을 황화수은 즉 단사라고 생각했다)과 수은 사이의 가역반응을 이르는 말이다. 즉 수은을 가열하면 산화수은이 되고 산화수은을 가열하면 수은이 되는 가역반응을, 다시 단사가 된다고 해서 환단이라고 일렀다.

$$2Hg + O_2 \leftrightharpoons 2HgO$$

이런 영구적인 변화에서 영속성을 취해서 불로장생의 명약으로 간주하게 된 것이다. 신장에서 척추를 타고 온 침이 아래로 내려가서 다시 신장과 합쳐지는 모양을 외단의 용어를 빌려서 표현했다.

---

4) 『黃庭外景玉經註』: 頭與足, 腎與心, 心赤腎黑, 本同根水火相剋, 故異同.
5) 『黃庭外景玉經註』: 丹者, 血也, 化入下源, 變爲白精. 當此之時, 縮鼻還之, 上至泥丸, 下至口中, 變爲玉泉也.

象龜引氣致靈根: 영근은 2장에 이미 나왔다. 혀다.

4) 中有眞人巾金巾, 負甲持符開七門.

中有眞人: 무성자는 황천대도군이라고 했다.[6] 양구자는 심장신으로 보았다.[7] 머리를 말하고 있다. 머리에 있는 신이다.

負甲持符開七門: 양구사는 칠문을 칠규 즉 감각기관으로 보았다.[8] 무성자의 견해도 같다(바로 앞의 무성자 인용문에서 확인할 수 있다). 정신이 외물과 접하는 곳이자 외부의 기운이 들어오는 곳 즉 감관이라는 뜻이다. 25장의 "還於七門飲大淵"에도 나온다.

5) 此非枝葉實是根, 晝夜思之可長存.

根: 단전이다.

晝夜思之: 앞의 진인을 존사하라는 뜻이다.

---

6)『太上黃庭外景經注』: 寶真人巾金巾, 負甲持符開七門甲, 子也. 背子向午, 要帶卯酉, 制禦元氣, 受符複行, 皇天大道君也, 常窺看七門.
7)『黃庭外景玉經註』: 赤子著絳衣, 冠金巾也.
8)『黃庭外景玉經註』: 服符六甲, 辟卻邪兇, 布氣七竅, 耳目聰明.

16장

仙人道士非有神, 積精所致爲專年. 人皆食穀與五味, 獨食太和陰陽氣,
故能不死天相旣.

선인·도사라고 해서 신이 될 수 있는 특별한 능력이 있는 것은 아니다. 정
을 쌓은 결과로 수명을 온전히 누릴 수 있을 뿐이다. 사람들이 모두 곡식
과 오미를 먹으나, (선인·도사는) 홀로 극히 조화로운 음양의 기를 먹기 때
문에 죽지 않고 (수명이) 하늘과 같아질 수 있다.

해제 후한대부터 위·진 시기에는 누가 신선이 될 수 있는가에 관한 논쟁이
있었다. 신선이 될 사람이 따로 정해진 것은 아니며, 누구나 수행을 통해
신선이 될 수 있다는 논의를 신선가학론神仙可學論(說)이라고 한다. 이 점을
밝힌 후 그 핵심이 곡식을 먹지 않고 천기를 복용함으로써 순수한 정기를
보존하는 것에 있음을 논하고 있다.

1) 仙人道士非有神, 積精所致爲專年.

仙人道士非有神: 왕희지본에는 有가 "可"로 되어 있다. 有가 적
절하다.

積精: 호흡을 통해 기운을 먹는다는 뜻이다. 복식수행은 마왕퇴의
양생서인『십문十問』에서부터 확인된다.『외경경』이 저술될 시기
에 복식은 가장 중요한 수행법 중 하나였다. 복식의 기본 관념은 땅
기운을 담고 있는 곡기를 끊고 하늘 기운을 비롯한 다른 기운을 먹
는 것이다. 전국시대 말 혹은 진·한 교체기에 이미 이런 수행법이 있
었다. 다만 식사를 금한 것은 아니다.『십문』의 관련 부분을 인용한다.

호흡에는 금하는 것이 있습니다. 봄에는 탁양을, 여름에는 탕풍을, 가을에는 상무를, 겨울에는 능음을 피해야 합니다. 반드시 이 네 가지의 해로운 기를 피해야 깊이 숨을 쉬어 장수할 수 있습니다. 아침에 호흡함에, 숨을 내쉴 때는 하늘에 합치되도록 하고 들이쉴 때는 헤아려 폐를 꽉 채우게 들이쉬어 마치 연못 깊이 잠기듯 하면 묵은 기는 날로 다하고 새로운 기는 나날이 차서 몸에 빛이 나고 정기는 충만하여 장생할 수 있습니다. 낮에 호흡할 때에는 호흡을 반드시 미세하게 해야 합니다. (그리하면) 이목이 총명해지고 따사로운 기가 몸 안에 깊이 퍼지며 속이 문드러지지 않아서 몸에 병이 없게 됩니다. 저녁의 호흡은 깊이 쉬되 길게 천천히 해야 하며 (집중하여) 귀에 들리는 것이 없도록 해야 합니다. 또한 잠자리에서 편안히 해야 합니다. (그러면) 혼백은 (밖으로 떠돌지 않고 즉 꿈을 꾸지 않고) 몸에 편안하기 때문에 장생할 수 있습니다. 한밤중의 호흡은 잠에서 깬 후 잠자던 모양을 바꾸지 않고 (잠자던 모습 그대로) 깊이 천천히 쉬면서 (억지로) 힘을 쓰지 않아야 합니다. 육부에 모두 이르러야 하며 길게 쉬는 것이 좋습니다. 장차 신을 장수하게 하려거든 반드시 피부로 숨을 쉬어야 합니다. 호흡의 요체는 (다음과 같습니다.) 묵은 기를 내보내고 새로운 기를 들여야 하며, 마음을 기쁘게 갖고 좋은 음식을 먹어서 몸을 채워야 합니다. 이것을 기를 다스려 정을 만든다고 합니다.[1]

---

[1] 『十問』: 食氣有禁, 春避濁陽, 夏避湯風, 秋避霜霧, 冬避凌陰. 必去四咎, 乃深息以爲壽. 朝息之治, 其出也, 務合於天, 其入也, 揆彼閨滿, 如藏於淵, 則陳氣日盡, 而新氣日盈, 則形有雲光, 以精爲充, 故能久長. 晝息之治, 呼吸必微. 耳目聰明, 陰陰喜氣, 中不潰腐, 故身無痲殃. 暮息之治, 深息長徐, 使耳無聞, 且以安寢. 魂魄安形, 故能長生. 夜半之息也, 覺寤毋變寢形, 深徐去勢, 六府皆發, 以長爲極. 將欲壽神, 必以膝理息. 治氣之精, 出死入生, 歡欣美穀, 以此充形, 此謂搏精. 治氣之精, 出死入生, 歡欣美穀, 以此充形, 此謂搏精.

專年: 장수.

2) 人皆食穀與五味, 獨食太和陰陽氣, 故能不死天相旣.

五味: 단맛, 쓴맛, 짠맛, 신맛, 매운맛을 가리킨다. 약재의 분류 기준으로도 음식의 분류 기준으로도 사용되었다. 곡식과 오미를 구분한 것은 곡은 무미無味하다고 보았기 때문이다. 오미를 약재의 분류 기준으로 처음 사용한 것은『신농본초경神農本草經』이다. 도홍경의『신농본초경집주神農本草經集註』에 따르면『신농본초경』은 후한대의 문헌이다.『신농본초경』은 당초에 일실되었었으나 후에 복원되었다. 여러 종류의 복원본이 있다. 손성연孫星衍의 집본(1779년경)에서는 인삼과 단사를 다음과 같이 기록하고 있다.

인삼: 맛은 달고 성질은 미한하다. 정신을 편안하게 하고 혼백을 안정시킨다. 경계를 가라앉히고 사기를 제거한다. 눈을 맑게 하고 마음을 열어주어 총명하게 한다. 오랫동안 먹으면 몸이 가벼워지고 수명이 늘어난다. 인함 혹은 귀개라고도 한다. 산곡에 난다.[2]

초석: 맛은 쓰고 성질은 차다. 오장의 열 치료를 주관한다. 위가 막힌 것을 열어 주고 음식이 쌓인 것을 없애 준다. 묵은 것을 밀어내어 새롭게 해주며 사기를 없애 준다. 달여서 고로 만들어 구복하면 몸이 가벼워진다.[3]

---

2)『神農本草經』: 味甘, 微寒. 主補五臟, 安精神, 定魂魄, 止驚悸, 除邪氣, 明目, 開心, 益智. 久服, 輕身, 延年. 一名人銜, 一名鬼蓋. 生山谷

3)『神農本草經』: 味苦寒. 主五臟積熱, 胃張閉, 滌去蓄結飲食, 推陳致新, 除邪氣. 煉之

獨食太和陰陽氣: 복기법을 말한다.

故能不死天相槪: 왕희지본에는 "故能不死天相旣"라고 되어 있다.『태상황정외경옥경』도 같다. 양구자는 旣를 通의 뜻으로 해석했다.[4] 槪로 고친다. 하늘과 수명이 같아진다는 뜻이다.

如膏, 久服輕身.

4)『黃庭外景玉經註』: 旣者, 通也.

17장

心爲國主五臟王, 受意動靜氣得行. 道自守我精神光, 晝日昭昭夜自守.
渴自得飮飢自飽, 經歷六腑藏卯酉. 轉陽之陰藏於九, 常能行之不知老.
심장은 나라의 주인이자 오장의 왕이다. 심장으로부터 움직임에 관한 뜻
을 받아 기가 움직일 수 있다. 도가 (떠나지 않고) 수행자에게 머물면 수행
자의 정신이 빛난다. (도는) 낮에는 밝디 밝고 밤에는 스스로를 지킨다. (도
는) 갈증이 나면 스스로 마시고 배고프면 스스로 먹는다. (도가 먹은 기운은)
육부를 지나 양쪽의 신장에 보관된다. (복식수행은) 하늘의 양기를 음으로
바꿔 머리에 이르게 하는 방법이다. 늘 복식수행을 행할 수 있으면 늙음을
알지 못하리라.

해제 오장은 의학적 신체관의 핵심이지만,『외경경』에서는 상황이 다르다.
오장은 수직적 신체관의 부수적 역할을 하는 것으로 보인다. 오장은 기운
의 상승과 하강의 과정에 관여하는 것으로 상정된다. 한의학에서는 오장
의 기운이 다시 신장으로 모여든다고 말한다. 이곳에서도 이런 관념을 받
아들여서 신장으로 이어졌다가 다시 위로 올라간다는 것을 말하고 있다.

1) 心爲國主五臟王, 受意動靜氣得行.

  心爲國主五臟王:『태상황정외경옥경』에는 이 앞에 "試說五臟各有方"
이라는 구절이 있다. 무언가 설명해 준다는 식의 표현은 뒤에 덧붙
여진 듯 인위적이다. 왕희지본처럼 본래는 없었을 것이다. 오장왕의
王도 "主"로 되어 있다. 마음이 몸의 주인이라는 생각은 이미『순자
荀子』에서부터 확인된다.

마음이라는 것은 몸의 임금이요, 신명의 주인이다. 명령을 내리기는 하지만 명령을 받는 일은 없다. 스스로 금하고 스스로 부리며 스스로 빼앗고 스스로 취하고 스스로 행하고 스스로 그만둔다. 그러므로 입을 겁박해서 다물거나 말하게 할 수 있고 몸을 겁박해서 굽히거나 펴게 할 수 있는데 반해, 마음은 겁박해서 뜻을 바꾸게 만들 수 없다. 마음은 옳다고 여기면 받아들이고 그르다고 생각하면 사양한다.[1]

受意動靜氣得行: 『태상황정외경옥경』에는 受意動靜이 "意中動靜"으로 되어 있다. 의意는 막 일어나서 움직이기 시작하는 때의 떨리는 마음이다. 그런 떨림이 생겨나는 것을 '받다'라고 표현했다. 뒷사람은 이 표현이 이상하다고 생각했을 것이다. 그래서 의중동정이라고 했으나, 본래 의는 떨림이므로 정靜과는 거리가 있다. 왕희지본의 표현이 더 자연스럽다. 존사는 속으로 상상하는 것 즉 의념意念이고 의념은 마음이 담당한다. 의념의 목적은 기운을 움직이는 데 있다.

2) 道自守我精神光, 晝日昭昭夜自守.

道自守我神明光: 『태상황정외경옥경』에는 "道自持我神明光"으로 되어 있다. 도의 본모습 혹은 물리적 양상은 정기精氣 즉 정신精神이다. 무속의 강신에서 출발한 도가수행론은 정신에서 무속적 색채를

---

1) 『荀子』「解蔽」: 心者, 形之君也而神明之主也, 出令而無所受令. 自禁也, 自使也, 自奪也, 自取也, 自行也, 自止也. 故口可劫而使墨云, 形可劫而詘申, 心不可劫而使易意, 是之則受, 非之則辭.

지워 냈다. 그러나 도교 성립기에 정신이 구체적인 신으로 다시 묘사된다. 마음 안의 정기는 나의 주인으로, 몸을 보호하고 그로 인해 수행자가 신명스럽게 된다는 뜻이다.

3) 渴自得飮飢自飽, 經歷六腑藏卯酉.

渴自得飮飢自飽:『태상황정외경옥경』에는 "渴自飮醬飢自飽"라고 되어 있다. 왕희지본이 더 자연스럽다. 수행자가 곡식을 먹지 않기 때문에 한 말이다.

經歷六腑: 기운이 다시 내려와서 육부를 지난다는 뜻이다.

卯酉: 방위상으로 묘유는 동쪽과 서쪽을 나타낸다. 12지를 방위에 배당할 때 자子는 북쪽을 오午는 남쪽을 가리킨다. 나머지는 12지의 순서대로 대응한다. 이곳에서는 왼쪽 신장과 오른쪽 신장을 가리킨다.『황제내경』에 따르면 오장은 모두 장정하는 기관이다. 그러나 오장의 모든 정은 궁극적으로 신장에 장정된다. 이런 생각을 그대로 따르고 있다.

4) 轉陽之陰藏於九, 常能行之不知老.

轉陽之陰藏於九: 양은 하늘의 기운이다. 이것이 내게 들어와서 지기 즉 음기가 되어 다시 올라간다는 뜻이다. 구는 낙서에 따를 때 남쪽이다. 수행자의 머리를 가리킨다. 이어지는 19장에는 "將使諸神開命門, 通利天道至靈根"이라는 구절이 있다.『태상황정외경옥경』에는 뒤 구절의 至가 "藏"으로 되어 있다. 이곳의 藏도 至였을 가능성이 있다. 至가 보다 적절하지만, 글자를 바꾸지는 않는다.

18장

肝之爲氣調且長, 羅列五臟生三光. 上合三焦道飮漿, 我神魂魄在中央.
隨鼻上下知肥香, 立於玄膺通明堂, 伏於玄門候天道, 近在於身還自守.
精神上下關分理, 通利天地長生道. 七孔已通不知老, 還坐天門候陰陽.
下於嚨喉通神明, 過華蓋下清且涼. 入清冷淵見吾形, 其成還丹可長生.
還過華池動腎精, 望於明堂臨丹田. 將使諸神開命門, 通利天道至靈根,
陰陽列布如流星.

간의 기운은 조화롭고 길다. 오장을 줄지어 놓고 세 개의 빛을 낳는다. 위로는 삼초와 결합하여 (삼초를 통해 기운이 내려오면 몸 안의) 도가 (그 기운이 섞인) 장을 마신다. 나의 신과 혼 그리고 백은 중앙에 있다. 코로 호흡함에 따라 누린내가 난다. 침샘에 서 있고 심장과 통한다. 입에 엎드려 하늘길을 엿본다. (이 기운은) 내 몸 가까이에 있다가 돌아와 스스로를 지키는 것이다. 정신이 상하로 움직여 삼관을 나눠 다스린다. 정신이 몸의 위아래를 잘 흐르게 하는 것이 장생의 길이다. (기운이 흐르는) 일곱 개의 구멍이 통하면 늙음을 모른다. 돌아와 입에 앉아서 음양의 변화를 살핀다. 목구멍으로 내려가면 신명이 통하고 폐 아래로 내려가면 청량해진다. 맑고 텅 빈 못인 심장으로 들어가면 내 안에 있는 참 나의 모습을 볼 수 있다. (이런 식으로 내 안의 내가 만들어져) 환단이 완성되면 장생할 수 있다. 돌아와 단전을 지나 신장의 정기를 움직인다. 심장을 바라보면서 단전에 임해 있다. (하단전에 기운이 도달하면) 여러 신을 부려 명문을 열고 천도를 통하게 하여 영근에 이르게 한다. 음양이 열 지어 퍼져 있는 것이 마치 유성과 같다.

해제 간이 하복부의 기운을 위로 올라가게 하는 기능을 한다는 점을 명확하게 밝힌 후, 이 기운이 다시 아래로 내려오는 과정을 비교적 소상하게 묘사하고 있다. 『외경경』 전체에서 가장 중요한 글이라고 할 수 있다. 이 장은 왕희지본과 『태상황정외경옥경』 사이에 다른 점이 적지 않다. 『태상황정외경옥경』의 전문을 수록해 둔다.

肝之爲氣修而長, 羅列五臟生三光, 上合三焦道飮漿, 精候天地長生道. 精液流泉去鼻香, 立於玄膺含明堂, 通我精華調陰陽, 伏於玄門候天道, 近在我身還自守, 清靜無爲神留止, 精氣上下關分理. 七孔已通不知老, 還坐天門候陰陽, 下於喉嚨通神明, 過華蓋下清且凉. 入清虛淵見吾形, 期成還丹可長生, 還過華池動腎精, 望於明堂臨丹田, 將使諸神開命門, 通利天道藏靈根. 陰陽列布如流星, 肝氣似環終無端.

1) 肝之爲氣調且長, 羅列五臟生三光.

肝之爲氣調且長: 간은 기운을 조율하고 하단전에 있던 기운을 위로 올려 주는 기능을 하므로 조화로우면서도 길다고 말했다.

生三光: 체내의 기운을 일·월·성에 빗대서 말했다. 후대의 정·기·신을 연상시킨다.

2) 上合三焦道飮漿, 我神魂魄在中央.

上合三焦: 한의학의 삼초는 수액대사와 관련된 기능을 한다.

삼초는 수곡의 도로요, 기가 시작되고 끝나는 곳이다.[1]

---

[1] 『難經』 「三十一難」: 三焦者, 水穀之道路, 氣之所終始也.

삼초는 물길을 담당하는 것으로서 물길이 이로부터 나온다.[2]

　이 외에『사기』「편작전扁鵲傳」에서는 "따로 삼초 방광에 이른다"[3]
고 했고,『소문素問』「오장별론五藏別論」편에서는 "무릇 위·대장·소
장·삼초와 방광은 천기가 낳은 것이다"[4]라고 했다. 천기를 받아서
쏟아내기만 할 뿐 저상하지 않는다는 뜻이다. 삼초의 위치에 관한
설명은 처음부터 즉『황제내경』에서부터 흔들린다. 확정된 견해가
없다. 다만, 몸의 체간을 삼등분했을 때의 상·중·하와 대응한다는 점
은 비교적 분명하다. 약간의 위험을 무릅쓰고 좀 더 구체적으로 말
하면 대략 상초와 중초는 위의 윗부분과 아랫부분에 대응하고 하초
는 체간의 아랫부분에 대응한다.『영추靈樞』「영위생회편營衛生會編」
에서는 상초를 위의 입구, 중초를 위의 아래 부위, 하초를 회장에서
방광으로 이어지는 부위로 보고 있다.

　상초는 위의 입구에서 시작해서 목구멍을 따라 목구멍을 따라 올라간다.
　횡격막을 뚫고서 가슴속에 퍼진다.…중초도 위 속을 타고 올라가서 상초
　의 뒤로 나온다.…하초는 회장에서 갈라져 방광으로 스며들어 간다.[5]

　삼초는 본래 하초에서 시작된 개념이다. 주지하듯이 신장에서 방

---

2)『素問』「靈蘭秘典論」: 三焦者, 決瀆之官, 水道出焉.

3)『史記』「扁鵲傳」: 別下於三焦膀胱.

4)『素問』「五藏別論」: 夫胃大腸小腸三焦膀胱, 此五者, 天氣之所生也.

5)『靈樞』「營衛生會」: 上焦出於胃上口, 併咽以上, 貫膈而布胸中,…中焦亦併胃中, 出
　上焦之後,…下焦者, 別回腸, 注於膀胱而滲入焉.

광으로 이어지는 선은 척추 쪽에 붙어 있기 때문에 웬만해서는 찾아내기 힘들다. 방광으로 이어지는 선을 찾지 못했던 이들이 하초의 개념을 도입했을 것이다. 그리고 한대漢代에 왕망王莽의 해부 기록을 한의학에 도입한 이들에 의해 상초와 중초로 확장되기에 이르렀을 것이다. 하초에서 상초 그리고 궁극적으로 삼초로의 발달은 단전의 발전과정 즉 하단전에서 삼단전으로의 발전과정과 흡사하다. 넓게 보면 내단수행을 포함하는 복식수행자들은 의학의 신체관을 염두에 두고 자신들의 신체관을 정립해 나갔을 것이다.

道飲漿: 왕희지본에는 "上合三焦道飲漿液"이라고 되어 있다. 액은 불필요하다. 도는 몸 안에 거주하는 신이다. 간에 의해 위로 올라간 기운 즉 침 혹은 삼초에 의해 아래로 내려온 기운을 장漿이라고 했다. 그것을 몸 안의 신이 먹는다는 뜻이다. 체내신이 몸에서 만들어진 신령한 먹을거리를 먹는 모습을 상징하고 있다. 이런 관념은『내경경』의 가장 뒷부분에서도 확인된다. 이 모습은 마치 제례를 연상시킨다. 제물을 신이 흠향한다는 관념의 영향이 있었을 것이다.

我神魂魄: 양구자는 혼을 좌신 백을 우신이라고 했는데, 근거를 밝히지는 않았다.[6] 무성자는 혼백의 이산을 막기 위해 혼백을 확고하게 안정시켜야 한다는 설명을 붙였을 뿐, 혼백에 관해서는 별다른 설명을 남기지 않았다.[7]『황제내경』에서는 간장혼肝藏魂이라고 해서 간에 혼만 배당하고, 백을 폐에 배당한다. 신·혼·백은 구분할 수도 있지만 결국 혼과 백은 신의 특정한 양상이다.『외경경』에서는

---

6)『黃庭外景玉經註』: 中央魂魄, 兩腎也. 左魂右魄, 晝當以魂守魄, 暮當以魄守魂.
7)『太上黃庭外景經注』: 拘魂制魄, 不得動作.

간이 올려 주는 기능을 폐가 내려 주는 기능을 한다. 모든 신이 함께 움직인다. 이 점을 지적한 것으로 보인다. 신은 체내신의 총칭 혹은 심장신이다.

3) 隨鼻上下知肥香, 立於玄膺通神明.

知肥香: 『태상황정외경옥경』에서는 "去鼻香"이라고 했다. 비향이라는 것도 생소하지만 그것을 안다는 것은 더욱 이상하게 생각했을 것이다. 양구자는 거비향이 무미한 음식을 먹으므로 냄새가 나지 않는다는 의미라고 했고,[8] 무성자는 거취향去臭香이라고 하면서 입을 침으로 깨끗이 헹구면 냄새가 나지 않고 향기가 난다고 말했다.[9] 복식수행을 하는 중에는 감각이 더욱 예민해진다. 음식을 먹지 않고 간단히 생식하는 복식수행자의 경우에는 더욱 그렇다. 수행자는 자신의 몸에서 일어나는 변화마저도 냄새 맡을 수 있을 것이다. 복식수행자의 몸에서는 누린내가 나지 않을 것이므로 양구자나 무성자처럼 해석할 수도 있다. 그러나 2장에서도 "玉池淸水上生肥"라고 했다. 분명 비肥가 생긴다고 했다. 비는 물론 일반인의 살집은 아니다. 수행자에게 생기는 특별한 기운의 늘어남이라고 해석해야 한다.

立於玄膺通明堂: 왕희지본에는 玄膺이 "懸膺"으로 되어 있다. 『태상황정외경옥경』이나 무성자본에서는 "玄膺"이라고 했다.[10] 양구자본은 왕희지본과 같다.[11] 2장에서도 "玄膺氣管"이라는 표현이 나

---

8) 『黃庭外景玉經註』: 飮食無味, 鼻失芬香.
9) 『太上黃庭外景經注』: 暮臥惺窹, 蕩滌口齒, 去臭取香治發齒.
10) 『太上黃庭外景經注』: 立於玄膺舍明堂.

왔다. 玄膺으로 고친다. 현응은 침샘이다. 현응으로 고쳐야 뒤의 기관을 묘사하는 복어현문伏於玄門과 잘 어울린다. 『태상황정외경옥경』에는 명당이 신명으로 되어 있다. 결국 심장으로 모일 것이므로 별 차이가 없다.

4) 伏於玄門候天道, 近在於身還自守.

伏於玄門: 양구자는 현문이 코라고 했다.[12] 무성자본에는 현문이 "志門"으로 되어 있다. 무성자는 지문이 곧 현문이라고 했다.[13] 결국 양구자와 같다. 그러나 이 기운은 몸의 아래에서 올라온 것이다. 밖에서 들어오지 않았다. 입일 것이다.

候天道: 하늘 기운 즉 천기가 들어오는 길이므로 천도라고 했다. 천도는 칠규 혹은 칠규로부터 쏟아져 내려온 기운이 모여서 내려오는 입천장의 어느 부위를 가리킨다. 천기는 하늘 기운이라는 뜻이고 『외경경』에서는 외기의 흡입을 전제하고 있지만, 천은 몸에서의 천 즉 머리를 가리킨다. 밖의 하늘 기운은 아니다.

近在於身還自守: 천도를 통해서 내려오는 기운 즉 침과 함께 삼켜지는 기운은 몸의 아랫부분에서 올라온 것이므로 다시 돌아와 지킨다고 말했다. 그것이 외부에서 들어온 것이 아니므로 가까이 있다고 굳이 말해 두었다.

11)『黃庭外景玉經註』: 立於懸膺含明堂.
12)『黃庭外景玉經註』: 門爲鼻也, 候上部之一神.
13)『太上黃庭外景經注』: 志門, 玄門也.

5) 精神上下關分理, 通利天地長生道.

精神上下關分理: 정신은 결국 정기精氣로서 도道와 같다. 관關은 앞의 삼관과 같다. 몸을 삼등분하고 각기 나눠 다스린다는 뜻이다.

通利天地長生道: 천지는 몸이다. 통리通利는 기운의 원활한 순환을 묘사한 말이다.

6) 七孔已通不知老, 還坐天門候陰陽.

七孔已通不知老: 칠공은 칠규 즉 천기가 들어오는 감관이다. 기운이 잘 들어오는 상황을 묘사하고 있다. 혹은 체내에 있는 기운의 관문을 가리킬 가능성도 있다. 그러나 15장에서는 "負甲持符開七門"이라고 했다. 칠문은 칠규를 가리킨다. 이곳에서도 다르지 않다.

還坐天門候陰陽: 왕희지본에는 "還坐陰陽天門候"로 되어 있다. 『태상황정외경옥경』의 원문은 "還坐天門候陰陽"이다. 무성자본과 양구자본에서도 동일하다. 왕희지본의 이어지는 글은 "陰陽下於嚨喉通神明"이다. 이곳의 음양은 잘못 들어갔음에 틀림없다. 『태상황정외경옥경』을 따라 고친다. 무성자의 주석은 의미가 뚜렷하지 않은 곳이 종종 보이는데, 천문에 대한 설명도 그렇다. 태양일의 문이라고 했다.[14] 양구자는 복기법을 행할 때 호흡이 행해지는 구중 즉 입속이라고 보았다.[15] 음양은 호흡을 나타낸다. 천문은 앞의 현문과 같다. 하늘 기운이 들어오고 탁기가 나가는 문 즉 입이다. 『도덕경道德經』10장에 "天門開闔, 能爲雌乎"라는 구절이 있다.[16] 이곳의 천문은

---

14) 『太上黃庭外景經注』: 天門, 太陽一之門也. 陰陽雌雄, 微妙難睹. 故坐伺候之.
15) 『黃庭外景玉經註』: 還坐天門候陰陽. 朝食陽氣, 暮食陰氣, 都會於口中也.

감각기관, 자연의 이치, 정치론으로 보는 견해가 있다.[17] 감관으로 보는 것이 적절하다.『외경경』저자들도『도덕경』의 쓰임을 고려했을 것이다.

7) 下於嚨喉通神明, 過華蓋下清且涼.

華蓋: 폐. 양구자는 눈썹이라고 했으나, 이미 후롱喉嚨 아래로 내려왔으므로 어울리지 않는다.[18] 폐다.

清且涼: 복식호흡으로 숨을 들이쉬었을 때의 느낌을 표현하고 있다.

8) 入清冷淵見吾形, 其成還丹可長生.

入清冷淵見吾形: 청랭淸冷은 앞의 복식호흡을 통해 흡기했을 때의 느낌이다. 연淵은 그런 기운이 잠장되는 곳이다. 청랭연은 3장 "中池有士服赤衣, 橫下三寸神所居"의 중지와 같다. 오형吾形을 무성자는 수행자 자신으로, 양구자는 니환군으로 보았다.[19] 앞에서는 심장신이 내 앞에 있다고 했다.[20] 오吾는 내 안의 나 즉 도道를 가리킨다. 같은 말이지만 신화神化된 수행자 즉 후대의 성태聖胎를 가리킨다. 도교 수행론의 이념은 다른 수행론과 다르지 않다. 자신을 바꾸는 것이고, 그것은 어떤 의미에서 새롭게 태어나는 것이다. 이미 폐를 지났

---

16) 왕필본에는 無로 되어 있으나, 왕필王弼 자신도 無를 爲로 해석한다.

17) 김경수,『노자역주』(문사철, 2010), 141쪽.

18)『黃庭外景玉經註』: 眉爲華蓋, 神住其中.

19)『黃庭外景玉經註』: 伺候吾形, 有頃相望, 如照明鏡深井, 對相視, 樂無極也; 入腦戶見泥丸君也.

20)『太上黃庭外景經注』: 明堂四達法海源, 眞人子丹當吾前.

으므로 심장일 가능성이 높아 보인다. 흡기한 기운이 연못에 잠장
되는 듯하다는 식의 비유는 앞서 보았던 마왕퇴 발굴 문헌인 『십
문』에서도 확인된다.[21]

　成還丹: 외단의 용어를 빌려 썼다. 위로 올라갔다가 다시 내려온
기운이다. 그 과정을 거쳐서 완성된 것이므로 성成을 썼다.

　9) 還過華池動腎精, 望於明堂臨丹田.

　華池: 무성자는 화개 즉 폐로 보았다.[22] 양구자는 뇌부를 중시하는
관점을 고집하면서 관련 구절을 뇌호에서 척추를 따라 신장에 이
르는 것이라고 보았다.[23] 이미 심장으로 내려왔으므로 심장보다 위
를 가리키지는 않을 것이다. 앞에서는 가슴을 중지라고 표현했는
데, 뒤에 단전과 명당이 나오므로 심장은 아니다. 이미 말했듯이 『외
경경』에는 옥지·중지·화지가 나온다. 옥지는 입을 중지는 가슴 부
위를 가리킨다면 화지는 단전일 가능성이 높다. 특정 기관이 없는
곳을 지池라고 불렀을 가능성이 높다. 더군다나 직후에 말하기를 단
전에 임해 있다고 하지 않는가.

　望於明堂臨丹田: 왕희지본에는 望이 "立"으로 되어 있다. 명당은 심
장이다. 6장에서는 "靈臺通天臨中野"라고 했다. 이곳에서는 아래쪽
이므로 심장이기보다는 하단전일 가능성이 높다.

---

21)『十問』: 其入也, 揆彼閨滿, 如藏於淵, 則陳氣日盡, 而新氣日盈, 則形有雲光, 以精爲
　　充, 故能久長.
22)『太上黃庭外景經註』: 華蓋之下多陰涼, 萬神合會更相迎.
23)『黃庭外景玉經註』: 從腦戶歷脊, 下至腎中也.

丹田:『외경경』에서 단전은 일관되게 배꼽 뒤를 의미한다.

10) 將使諸神開命門, 通利天道至靈根, 陰陽列布如流星.

將使諸神開命門:『외경경』에서 명문은 생문 즉 배꼽이다. 당연히
태식법의 성태를 연상시킨다. 청초의 문헌인『태을금화종지太乙金
華宗旨』의 영아현형도嬰兒現形圖는 이런 사유의 열매일 것이다.

『태을금화종지』의 영아현형도

通利天道至靈根:『태상황정외경옥경』에는 至가 藏으로 되어 있다.
양구자는 이 구절을 머리 부위에 대한 묘사로 봐서 영근을 혀라고
했다.[24] 이 구와 그다음의 구는 종결하는 구절이다. 간은 호흡을 두
루 순환시키고 조절하는 기능을 한다는 것을 간결하게 설명했다.

---

24)『黃庭外景玉經註』: 頭圓象天. 靈根, 舌也.

陰陽列布如流星: 음양은 호흡을 통해 신체를 유동하는 기운을 말한다. 호흡을 통해 몸을 유동하는 기운을 별처럼 표현했다.

19장

肺之爲氣三焦起, 上伏天門候故道. 窺視天地存童子, 調和精華理髮齒.
顔色潤澤不復白, 下於喉嚨何落落.

폐기는 삼초에서 일어난다. 입에 엎드려 옛길을 살핀다. 천지를 엿보면서
동자를 존사하면, 정기가 안정되어 머릿결이 기름지고 이가 단단해진다.
안색은 윤택해지고 늙어도 희어지지 않는다. 목구멍으로 내려가면서 (기
운이) 크게 떨어진다.

해제 앞에서 간으로부터 기운이 올라가는 과정을 묘사했다. 이곳에서는
폐에서 기운이 내려온다는 것과 정기를 보존한 효과를 말한다.

  1) 肺之爲氣三焦起, 上伏於天門候故道.

  肺之爲氣三焦起: 한의학에서 폐는 내려 보내는 기능 즉 비를 내려
보내는 구름과 같다. 삼초도 수액대사와 관련된 (가상의) 기관이다.
『외경경』의 관념도 일치한다.

  上伏天門候故道: 왕희지본에는 "上服伏天門候故道"로 되어 있다.
복伏은 복용한다는 뜻으로 복기服氣에도 사용된다. 폐는 숙강肅降 즉
내려 보내는 기능을 한다. 수액을 흘려보내는 삼초의 역할도 같다.
그러므로 폐와 삼초를 연결시켰다. 服은 삭제했다. 『태상황정외경
옥경』에는 "伏於天門候故道"로 되어 있고, 이 뒤에 "淸液醴泉通六府,
隨鼻上下開二耳(청액예천은 육부에 통하고 코를 따라 위아래로 움직이면서
두 귀를 연다)"라는 구절이 있다. 양구자는 천문을 앞에서와 같이 입
으로 보았다.[1) 입이다. 양구자는 고도를 뇌호 즉 뇌로 통하는 문으

로 보았다.[2] 그는 뇌에서 척수를 따라 신장으로 이어지는 후대의 신체관을 염두에 두고 있다. 6장 "靈臺通天臨中野"에 나오는 천의 해석에서도, 그리고 18장에서도 이런 관념을 적용해서 머리 뒤쪽 중앙의 뇌호혈이 천이라고 했다. 그러나 이미 확인했듯이『외경경』에서 기운은 간의 작용에 의해 위로 올라온다. 척수를 따라 오르는 경로는 양구자의 상상이다. 본래 기운이 내려갔던 길 즉 후롱으로부터 심장을 거쳐 황정으로 다시 단전으로 이어지는 길이거나 간으로부터 올라온 길을 본다는 뜻이다.

2) 窺視天地存童子, 調和精華理髮齒.

存童子: 양구자는 수일신守一神이라고 말했다.[3] 얼버무리는 해석이다. 폐의 신일 가능성이 있으나 단언하기 어렵다. 폐에 관해 말하고 있지만, 폐는 물길을 내려 보내는 역할을 할 뿐 중요한 의미를 지니지 못한다. 폐에서 내려가는 기운은 아래에서 올라온 것이고, 앞의 고도故道라는 표현은 이 해석과 조화롭다. 한의학에서 이와 머리카락은 신장과 관련된다. 신장신을 의미할 수도 있다. 이 길을 다시 내려가려 하므로 태식호흡에서 말하는 성태의 원형을 의미할 수도 있다. 위치를 확정하기는 어렵다.

調和精華理髮齒: 정화는 정기를 말한다.

1)『黃庭外景玉經註』: 天門爲口.

2)『黃庭外景玉經註』: 候故道者, 通腦戶也.

3)『黃庭外景玉經註』: 童子爲存念守一神也.

3) 顔色潤澤不復白, 下於喉嚨何落落.

何落落: 정기가 폐에서부터 아래로 흘러내려 가는 모양을 묘사한 글이다. 11장의 "玉石落落"과 통한다.

20장

諸神皆會相求索, 下入絳宮紫華色. 隱在華蓋通神廬, 專守心神轉相呼.
觀我諸神辟除邪.

여러 신이 모두 모여 서로를 찾아 아래의 강궁으로 들어간다. (그곳은) 자
줏빛 붉은 색채가 난다. (심장은) 폐에 은밀히 가려져 있고 코와 통한다. 심
신을 올곧이 지켜 내니 신들이 번갈아가며 서로를 부른다. 체내신을 두루
존사하면 사기를 제거할 수 있다.

해제 앞에서는 폐를 말했다. 이어서 바로 아래에 있는 심장을 말하고 있다.

1) 諸神皆會相求索, 下入絳宮紫華色.

諸神皆會: 심장이 주신이라고 했으므로 여러 신이 모일 곳은 심장
이다. 아직 심장에 모이기 전의 모습을 묘사하고 있다.

2) 隱在華蓋通神廬, 專守心神轉相呼.

隱在華蓋: 양구자는 눈썹으로 보았다.[1] 『태상황정외경옥경』에는
在가 "藏"으로 되어 있다. 화개는 폐다. 심장은 폐에 가려 있다. 숨어
있다는 것은 이 점을 말한 것이다.

神廬: 양구자는 코로 보았다.[2] 3장에는 "神廬之中務修治"라는 표현
이 있다. 신려는 기운이 드나드는 코를 가리킨다. 『외경경』의 신체
관에서는 심장과 단전 그리고 머리가 중요하다. 호흡한 기운이 심

---

1) 『黃庭外景玉經註』: 眉爲華蓋.
2) 『黃庭外景玉經註』: 下通氣至鼻也.

장으로 다시 단전으로 이어진 후 상승하여 머리에 이르렀다가 하행하는 것이『외경경』기순환의 기본 구도다.

專守: 마음을 전일하게 하여 지킨다는 뜻이다.

3) 觀我諸神辟除邪.

觀我諸神: 체내신의 존사를 말한다. 이 장의 맨 앞 구절인 "諸神皆會相求索"과 호응한다.

21장

脾神還歸依大家, 至於胃管通虛無. 閉塞命門如玉都, 壽專萬歲將有餘.
비장 즉 지라의 신이 돌아와 위에 의지한다. 위의 입구에 이르러 허무에
통한다. 이때 명문을 마치 도성을 수비하듯이 온전히 밀폐하면 만수를 누
리고도 남음이 있으리라.

해제 앞에서 심장을 말한 데 이어서 지라脾臟를 말하고, 단전의 정기를 잘
보존해야 함을 주장하고 있다.

1) 脾神還歸依大家, 至於胃管通虛無.
脾神: 『외경경』에서는 오장신의 관념이 강조되지 않는다. 즉 『외
경경』의 오장신은 복식수행 과정에서 순환하는 기운의 일시적 명칭
으로 해석될 수도 있다. 문제는 위치 혹은 해당 기관이다. 한의학에
서 말하는 비장은 이자와 지라의 복합 기능체다. 『외경경』에서는 이
장과 22장에서 비장을 두 번 말한다. 각기 다른 것을 가리킨다. 황정
은 지라spleen가 아니다. 이곳에서는 지라를 말하고 있다.
還歸: 무성자는 명당 즉 심장에 이르렀다가 저녁이면 돌아오는 것
이라 했다.[1] 가능한 해석이다. 앞에서도 환還은 몇 차례 쓰였다. 그
곳에서도 환은 다시 돌아온다는 뜻이었다. 즉 몸의 하부에서 상부
로 올라갔다가 다시 내려오는 모양을 묘사할 때면 자주 환이라는
표현을 썼다. 간을 통해 올라갔던 기운이 다시 내려와 단전에 이르

---

1) 『太上黃庭外景經注』: 脾神朝進明堂, 暮歸其宮.

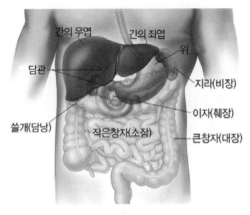

장부의 구조도

는 과정을 묘사한 말이다. 이곳에서의 의미도 같다.

依大家: 장기 중 가장 큰 기관은 밥통 즉 위다. 무성자는 대가를 태창太倉 즉 위라고 했다.[2] 양구자는 황정이라고 했다.[3] 양구자가 말하는 황정이 지라인지 이자(췌장)인지는 분명하지 않다. 나는 황정을 췌장 혹은 췌장과 가까운 어느 부위로 본다. 황정 즉 췌장이 위에 의지해 있는 듯이 보이는 것은 사실이다. 그러나 뒤에서 위관에 이르는 모습을 묘사하고 있으므로 아래에 있는 췌장을 먼저 말하는 것은 이상하다. 게다가 위의 그림에서 확인할 수 있듯이, 지라는 위의 위쪽에 붙어 있다. 큰 집에 의지한다는 표현에 더 적합하다. 이곳의 비신은 지라를 가리키고, 대가는 위가 분명하다.

至於胃管通虛無: 『태상황정외경옥경』에는 이 앞에 "藏養靈根不復枯"라는 구절이 있다. 위관은 위의 입구다. 뚜총은 허무를 하단전이라

───────────

2)『太上黃庭外景經注』: 大家太倉也.
3)『黃庭外景玉經註』: 赤子還入黃庭中.

고 했다.[4] 허무는 도와 자연의 특성이다. 복식하는 이는 벽곡하므로 속이 비어 있다. 허무라는 표현의 계기가 되었을 것이다. 1장에서는 "呼吸廬間入丹田"이라고 했고, 24장에서는 "呼吸虛無見吾形"이라고 했다. 24장의 허무는 단전을 가리킨다. 이곳의 허무도 단전이다. 정기가 심장에서 단전으로 내려간다는 뜻이다.

2) 閉塞命門如玉都, 壽專萬歲將有餘.

閉塞命門如玉都: 『태상황정외경옥경』은 如가 "似"로 되어 있다. 하단전에 모인 기운을 잘 보존해야 한다는 점을 말하고 있다. 배꼽은 대략 단전의 앞이고 본래 구멍이 있던 자리이므로 잘 지켜야 한다고 말했다. 옥도는 경계가 삼엄한 이를테면 수도의 도성을 이르는 말이다. 양구자는 체간의 아래 부위라고만 했다.[5] 옥은 정기를 상징한다. 옥도는 단전이다.

壽專萬歲將有餘: 『태상황정외경옥경』에는 專이 "傳"으로 되어 있다. 16장 "積精所致爲專年"의 專年(장수)을 상기하면 왕희지본이 맞다.

---

4) 杜琮·張超中, 『黃庭經今譯·太乙金華宗旨今譯』(北京: 北京社會科學出版社, 1996), 141쪽.
5) 『黃庭外景玉經註』: 人生係命於精約, 常當愛養精約, 勿妄施泄, 精凝如玉, 在下部也.

22장

脾中之神舍中宮, 上伏命門合明堂. 通利六府調五行, 金木水火土爲王.
비장 즉 이자 속의 신은 중궁 즉 췌장에 거처한다. 배꼽 뒤에 붙어 있으면서 심장에 부합한다. 육부의 기운을 통하게 하고 오장의 순환을 조율한다. 금·목·수·화는 토가 왕이다.

해제 앞의 지라spleen에서 췌장으로 이어지는 과정을 설명하고, 전체적인 맥락에서 췌장의 의미를 기술하고 있다.

1) 脾中之神舍中宮, 上伏命門合明堂.

脾中之神舍中宮:『태상황정외경옥경』에는 舍가 "遊"로 되어 있고, 뒤에 "朝會五藏和三光"이라는 구절이 이어 나온다. 중궁을 무성자는 토부라고 했고, 양구자는 명당 즉 심장이라고 했다.[1] 중궁이라는 표현이 중요하다. 중궁은 어쨌거나 가운데 있어야 한다. 췌장이다. 지라의 혈관이 드나드는 부위는 이자 즉 췌장에 닿아 있다. 이자의 신이 중궁 즉 황정으로 온다는 뜻이다. 한의학의 관념, 이자와 지라를 합친 것이 비장이라는 관념이 반영되어 있다.

上伏命門合明堂:『태상황정외경옥경』에는 "上合天氣及明堂"이라고 되어 있다. '상복명문'은 이곳의 비脾가 명문 즉 배꼽 뒤에 있다는 뜻이다. 췌장은 배꼽 뒤에 있다. 몸을 수직으로 보았을 때 췌장은 심장과 마찬가지로 오른쪽으로 약간 치우쳐 있다. 그러나 옆으로 누

---

1)『黃庭外景玉經註』: 中宮戊己, 主於土府; 脾在太倉, 上朝爲老君, 守坐堂上, 游明堂宮.

워 있으므로 중앙에 해당한다. 심장과 부합한다고 말한 까닭이다.

2) 通利六府調五行, 金木水火土爲王.

通利六府調五行: 육부는 六腑를 오행은 오장五臟을 가리킨다. 췌장
이 오장의 중심이므로 오행의 기운을 조절하고 췌장의 아래에 있는
기운을 잘 통하게 한다는 뜻이다. 앞에서 보았듯이 『외경경』 저자
들은 하부의 기운이 간을 통해 위로 올라간다고 보았다. 이때 말하
는 기운은 결국 육부의 기운이다. 그런데 췌장과 간은 관으로 연결
되어 있다. 『외경경』 저자들은 췌장을 육부의 기운을 간으로 전달
하는 중간 기능을 담당한다고 생각했을 것이다. 췌장은 몸의 중심
에 있는데다가 땅에 해당하는 육부의 기운을 총괄하므로 토부에
배당시키는 것에는 문제가 없다.

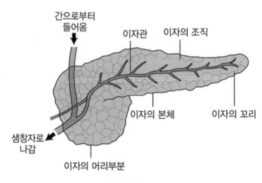

췌장의 구조도

土爲王: 오행에서 황정 즉 비장이 토로 중앙에 있는 것을 가리키는
말이다.

23장

日月列宿張陰陽, 二神相得下玉英. 五臟爲主腎最尊, 伏於太陰成其形.
(해와 달이 일정한 질서에 따라 운행하듯) 호흡한 기운이 몸을 순행하며 음양의 기운을 펼쳐 놓는다. 음양의 두 신이 서로 합하여 아래로 옥영을 낳는다. 오장 중에서는 신장이 가장 존귀하다. 신장은 태음에 엎드려서 모양을 드러낸다.

해제 해석의 문제일 수도 있으나, 『외경경』의 신체관이 틈 없이 체계적일 것이라고 확신할 수는 없다. 『외경경』에는 호흡의 기반이 되는 수직적 신체관과 오장 중심의 신체관이 병존한다. 이 두 가지 신체관의 결합은 그다지 체계적이지 않다. 그것은 오장 중심의 의학적 신체관이라는 유산을 계승해야 한다는 책무와 이 신체관이 『외경경』의 호흡법과는 잘 어울리지 않는다는 생각 사이의 갈등을 보여 주는 듯하다. 이곳에서는 호흡을 해와 달에 빗대어 말한 후 정이 쌓인다고 믿어지는 신장의 위상과 위치를 설명하고 있다.

1) 日月列宿張陰陽, 二神相得下玉英.

日月列宿: 양구자는 일월을 두 눈이라고 했다.[1] 28수宿는 하늘을 중심과 사방으로 나누었을 때 동서남북의 사방에 속하는 별자리로, 일종의 하늘 지도와 같은 역할을 한다. 방향에 따라 7개씩 나뉘어 있다. 일월은 28수와는 달리 운행하므로 28수의 어느 쪽에 위치하게

---

1) 『黃庭外景玉經註』: 謂兩目也. 左目爲日, 主父, 主陽. 右目爲月, 主母, 主陰.

된다. 이 점을 말한 것이다. 결국 호흡을 비유한 것이다.

張陰陽: 호흡을 음양의 순환에 비견해서 말했다. 일월 즉 호흡에 따라 음양의 기운이 몸에 펼쳐지는 것을 말한다.

二神相得: 호기가 돌아 내려와 흡기와 결합하는 것을 음양의 두 기운이 합한다고 표현했다. 본질적으로는 다르지 않지만, 여기서는 좌우 두 개의 신장을 가리킬 가능성이 높다. 뒤에 신장에 대한 언급이 이어지기 때문이다. 두 개의 눈이 일월을 상징하는 것처럼, 두 개의 신장도 일월을 상징한다고 간주했을 것이다. 이것이 『황제내경』에서는 두 눈이었던 명문이 『난경』에 이르면 왼쪽의 신장이라는 뜻으로 또 후대에는 두 신장 사이의 가운데 지점으로 바뀌는 등, 그 이해에 혼란을 겪은 까닭이다.

玉英: 무성자는 침이라고 했다.[2] 양구자는 정확히 답하지 않았다.[3] 옥영은 옥액과 같다. 『외경경』의 침은 아래에서 올라간 기운이다. 침이라고 해도 된다고 생각될 것이다. 그러나 이 경우에는 다르다. 아래에 있는 정기이므로 침이라고 하면 곤란하다. 신장의 정기가 피워 낸 꽃 즉 신장의 정기로서 단전의 기운이다.

2) 五臟爲主腎最尊, 伏於太陰成其形.

五臟爲主腎最尊: 『태상황정외경옥경』에는 "五臟之主腎爲精"으로 되어 있다. 17장에서는 "心爲國主五臟王"이라고 했다. 심장이 오장의 주인이라는 뜻이다. 오장의 주인이 심장이라면, 신장을 '오장지주五臟

---

2) 『太上黃庭外景經注』: 化生黃英下流口, 淡如無味.
3) 『黃庭外景玉經註』: 謂道有雌雄, 轉相成玉, 兩不相傷也.

之主'라고 할 수는 없다.

　　伏於太陰成其形: 양구자는 태胎라고 했다.4) 맥락상 신장에 관한 설명이 와야 한다. 신장은 척추에 바짝 붙어 있다. 몸의 아래, 뒤쪽이라는 위치는 가장 음한 곳이다. 태음은 신장의 위치를 표현한 것이다.

---

4)『黃庭外景玉經註』: 嬰兒在於胎中, 幽隱愼固, 陰成其形也.

24장

出入二窺舍黃庭, 呼吸虛無見吾形. 強我筋骨血脈成, 恍惚不見過淸靈.
恬淡無欲遂得生, 還於七門飮大淵. 導我玄膺過淸靈, 問我仙道與奇方.
頭載白素距丹田, 沐浴華池生靈根.

(호흡을 통해 얻은 음양의 기운이) 두 개의 구멍으로 들어가 황정에 머문다.
(황정에서 음양의 기운이 결합해서 생명의 씨앗을 이루면, 그 정이) 허무 즉 단
전에서 호흡하여 참 나를 드러낸다. (성태가 이뤄지면) 나의 근골이 강해지
고 혈맥에 혈기가 그득하게 된다. 황홀하여 보이지 않는 중에 청령을 지나
간다. 염담하여 무욕하면 장생할 수 있다. 칠문을 지나 큰 연못인 옥지 즉
입에서 정기를 마실 수 있다. 나를 체내로 인도해서 청령을 지나가게 한 후
내게 선도와 기이한 처방을 일러 준다. (이 이는) 머리가 희고 단전 위에 떠
있다. 화지 즉 단전에서 목욕하고 영근을 낳는다.

해제 호흡에 수반되는 효과를 말하고 있다. 25장과 함께『외경경』의 마지
막 부분이다.『태상황정외경옥경』과는 많이 다르다. 아래에『태상황정외
경옥경』의 해당 부분을 옮겨 둔다.

出入二窺入黃庭, 呼吸虛無見吾形. 恍惚不見過淸靈, 坐於廬下觀小童, 旦夕
存在神明光, 出於無門入無戶. 恬淡無欲養華根, 服食玄氣可遂生. 還返七門
飮太淵, 通我喉嚨過淸靈, 問於仙道與奇工.[1]

---

1) 양구자본에도 工으로 되어 있으나, 무성자는 問於仙道與奇方이라고 했다.

1) 出入二竅舍黃庭, 呼吸虛無見吾形.

出入二竅舍黃庭:『태상황정외경옥경』에는 舍가 "入"으로 되어 있다. 이규二竅를 무성자는 양손이라고 했고, 양구자는 입과 코라고 했다.[2] 신장의 위치를 말한 곳에 이어지므로 여전히 신장을 말한다고 볼 수 있다. 신장에는 동맥과 정맥이 연결되어 있다. 이규는 신장에 연결된 혈관을 가리킨다고 해석할 수 있다. 황정 즉 췌장은 두 신장 사이에 있으므로 황정에 머문다고 말했을 뿐이다. 그러나 신장과 췌장사이에는 어떤 관도 없기 때문에 다른 해석도 가능하다. 즉 신장을 말하지 않는다고 볼 수도 있다. 22장에서는 "脾中之神舍中宮"이라고 했다. 중궁은 황정을 말한다. 황정 즉 췌장에는 두 개의 관이 나와서 간 및 십이지장과 연결되어 있다. 호흡의 기운이 황정에서 결정結精한다는 뜻이라고 볼 수도 있다. 우선은 두 번째 해석을 따른다.

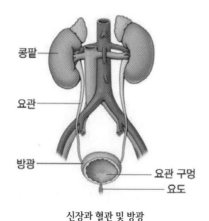

콩팥
요관
방광
요관 구멍
요도

신장과 혈관 및 방광

---

2)『黃庭外景玉經註』: 出入二竅兩手間, 元氣從鼻口兩孔中出入.

呼吸虛無: 21장에서 말했다. 1장의 "呼吸廬間入丹田"을 고려할 때 허무는 단전으로 봐야 한다.

見吾形: 수행의 마지막 단계다. 하단전에 내 안의 나 즉 태식호흡을 통해 성태가 나타나는 모습이다.

2) 強我筋骨血脈成, 恍惚不見過淸靈.

強我筋骨血脈成: 수행의 효과를 묘사하고 있다.

恍惚不見過淸靈: 양구자는 청령을 뇌호라고 했다.[3] 앞에서 말했듯이, 뇌호는 머리 뒤쪽이다. 수행자의 체험을 묘사하고 있으므로 그 의미를 정확히 좇아가기 어렵다. 다만, 지식止息의 결과 몸이 뜨거워지면서 기운이 올라갔다가 다시 내려가는 과정을 말하는 것으로 보인다. 청령은 가슴 부위의 어느 지점을 가리킨다.

3) 恬淡無欲遂得生, 還於七門飮大淵.

還於七門飮大淵: 칠문은 칠규 즉 머리의 기운이 들어오는 감관을 가리킨다. 19장에서 "過華蓋下淸且涼. 入淸冷淵見吾形"이라고 했다. 19장의 연은 가슴 부위를 가리킨다. 이곳에서는 입 즉 옥지를 가리킬 가능성이 있다.

4) 導我玄膺過淸靈, 問我仙道與奇方, 沐浴華池生靈根.

導我玄膺過淸靈: 3장에서는 "神廬之中務修治, 玄膺氣管受精符, 急固

---

3) 『黃庭外景玉經註』: 謂坐在立亡, 過歷腦戶, 變化無常也.

子精以自持"라고 했다. 이미 말했듯이『내경경』의 현응은 침샘이다. 성태가 나를 인도해서 내가 내 몸 안으로 들어가 위에서 아래로 내려오는 모양이다. 청령은 19장의 "入淸冷淵"과 부합하는 지점 즉 가슴 부위를 가리킨다.

問我仙道與奇方: 내 안의 내가 내게 명문을 여는 방법에 관해 물어본다는 뜻이지만, 실은 내게 알려 준다는 의미다. 수행의 신비체험 속에서 비밀스러운 수행법을 깨닫고 있는 광경을 묘사한 말이다.

頭載白素距丹田:『태상황정외경옥경』에는 距가 "足"으로 되어 있다. 성태의 모습을 묘사하고 있다. 머리는 희고 단전 위에 떠 있다.

沐浴華池生靈根: 무성자는 화지를 옥지 즉 입이라고 보았다.4) 화지는 하단전 부위의 어느 곳을 이르는 말이다. 입이라고 할 수 없다. 19장에도 보인다. 영근은 혀다. 하복부의 기운이 위로 올라오므로 이렇게 말했다.

---

4)『太上黃庭外景經注』: 華池, 玉池.

25장

被髮行之可長存, 三府相得開命門. 五味皆至開善氣, 常能行之可長生.
머리를 풀어 헤치고 (이 방법을) 행하면 장존할 수 있으리라. 상·중·하의 삼부가 서로 통하면 명문을 열 수 있다. (그러면) 오미가 모두 이르고 선기가 돌아오리라. 이 수행법을 늘 행할 수 있으면 장생할 수 있다.

해제『태상황정외경옥경』은 많이 다르다. 도교 경전의 일반적인 투식에 따라 가장 뒤에 이 가르침을 누설하지 말라는 경고의 말을 두었다. 후대에 첨입된 것이다.『태상황정외경옥경』의 원문은 다음과 같다.

服食靈芝與玉英, 頭戴白素足丹田, 沐浴華池灌靈根, 三府相得開命門, 五味皆至善氣還, 被髮行之可長存. 大道蕩蕩心勿煩, 吾言畢矣愼勿傳.

1) 被髮行之可長存, 三府相得開命門.
三府: 양구자는 동방洞房·화개華蓋·명당明堂의 셋으로 보았다.[1] 입의 옥지와 중지 그리고 하단전의 화지를 가리킨다.

2) 五味皆至開善氣, 常能行之可長生.
五味皆至開善氣: 왕희지본 원문은 "五味皆至開善氣還"이다. 還은 불필요하다.

---

1)『黃庭外景玉經註』: 洞房, 華蓋, 明堂, 爲官府也.

『내경경』역주

일러두기

1. 『정통도장正統道藏』 동현부洞玄部 본문류本文類의 『태상황정내경옥경太上黃庭
   內景玉經』을 저본으로 삼았다.
2. 주석은 양구자梁丘子의 『정통도장』 동현부 옥결류玉訣類의 『황정내경옥경주
   黃庭內景玉經注』 외에 현대의 연구물인 샤오덩푸蕭登福, 『황정경고주금역黃庭
   經古注今譯』(香港: 靑松出版社, 2017)과 뚜충杜琮·장차오중張超中, 『황정경금역·태
   을금화종지금역黃庭經今譯·太乙金華宗旨今譯』(北京: 北京社會科學出版社, 1996)을 참
   조했다.
3. 무성자務成子의 주석은, 운급칠첨본과 운급칠첨본이 들어 있는 『정통도장』
   태현부太玄部의 『상청황정내경경上淸黃庭內景經』에 1장과 2장이 전해질 뿐이
   다. 『상청황정내경경』 3장 이후의 주석은 양구자의 것과 동일하다.

1장

上淸章第一

上清紫霞虛皇前, 太上大道玉晨君, 閑居藥珠作七言. 散化五形變萬神,
是爲黃庭作內篇. 琴心三疊舞胎僊, 九氣映明出霄間, 神蓋童子生紫煙.
是曰玉書可精硏, 詠之萬遍昇三天, 千災以消百病痊, 不憚虎狼之凶殘,
亦以卻老年永延.

상청의 자줏빛 기운 속 허황이 머무는 곳 앞, 예주에서 태상대도옥신군이
한가로이 칠언의 글을 짓는다. (황정경의 주지는 수행자의) 몸의 기운을 흩
어 여러 신으로 변화시키는 것이다. 이런 내용을 담고 있는 것이 곧 황정
경으로 (이에) 내편을 짓는다. 마음을 조화롭게 하면 온몸에 (화기和氣가 두
루) 편재하니 성태를 이뤄 승천한다. 아홉의 기운이 밝게 빛나 하늘 사이
(즉 뇌의 구궁)로 나오고 눈썹 아래 눈동자에서 자줏빛 연기가 피어난다.
(이런 내용을 담고 있는) 이 책을 옥서라고도 하니 정미하게 연마해야 한다.
만 번 암송하면 천계에 오르고 온갖 재앙이 없어지며 모든 병이 낫고 맹수
의 흉포함을 당하지 않을 수 있다. 또한 늙음을 막아 수명을 길이 늘릴 수
있다.

해제 이 장은 『내경경』의 신화적 내력과 황정수행의 대체 그리고 효과를
설명하고 있다. 『외경경』은 "태상한거작칠언太上閑居作七言, 해설신형급제
신解說身形及諸神"이라는 구절로 시작된다. 상청이라고 함으로써 차별을
꾀하고 있다. 태상은 상청보다 위계가 낮다. 『내경경』의 최종 편집자는 상
청파였을 것이다. 그는 이미 존재하던 『외경경』을 모방해서 『내경경』을
저술 혹은 편집하면서 둘 사이의 위계를 조정했을 것이다. 『내경경』의 가
장 마지막 구절은 다음과 같다. "태상대도옥신군이 은미하게 말하여 신선

에 이르게 했으니, 불사의 도리가 바로 이 글이겠구나."[1] 당연히 이 부분과 호응한다. 이곳에서 말하는『내경경』수행의 기본은 수행자의 몸 안에서 형성된 기운이 몸을 거슬러 올라가 머리를 통해 밖으로 나가는 것이다. 아래의 왼쪽 그림은『상청대동진경』39장의 신이 몸으로 들어가는 장면을 묘사한 것이고, 오른쪽은 티베트의 뚬모gtum-mo(배꼽불)수행을 묘사한 것이다.『상청대동진경』의 그림에는 들고 나는 차이가 있고, 뚬모수행의 그림도『황정경』과는 좀 다르다. 그러나 기본 구도는 동일하고 뒤의 해석에서도 참조할 것이 있다.

『상청대동진경』의 제일존군帝一尊君

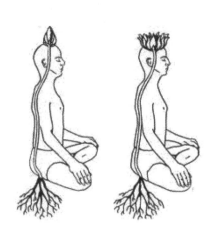

티베트의 뚬모수행

1) 上淸紫霞虛皇前, 太上大道玉晨君, 閑居蘂珠作七言.

上淸: 도교의 우주관은 크게 천상과 지상 그리고 지하로 나뉜다.

---

1)『太上黃庭內景玉經』: 太上微言致神僊, 不死之道此其文.

이 구도는 인체관에도 반영되어 있다. 천상은 신선이 거주하는 곳이고 지상은 인간, 지하는 귀신이 머무는 곳이다. 지상 혹은 지하의 존재가 수련과 타인의 구제를 통해 천상의 존재가 되는 과정은 성속聖俗의 구도로 설명할 수 있다. 이런 구도는 모든 수행 체계에 있었을 것이다. 수행의 목적은 성스러운 존재가 되는 것이다.

상청은 도교의 삼천 즉 옥청玉淸·상청上淸·태청太淸 중 하나다.『동현령보자연구천생신장경洞玄靈寶自然九天生神章經』과『동현령보진령위업도洞玄靈寶眞靈位業圖』에 의거하면 옥청은 원시천존元始天尊 천보군天寶君이, 상청은 옥신대도玉晨大道 영보군靈寶君이, 태청은 태상로군太上老君 신보군神寶君이 각각 통치한다.『동현령보진령위업도』는 도교 성립기의 걸출한 인물인 도홍경陶弘景의 저술로 도교의 신들을 크게 일곱으로 나눠서 소개했다. 각 그룹에는 적지 않은 신들이 포함되어 있다. 원시천존이 으뜸이다. 그중 일부를 인용한다.

오른쪽에서 말한 옥청궁은 원시천존이 주인이다. 이하의 도군은 모두 원시천존으로부터 책명을 받아 도를 익히며 여러 진인들을 호령한다. (진인들에게 영을 내릴 때는) 태미천제가 와서 일을 받아서 전하고 결코 인간계와 관계를 맺지 않는다. (다섯 번째의) 구궁 이상과 옥청궁 다음의 상청 이하의 고진선관은 모두 (옥청궁의) 연회에 참여할 수 있다.[2]

---

2)『洞玄靈寶眞靈位業圖』: 右玉淸境, 元始天尊爲主, 已下道君, 皆得策命學道, 號令群眞. 太微天帝來受事, 並不與下界相關. 自九宮已上, 上淸已下, 高眞仙官皆得朝宴焉. 正統道藏, 洞眞部 譜錄類.

紫霞: 도교에서는 특히 자색을 귀하게 여긴다. 천계를 묘사하는 경우뿐만 아니라 수행자가 하늘로 올라가는 과정이나 천상의 신선이 내려올 때도 자색으로 묘사하는 경우가 많다. 하霞는 본래 노을이라는 뜻이지만, 자줏빛 구름이 상서롭게 피어오르는 상태를 가리킨다.

虛皇: 육조 시기 도교 경전에서 황皇, 제帝, 장인丈人, 선생先生, 왕王, 군君 등은 다른 일반 신보다 지위가 높은 것으로 평가된다. 이곳의 허황은 직후의 태상대도옥신군을 가리킨다. 다만, 문맥상 허황이 머무는 공간을 가리키는 것으로 해석해야 한다.

太上大道玉晨君: 삼청 중 상청을 통치하는 영보천존으로 옥신대도군玉晨大道君 혹은 태상옥신대도군太上玉晨大道君 등으로 불렸다. 『외경경』의 태상은 노자老子 즉 노군老君으로 이곳의 옥신대도군과는 다르다.

藥珠: 무성자는 상청에 있는 궁궐이라고 했다.[3] 양구자는『비요경秘要經』이라는 문헌을 인용해서, 도군이 요양지전寥陽之殿·약주지궐藥珠之闕·칠영지방七映之房 등에서 경을 설한바, 사람의 몸에도 이런 것들이 갖춰져 있다고 말했다.[4] 양구자의 도군은 태상대도옥신군이다. 예주는 결국 태상대도옥신군이 머무는 궁이다.

七言: 칠언의 시 즉『황정경』을 말한다.『외경경』에서도 칠언이라고 말하고 있다.

---

3)『上淸黃庭內景經』: 上淸境宮闕名也.

4)『黃庭內景玉經注』: 秘要經云: 仙宮中有寥陽之殿, 藥珠之闕, 七映之房, 道君在中而說經也. 人身備有之也. 散化五形變萬神.

2) 散化五形變萬神, 是爲黃庭作內篇.

五形: 무성자는 몸이라고 보았다.[5] 양구자도 몸이라고 보고, 이 구절 전체를 인위적인 지혜를 제거함으로써 정신이 깃들게 하는 과정이라고 해석했다.[6] 오장이라고 해석해도 마찬가지다. 오장 안의 감정·욕망·선입견 등을 깨끗이 제거하면 오장이 신의 거주지로 바뀌게 된다는 뜻이다. 물론 두 경우 모두 존사의 효과를 말하는 것으로 좁혀서 해석할 수도 있다. 즉 존사함으로써 육신을 신의 거주지로 바꾼다는 뜻으로 볼 수 있다. 만신의 의미를 고려할 때 수행자의 몸 즉 몸의 기운이라고 해석하는 것이 적절하다.

萬神: 무성자는 우주에 산재해 있는 신으로 본 듯하다.[7] 양구자의 견해도 유사하다.[8] 은장장隱藏章(제35)에 "萬神方胙壽有餘"라는 구절이 있다. 이 구절의 조胙는 수행자가 만들어 낸 신비한 생명력으로서 몸 안에 있다. 만신은 체내신이다. 이곳의 만신도 몸 안에 있는 신을 이르는 말이다.

是爲黃庭作內篇: 양구자본과 무성자본에는 作이 "曰"로 되어 있다. 양구자는 황정을 단순히 책명으로 간주한다.[9] 무성자도 다르지 않다.[10] 『외경경』의 경우 해석의 여지가 없다. "上有黃庭下關元." 황정

---

5) 『上淸黃庭內景經』: 散化形體, 變通萬神.
6) 『太上黃庭內景玉經』: 謂能變化黜聰明離形去智同於大道, 先本後迹故假神托, 用神者隨應也. 散有五形變萬神.
7) 『上淸黃庭內景經』: 散化形體, 變通萬神.
8) 『黃庭內景玉經注』: 夫神者, 隨感而應者也, 故有其數, 豈直萬乎.
9) 『黃庭內景玉經注』: 因中而得名也.
10) 『上淸黃庭內景經』: 眞言歎美, 又曰內篇也.

은 틀림없이 몸의 특정 부위를 가리킨다.『내경경』편집자가『외경경』을 참조했다고 가정해도 이곳의 황정이 책명을 나타낸다고 볼 수 있다. 그러나 단순히 책명에 그치지는 않는다. 몸의 특정 부위를 아울러 의미할 것이다.

3) 琴心三疊舞胎僊, 九氣映明出霄間, 神蓋童子生紫煙.

琴心: 양구자와 무성자 모두 화和라고 했다.[11] 도가의 화기和氣와 유사한 의미다. 감정이나 욕정 등에 의해 기운이 흔들리지 않고 평안한 상태를 가리키는 말이다. 좀 많이 올라가지만『관자管子』의 호연화평浩然和平과도 통한다. 마음의 평안함은 동양 수행문화의 가장 기초적인 이념이다. 심지어 맹자의 호연지기浩然之氣도 유가 도덕에 의해 각색되긴 했으나, 마음의 평온함이라는 성격과 무관하지 않다.

三疊: 양구자는 삼단전을 의미한다고 보았다.[12] 무성자의 해석도 다르지 않다.[13] 몸을 세 층으로 나눠서 보는 관점과 연관된 것은 사실이다. 그러나 삼단전은 후대의 관념이다. 문자 그대로는 삼층三層이라는 뜻이다.『외경경』에서는 머리·심장·단전의 구조로 되어 있는데,『내경경』에서는 심장·황정·하단전이다.

舞胎僊: 무舞는 우화이등선羽化而登僊 하는 모습을 보여 준다. 양구자는 태선을 태식지선胎息之仙이라고 했다.[14] 무성자의 주석은 의미

---

11)『黃庭內景玉經注』,『上淸黃庭內景經』: 琴, 和也.
12)『黃庭內景玉經注』: 琴和也, 疊積也, 存三丹田使和積如一則胎仙, 猶胎息之仙猶胎在腹有氣但無息.
13)『上淸黃庭內景經』: 三疊, 三丹田.
14)『黃庭內景玉經注』: 胎仙, 胎息之仙也, 猶胎在腹中有氣而無息.

가 불분명하다.15) 태선은 태식호흡을 통해 만들어지는 성스러운 존재를 이르는 말이다. 『황정경』이 저술될 시기의 호흡법은 내단이 아닌 태식법이다. 태에서 춤추며 올라가는 신선을 그린 것은 맞고, 그 위치는 당연히 하단전 부위가 되어야 한다.

九氣: 무성자는 구천지기九天之氣로 보았다.16) 양구자는 삼단전으로 본다.17) 뒤에서 소간霄間이라고 말하고 있는 것으로 보아, 무성자의 해석이 그럴 듯하다. 몸과 우주가 대응하므로 외부와 내부 기운의 구분은 절대적이지 않다. 구는 구천을 의미하는 동시에 뇌부구궁을 가리킨다. 황정에서 만들어진 성태가 위로 춤을 추며 올라가면 하늘에 해당하는 뇌에서 아홉 개의 기운이 나온다는 뜻이다.

霄間: 하늘 틈 즉 몸의 하늘에 해당하는 머리다.

神蓋: 눈썹이다. 중국적 사유에서는 눈에서 신이 나온다는 믿음이 널리 공유되었다. 그 신의 뚜껑이므로 눈썹의 호칭으로 쓰이게 되었을 것이다.

童子: 눈동자다.

生紫煙: 자주색을 귀하게 여겼음은 이미 말했다. 자줏빛 기운이 눈에서 나오는 모습이다.

---

15) 『上淸黃庭內景經』: 胎仙卽胎靈大神, 亦曰胎眞, 居明堂中, 所謂三老君爲黃庭之主, 以其心和則神悅, 故惟胎仙也.

16) 『上淸黃庭內景經』: 九天之氣入於人鼻, 周流腦宮, 映明上達, 故曰出霄間.

17) 『黃庭內景玉經注』: 三田之中, 有九氣炳煥, 無不燭也.

4) 是曰玉書可精研, 詠之萬遍昇三天, 千災以消百病瘥, 不憚虎狼之凶殘, 亦以卻老年永延.

玉書: 경실장瓊室章(제21)에 "思詠玉書入上淸"이라는 구절이, 선인장僊人章(제28)에 "玉書絳簡赤丹文"이라는 구절이 있다. 모두『내경경』을 가리킨다. 옥편이라고도 한다. 예를 들어, 치생장治生章(제23)에 보인다. "양생의 도리는 명료하여 번거롭지 않다. 다만, 동현과 옥편을 닦을 뿐이고, 겸하여 몸의 팔경신을 행한다."[18]

詠之萬遍: 목욕장沐浴章(제36)에 "入室東向誦玉篇, 約得萬遍義自鮮"이라는 말이 보인다. 같은 뜻이다.『내경경』의 앞과 뒤에서 이 책이 암송하는 문헌임을 밝히고 있다. 도홍경의『진고眞誥』권18에는 허밀許謐이『황정경』을 암송하면서 횟수를 기록한 흔적이 보인다.

『眞誥』卷十八 握眞輔第二

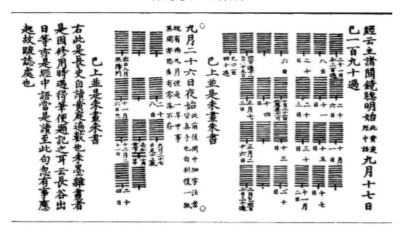

---

18)『太上黃庭內景玉經』: 治生之道了不煩, 但修洞玄與玉篇, 兼行形中八景神.

허밀은『황정경』을 암송하면서 10을 단위로 암송한 횟수를 기록해 두었다. 중간중간에 일이 있어서 멈추거나 혹은 신이한 현상 등이 나타나는 경우에 기록한 내용도 있다.『내경경』은 기본적으로 경전을 암송하는 송경誦經수행의 문헌이다. 목욕장에서는『내경경』을 암송하면 신으로부터『대동경』을 받는다는 말이 보인다.『대동경』은 상청파의 소의경전인『상청대동진경』을 가리킨다.『내경경』이 저술될 때는 이미『상청대동진경』보다 위계가 뒤지는 문헌으로 간주되고 있다.『상청대동진경』보다 성립 시기가 늦었다고 볼 수 있다.『내경경』은 상청파들이『외경경』에 근거해서 만든 문헌이다.

上有章第二

上有魂靈下關元, 左爲少陽右太陰, 後有密戶前生門. 出日入月呼吸存,
元氣所合列宿分, 紫煙上下三素雲, 灌漑五華植靈根, 七液洞流衝廬間,
迴紫抱黃入丹田, 幽室內明照陽門.

(황정의) 위에는 심장이 아래에는 하단전이 있고 왼쪽에는 왼쪽 신장이 오
른쪽에는 오른쪽 신장이 있으며 뒤에는 항문이 앞에는 배꼽이 있다. 호흡
은 마치 태양이 뜨고 달이 지는 것과 같으니 호흡을 통해 기운이 오르내리
는 것을 존사한다. 호흡한 기운이 원기와 결합하면 머리에 마치 하늘의 28
수와 같은 별자리가 펼쳐진다. 자줏빛 연기가 (수행자의 몸을) 위아래로 오
르내리면서 삼색의 구름이 피어난다. (앞의 상서로운 운기가) 오장의 기운
에 물을 대고 영근을 심는다. 칠규를 통해 들어온 기운이 흘러 후두부를 때
리고 자줏빛 기운을 돌려 황정의 기를 품어 단전으로 들어가면, 왼쪽 신장
의 밝은 빛이 오른쪽 신장을 비춘다.

해제 황정의 위치를 설명하고, 기운을 돌려서 단을 맺는 개요를 소개하고
있다. 수행의 기본 동력은 호흡이다. 호흡을 통해 외부의 기운과 만나고 그
기운이 체내로 들어와 흘러가서 신장에 도달하는 과정을 상징적으로 묘
사하고 있다.

1) 上有魂靈下關元, 左爲少陽右太陰, 後有密戶前生門.

魂靈: 이 부분은 황정의 위치를 중심으로 상하좌우와 전후에 무엇
이 있는지를 묘사하고 있다. 혼령도 특정한 공간과 관련 있는 것으
로 해석해야 한다. 혼령은 형질이 없다고 말하는 양구자의 해석은

적절하지 않다.[1] 무성자는 혼은 간과 폐에 영은 비장에 있다고 했다.[2] 그러나 예문에서는 분명히 한 곳을 말하고 있다. 뚜총杜琮 등은 천잉닝陳攖寧의『황정경강의』를 따라 혼령을 심장이라고 했다.[3] 전체적인 맥락을 고려할 때 적절한 해석이다.

關元:『외경경』1장에서 자세히 말했다. 관원은 대체로 현대 한국인들이 하단전이라고 말하는 배꼽 아래 세 치(손가락 세 개를 가로로 잇대어 붙였을 때의 거리) 되는 지점에 있다.

少陽: 양구자는 모호한 답을 남겼다.[4] 무엇을 가리키는지 확신하지 못했던 것으로 보인다. 무성자는 왼쪽 눈이라고 했다.[5] 혼령의 아래 그리고 관원 즉 배꼽 아래 세 치 되는 지점의 위에 있다고 했으므로 눈은 아니다. 황정의 위치를 설명한다고 가정하면 왼쪽 신장을 가리킨다고 볼 수 있다.

太陰: 오른쪽 신장. 은장장(제35)에는 태음에 숨어서 나의 모습을 본다는 말이 있다.『외경경』23장에도 나온다.『외경경』에는 태음만 나온다. 이곳에서는 소양과 짝을 지어 나오므로 의미가 보다 분명하다.

後有密戶前生門: 무성자는 신장이라고 했다.[6] 소양과 태음이 신장이므로 적절하지 않다. 양구자는 밀호를 대소변이 나오는 곳, 생문

---

1)『黃庭內景玉經注』: 魂靈無形關元有質.

2)『上清黃庭內景經』: 魂, 魂魄也. 靈, 胎靈也. 魂在肝, 魄在肺, 胎靈在脾.

3) 杜琮·張超中,『黃庭經今譯·太乙金華宗旨今譯』(北京: 北京社會科學出版社, 1996), 28쪽.

4)『黃庭內景玉經注』: 左東右西, 卯生酉殺.

5)『上清黃庭內景經』: 少陽, 左目也.

6)『上清黃庭內景經』: 密戶, 腎也. 腎爲藏精宮, 當密守之, 使不躁泄.

을 감관을 포괄하는 칠규라고 말했다.[7] 이 부분에서는 황정의 위치를 묘사하고 있다는 점을 고려할 때 생문을 칠규라고 한 것은 적절한 해석이 아니다. 황정의 높이를 배꼽 부위로 잡을 때 밀호는 척추 쪽의 어느 부위여야 한다. 그러나 확정하기 어렵다. 뚜총은 신장이라고 했는데, 신장은 이미 앞에서 말했으므로 이곳에서 다시 언급할 필요가 없다. 물론 뚜총은 앞의 소양과 태음을 단순히 배꼽의 좌우라고 말했다.[8] 그러나 황정의 위치를 알려 주기 위해서라면 그런 무의미한 말을 할 필요가 없다. 신장은 배꼽보다 아래쪽에 있다. 황정의 높이가 배꼽과 비슷하다고 어림하면, 신장을 좌우에 있다고 말할 수는 있을 것이다. 높낮이에 지나치게 구애될 필요는 없다. 생문이 배꼽이라면 그에 상대되는 항문을 밀호라고 했을 것이다. 그렇다면 황정의 위치는 대략 하단전의 위, 배꼽 뒤다.

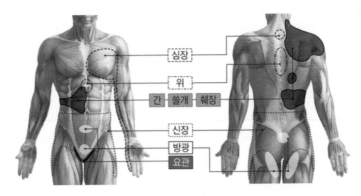

장부의 높이

---

7)『黃庭內景玉經注』: 前南後北, 密戶後二竅, 言隈密也. 生門前七竅, 言藉以生也. 爲九竅.
8) 杜琮·張超中,『黃庭經今譯·太乙金華宗旨今譯』, 28쪽.

2) 出日入月呼吸存, 元氣所合列宿分.

出日入月: 양구자는 몸에 있는 음양의 기운이 들고나는 것이라고 말했다.[9] 호흡을 마치 해와 달이 순환하는 것처럼 묘사한 것이다. 무성자는 왼쪽 눈과 오른쪽 눈으로 각각 해와 달을 존사하는 것이라고 말했다.[10] 상청경 계열의 문헌에서는 종종 왼쪽 눈을 해에 오른쪽 눈을 달에 비유한다. 이런 생각에 토대하면 이곳의 출일입월은 기운이 눈을 통해서 드나드는 것과 같은 이미지를 연상시킨다. 해는 왼쪽 신장인 소양에서 일어나고 달은 오른쪽 신장인 태음으로 들어간다. 기운이, 출입을 기준으로 좌우로 나뉜 몸을, 눈을 통해 드나드는 모습이다.

呼吸存: 호흡을 따라 기운이 움직이는 모습을 존사하는 것이다. 양구자는 단순히 호흡이라고 했으므로 코를 통한 호흡을 생각했을 가능성이 높다.[11] 그러나 이곳의 호흡은 코로 하는 호흡이 아니라 눈 혹은 미간으로 하는 호흡법으로, 호흡이 코를 지나 미간 부위에서 이뤄지는 것을 의념하는 존사법이다.

元氣所合: 원기는 원시의 일기로서 천지창조의 기운이기도 하고, 개개의 만물이 선천적으로 지니고 있는 기운이기도 하다. 무성자본에는 원기가 사시의 기운으로 되어 있다.[12] 양구자는 원기가 일이며 심과 도가 하나로 합치되게 만드는 것이라고 했다.[13] 그러나 어떤

---

9) 『黃庭內景玉經注』: 日月者陰陽之精也, 左出右入. 身有陰陽之氣, 法上天地之氣, 出爲呼氣入爲吸氣. 呼吸之間, 心當存之.

10) 『上淸黃庭內景經』: 謂常存日月於兩目, 使光與身合, 則通眞矣.

11) 『黃庭內景玉經注』: 出爲呼氣, 入爲吸氣, 呼吸之間, 心當存之.

12) 『上淸黃庭內景經』: 四氣所合列宿分.

의미인지 부정확하다.『외경경』에는 원기라는 표현이 없지만,『내경경』에는 호흡장呼吸章(제20)에도 보인다.[14] 태식수행법은 당대唐代 이전과 이후의 것으로 나눌 수 있는데, 그 기준은 호흡하는 기운이 내기인가 외기인가이다. 당대 이전에는 외기를 흡입한다고 보았다. 예를 들어,『태청중황진경太淸中黃眞經』의 다음 글에서 말하는 원기는 외기다.

> 안으로 형신을 기르고 기욕을 제거하며 오로지 수정하며 옥과 같이 몸을 안정시킨다. 다만 원기를 먹고 오곡을 피하면 반드시 하늘에 올려 진록을 얻을 수 있다. 백 일 동안 올곧이 기를 먹으면 족하다.[15]

그러나 태식수행자들은 어느 순간부터인가 자신들의 호흡법이 다른 복식수행자들과 다르다는 점을 인식하기 시작한 것으로 보인다. 폐기를 위주로 하고 아이의 호흡을 모방한다는 점을 고려하면 외기에서 내기로의 전환은 필연적으로 보이기도 한다. 내기에서 외기로의 변화는 다음의『태식정미론胎息精微論』에서도 확인할 수 있다. "오늘날의 도를 닦는 이들은 오아五牙, 팔방, 사시四時, 일월성신 등의 기운을 복식하지만 또한 잘못되었다."[16]『내경경』은 당대 이전의 문헌이므로 원기가 내기를 가리킨다고 단언할 수는 없다. 그

---

13)『黃庭內景玉經注』: 元氣, 一也. 使心與道一合.

14)『太上黃庭內景玉經』: 呼吸元氣以求僊..

15)『太淸中黃眞經·內養形神章第一』: 內養形神除嗜慾, 專修靜定身如玉. 但服元炁除五穀, 必獲寥天得眞錄, 百日專精食炁足.

16)『胎息精微論』: 今之修道者, 或服五牙, 八方, 四時, 日月星辰等炁, 並恨.

러나 외기에서 내기로의 변환 중에 있었다고 해석할 수 있고, 변화는 일거에 일어나지 않는다는 점도 고려할 만하다. 『외경경』에도 원기라는 표현이 보이지는 않지만, 몸을 따라 상승시켰다가 다시 흡입하는 기운을 자신이 이미 지니고 있는 기운이라고 묘사하고 있다. 반복적으로! "그대는 본래부터 이것을 지니고 있으니 잘 지니고 있으면서 잃지 말라."[17] "그대는 본래부터 이것을 지니고 있으니, 어찌 지키지 않는가?"[18] 그러므로 이곳의 원기도 내기 즉 사람의 체내에 있는 선천의 기운일 것이다. 앞서 호흡한 기운과 원기를 결합시킨다는 뜻이다.

列宿分: 문자 그대로의 뜻은 28수의 별자리가 뚜렷이 나열된 모양이다. 이곳에서는 몸에 그와 같은 별자리가 배치되어 있는 모양을 묘사하고 있다. 몸을 머리와 횡격막 위 그리고 횡격막 아래의 셋으로 나눌 경우 별자리가 배열되어 있는 부위 특히 배경이 되는 부위는 비교적 높이 있는 머리다. 원시의 기운이 천지를 창조했듯이 몸 안으로 들어온 기운은 몸의 하늘인 머리에 28수를 늘어놓는다. 우주가 하나의 기운에서 만들어지듯이, 몸도 원기에 의해서 만들어지는 모습을 묘사한 구절이다.

3) 紫煙上下三素雲, 灌漑五華植靈根.

紫煙上下: 양구자는 눈의 정기가 삼단전을 오르내리는 모양이라고 보았다.[19] 상청장上淸章(제1)에서는 눈동자에서 자줏빛 연기가 생

---

17) 王羲之本『外景經』: 子自有之持勿失.
18) 王羲之本『外景經』: 子自有之何不守.

겨난다고 했다.[20] 눈에서 나온 신비로운 자줏빛 기운이 몸을 오르내리는 모양을 묘사한 글이다. 직전에 열수가 배열되어 있다고 해서 머리의 윗부분을 묘사한 후 기운이 몸을 오르내리는 과정을 전체적으로 설명했다.

三素雲: 순일한 정기에서 만들어지는 각기 다른 상서로운 구름이라는 뜻이다. 소素는 희다는 뜻이 아니라 순일하다는 의미다. 삼소운의 색은 고정되어 있지 않다.『상청태상제군구진중경上淸太上帝君九眞中經』에 따르면 신선과 계절에 따라 변한다. 때로는 자紫·녹綠·백白색이고 때로는 현玄·청靑·황黃색이다.

灌漑: 위로부터 내려오는 기운이 마치 아침 이슬처럼 만물을 촉촉이 적셔 주는 모양을 그리고 있다.

五華: 오五라고 했으므로 오장의 기운을 가리킬 가능성이 있다. 양구자는 이 견해를 취했다.[21] 무성자는 오방의 기운으로 보았다.[22] 전체적인 맥락을 고려했을 때 오장의 기운으로 보인다.

靈根:『외경경』의 영근은 혀다. 무성자도 이 해석을 따랐다.[23] 양구자는 명근命根이라고 했고, 뚜총은 천잉닝의 해석을 따라 배꼽 아래에 있는 명근이라고 했다.[24] 샤오덩푸는 황정이라고 보았다.[25] 간

---

19)『黃庭內景玉經注』: 紫煙是目精之氣. 存見三丹田中, 上下俱有白氣, 白氣流通一體.
　　 又云: 目光有紫靑絳三色, 爲三素雲. 仙經云: 雲林夫人咒曰: 目童三雲, 兩目眞君.

20)『太上黃庭內景玉經』: 神蓋童子生紫煙.

21)『黃庭內景玉經注』: 五華者, 五臟之英華.

22)『上淸黃庭內景經』: 五華者, 五方之英華, 卽氣也.

23)『上淸黃庭內景經』: 靈根, 舌本也.

24) 杜琼·張超中,『黃庭經今譯·太乙金華宗旨今譯』, 30쪽.

25) 蕭登福,『黃庭經古注今譯』(香港: 靑松出版社, 2017), 174쪽.

기장肝氣章(제33)에는 "七玄英華開命門, 通利天道存玄根", 현원장玄元章(제27)에는 "六神合集虛中宴, 結珠固精養神根"이라는 글이 있다. 현근·영근·신근은 모두 같은 것을 가리킬 것이다. 명문은 배꼽이고 현원장의 허중은 황정을 가리킨다. 이곳의 영근도 황정에 있는 생명의 근원을 가리킨다고 보아야 할 것이다. 약간의 위험을 무릅쓰고 말하자면 황정 즉 췌장 내부에 있는 뿌리 모양의 기관으로 보인다.

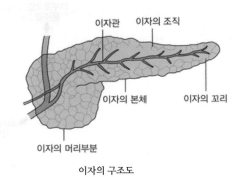

이자의 구조도

4) 七液洞流衝盧間.

七液: 무성자는 사기四氣와 삼원三元이 엉켜서 만들어진 신령스러운 액이라고 했고,[26] 양구자는 칠규에서 나온 것이라고 했다.[27] 양구자의 해석을 따른다.

盧間: 무성자는 미간이라고 했다.[28] 양구자도 같다.[29] 뚜총은 천잉닝의 견해를 따라 황정이라고 했다. 그는 설문에서 여臚가 살갗으로

---

26) 『上淸黃庭內景經』: 七液者, 謂四氣三元結成靈液.
27) 『黃庭內景玉經注』: 七竅之液, 上下周流, 上流曰衝, 下流曰迴.
28) 『上淸黃庭內景經』: 臚間, 兩眉間, 謂額也.
29) 『黃庭內景玉經注』: 盧, 額盧之間明堂中.

배의 살갗을 가리킨다는 점을 또 다른 근거로 들었다.[30] 그러나『외경경』에서는 여간으로 호흡하여 단전에 이른다 하고 있다.[31] 이에 따르면 코 부위 정확히 말하면 코에서 입으로 이어지는, 침을 삼킬 때 부딪히는 느낌이 나는 후두부 부위다.『내경경』은『외경경』에 토대하고 있으므로『외경경』을 완전히 무시할 수는 없다. 衝은 위로 치받는 모양과 더 잘 어울리지만, 칠규에서 쏟아져 내려온 기운이 목 부위에서 내려가다가 목으로 내려가기 전에 위로 치솟는 느낌을 강조했다고 볼 수도 있을 것이다.

5) 廻紫抱黃入丹田, 幽室內明照陽門.

廻紫: 상승하던 자색의 기운을 돌린다는 뜻이다. 앞의 '出日入月'과도 관련이 있을 수 있는데, 정확한 의미는 알 수 없다. 단전은『외경경』에도 보인다. 현대 한국인이 알고 있는 배꼽 아래에 있는 하단전은 아니다. 그 위쪽 배꼽 뒤를 가리킨다.

抱黃: 위로 올라갔다가 돌아서 아래로 내려온 기운이 황정의 황을 안고 단전으로 들어간다는 뜻이다.

幽室: 양구자는 숨겨져 있는 방이라고 했다.[32] 불분명한 해석이다. 무성자는 신장이라고 했다.[33] 신장을 말한다.

陽門: 뚜총은 명문이라고 했다.[34] 후대에 명문은 두 신장 사이에

---

30) 杜琼·張超中,『黃庭經今譯·太乙金華宗旨今譯』, 30쪽.

31) 王羲之本『外景經』: 呼吸廬間入丹田.

32)『黃庭內景玉經注』: 幽隱之室, 內自思存.

33)『上淸黃庭內景經』: 幽室, 腎也.

34) 杜琼·張超中,『黃庭經今譯·太乙金華宗旨今譯』, 31쪽.

있다고 했으므로 뚜충은 양문陽門을 단전과 유사한 것으로 본 셈이다. 그러나 명문이 두 신장 사이에 있다는 가설은 명대의 의학자 조헌가趙獻可에 의해 최초로 제기되었다.『황정경』과 유사한 시기의 문헌인『난경難經』에 따르면 명문은 오른쪽 신장이다. 이곳에서 말하는 양문이 명문이라면 마땅히『난경』의 견해에 가까워야 할 것이다. 유실幽室은 왼쪽 신장이고 양문은 오른쪽 신장이다. 왼쪽에서 빛이 나서 오른쪽이 밝아진다는 것은 왼쪽 눈이 해를 오른쪽 눈이 달을 상징한다는 관념과 관련지을 수 있다. 즉 달이 태양의 빛을 반사해서 빛나듯 오른쪽 신장은 왼쪽 신장의 빛을 받아 빛난다는 뜻이다. 실은 왼쪽 신장과 오른쪽 신장의 결합을 통해 '성태'를 만든다는 생각이 숨겨져 있다.

口爲章第三

口爲玉池太和宮. 漱咽靈液災不干, 體生光華氣香蘭, 却滅百邪玉煉顔.
審能修之登廣寒, 晝夜不寐乃成眞, 雷鳴電激神泯泯.

입은 옥액을 담고 있는 못으로서 몸의 조화를 관장한다. 영액을 모아 삼키
면 재해가 침범하지 못하여, 몸에는 빛이 꽃처럼 피어나고 난꽃 향이 은은
하며 모든 사기를 물리쳐 없애 얼굴이 옥과 같이 윤기가 난다. 정성스럽게
수련하면 천계에 오를 수 있다. 주야로 잠을 자지 않고 수행하면 진인이
된다. (진인은) 비록 천둥소리 울리고 번개가 쳐도 정신이 고요하다.

해제 연기煉氣 과정 중에 행하는 침을 삼키는 수련법과 효과를 소개하고
있다. 침은 옥액玉液이고 입은 옥지玉池다. 이미 말했듯이 『내경경』의 무성
자주는 1·2장만 있다. 이 장부터는 무성자 주가 없다.

  1) 口爲玉池太和宮.

  玉池: 침을 옥액玉液·예천禮泉 또는 뒤에 나오듯이 영액靈液이라고
도 한다. 옥지는 옥액이 들어 있는 입을 비유한 것이다.

  太和宮: 이 역주의 저본인 『태상황정내경옥경』을 따라 궁이라고
했다. 궁이라고 하면 비교적 문리가 순하다. 그러나 운이 맞지 않는
다. 뒤의 간干, 란蘭, 안顔, 한寒, 진眞, 민泯 등을 고려하면 관官이 적절
하다. 이런 이유로 양구자는 관官이라고 했다.[1] 그러나 의미만 고려
하면 궁이 더 자연스럽다.

---

1) 『黃庭內景玉經注』: 口爲玉池太和官.

2) 漱咽靈液災不干, 體生光華氣香蘭, 卻滅百邪玉煉顏.

漱咽: 침을 삼키되 그냥 삼키지는 않는다. 마치 양치하듯 혀로 모아 삼키므로 이와 같이 표현했다.

3) 審能修之登廣寒, 晝夜不寐乃成眞.

廣寒: 상아嫦娥가 거주하는 달 속의 궁전인 광한궁을 말한다. 이곳의 달은 천계를 상징한다. 천계에 오른다는 뜻을 비유적으로 표현했다.

晝夜不寐: 뚜총은『도추道樞』「황정黃庭」편의 내용을 인용하면서 탁한 기운을 없애고 맑아진 상태를 비유하는 말이라고 했다.[2] 그러나 비유만은 아니다. 자청장紫淸章(제29)에서도 "晝夜七日思勿眠"이라고 했기 때문이다. 주야로 잠을 자지 않고 수행하면 신선이 된다는 뜻이다.

成眞: 진인이 되다. 지인·성인·현인과 마찬가지로 신선이라는 뜻이다.

4) 雷鳴電激神泯泯.

雷鳴電激: 양구자는 이를 두드리는 수행법인 고치叩齒라는 해석을 비판하면서, 어떤 혼란스러운 상황에서도 정신이 안정된 경지라고 했다.[3] 고치를 통해서 정신이 안정된다거나 혹은 정신이 혼란스러

---

2) 杜琮·張超中,『黃庭經今譯·太乙金華宗旨今譯』, 34쪽.

3)『黃庭內景玉經注』: 調神理氣, 精魄恬愉. 雖遇震雷而不驚憚. 又曰: 雷鳴電激爲叩齒. 叩齒存思, 乃是神用, 不得言泯泯.

워진다거나 하는 해석은 모두 순하지 않다.『장자莊子』「제물론齊物論」에 유사한 구절이 있다. "번개가 치고 산이 무너져도 피해를 입지 않고, 바람이 바다를 흔들어도 놀라지 않는다."4)

泯泯: 상황의 변화에도 불구하고 안정된 정신의 상태를 묘사한 것이다.

---

4)『莊子』「齊物論」: 疾雷破山而不能傷, 飄風振海而不能驚.

黃庭章第四

黃庭內人服錦衣, 紫華飛裙雲氣羅, 丹青綠條翠靈柯. 七蕤玉籥閉兩扉,
重掩金關密樞機. 玄泉幽闕高崔嵬, 三田之中精氣微. 嬌女窈窕翳霄暉,
重堂煥煥揚八威. 天庭地關列斧斤, 靈臺盤固永不衰.

황정에 거주하는 신은 (오색) 비단옷을 입고 있다. 자줏빛 도는 치마를 입
었는데, 치마에는 구름 기운이 퍼져 있고, 단청색과 비취색의 신령스러운
가지가 새겨져 있다. 칠정을 옥자물쇠로 잠그고 두 눈을 감는다. 거듭 빗장
을 걸어 몸의 요체를 보호한다. 현묘한 우물이 있는 신장은 우뚝 솟은 산
과 같고, 삼단전의 정기는 은미하다. 아리따운 귀耳의 진인이 태양빛을 가
리고 있는데도, 심장은 환히 빛나 몸 곳곳을 밝힌다. 양미간과 발에는 도끼
를 쥔 병사들이 나열해 있으니 심장은 견고하여 오래도록 쇠하지 않는다.

해제 존사수행을 위해 황정의 신을 묘사한 후, 정기의 누설을 막아야 한다
는 점을 말하고 있다. 기운의 순환을 염두에 두고 몸을 전체적으로 묘사하
고 있다.

1) 黃庭內人服錦衣, 紫華飛裙雲氣羅, 丹青綠條翠靈柯.

黃庭內人: 양구자는 황정내인은 도모道母이고, 황정진인은 도부道
父라고 했다.[1] 비장장脾長章(제15)에서 황정을 설명하면서 도부와 도
모에 관해 언급하고 있으니, 이것을 참고했을 것이다. 바로 다음의
중지장中池章(제5)에서는 중지의 신이라는 뜻의 "中池內神"이라는 표

---

1)『黃庭內景玉經注』: 黃庭內人謂道母, 黃庭眞人謂道父.

현이 있다. 이곳에서 다르게 해석할 이유가 없다. 황정에 거주하는 신이다. 황정에 세 명의 신이 있다고 해도 하나의 신이 분화된 것이므로 황정의 신과 세 명의 신은 다르지 않다. 굳이 하나의 신만 말할 이유는 없다.

錦衣: 단순히 비단옷이라는 뜻이 아니다. 오채색의 옷으로 오장육부의 정기가 황정에 들어 있다는 뜻을 담고 있다.

紫華: 화華는 빛을 상징한다. 자화는 자줏빛이 돈다는 뜻이다.

雲氣羅: 앞의 비군飛裙이라는 단어와 호응한다. 치마에 새겨진 문양을 형용한 것이다. 구름 기운이 펼쳐져 있는 모양이다.

丹靑綠條翠靈柯: 옷에 새겨진 문양을 묘사하고 있다. 존사에 유리하게 만들기 위한 것이다.

2) 七蕤(蕤)玉籥閉兩扉, 重掩金關密樞機.

七蕤: 양구자주에는 "七蕤"로 되어 있다. 유蕤는 꽃이 아래로 드리운 모양이다. 양구자는 이것을 칠규라고 했다.[2] 현원장(제27)에는 "玉籥金籥常完堅"이라고 되어 있는데, 황정을 묘사하는 말이다. 칠정도 황정과 관련된 것이라고 해야 할 것이다. 칠규는 아니다. 앞서 보았듯이 췌장에는 마치 뿌리와 같은 구조물이 있는데, 그것을 가리킬 가능성도 있다.

玉籥: 옥으로 만든 자물쇠. 정기가 새어 나가지 못하도록 자물쇠를 걸어야 한다는 것을 비유적으로 말하고 있다.

---

2) 『黃庭內景玉經注』: 七竅開合以喩關籥, 用之以道不妄閉也.

兩扉: 양구자는 존사할 때는 반드시 눈을 감는다고 했으니, 양비를 두 눈으로 본 셈이다.[3] 뚜총은 단순히 음양의 구멍이라고 했다.[4] 『외경경』의 해당 구절은 다음과 같다. "黃庭中人衣朱衣, 關門茂籥合兩扉, 幽闕俠之高巍巍." 가장 뒤 구절 협지俠之의 之는 황정을 가리킨다. 가운데 있는 구절도 황정을 묘사한 것이다. 『외경경』의 양비는 하복부에 있어야 한다. 『내경경』에서는 다르다. 양구자처럼 눈으로 봐야 할 것이다.

重掩: 겹겹이 닫아서 차단하는 것을 가리킨다.

金關: 쇠로 만든 빗장.

密樞機: 밀密은 앞의 엄掩과 같다. 잘 막는다는 뜻이다. 추기는 사물의 요점을 가리키는데, 이곳에서는 정기가 보존되어 있는 곳을 가리킨다.

3) 玄泉幽闕高崔嵬, 三田之中精氣微.

玄泉: 양구자는 침이라고 했는데 엉뚱하다.[5] 유궐은 깊이 들어 있다는 뜻인데, 어떻게 침일 수 있겠는가? 침은 결국 신장과 연관된다고 보는 생각에 토대하면 일리가 있다고 할 수 있겠지만, 신장의 액이라고 보는 것이 적절하다.

幽闕: 신장을 가리킨다. 이에 대해 양미간은 궐정闕庭이라고 한다.

高崔嵬: 높다는 뜻이다. 신장은 아래에 위치해 있다. 높이를 말하

---

3) 『黃庭內景玉經注』: 存神又閉目, 故名曰閉兩扉.

4) 杜琮·張超中, 『黃庭經今譯·太乙金華宗旨今譯』, 36쪽.

5) 『黃庭內景玉經注』: 玄泉者口中之液也. 一曰玉漿, 一名玉液, 一名玉泉.

는 것이 아니다. 대체로 누워 있는 모양의 다른 장과 달리 신장은 서 있기 때문에 이와 같이 말했다.

三田: 오늘날의 삼단전과 온전히 대응한다고 말할 수는 없지만, 당연히 삼단전을 가리킨다. 온몸을 이르는 말로 사용되었다.

精氣微: 방사 등을 피함으로써 신정을 잘 보관하면 이처럼 정기가 온몸에 은미하게 퍼진다는 뜻을 나타낸다.

4) 嬌女窈窕翳霄暉, 重堂煥煥揚八威.

嬌女: 귀의 신을 말한다. 자는 운의雲儀다. 혹은 자를 유전幽田이라 하고, 이름을 공한空閑이라고 한다.

翳霄暉: 소휘는 하늘의 빛이다. 뚜총은 일광을 가린다는 뜻으로 해석했다.[6] 양구자는 "掩玄暉"라고 했는데, 막는다는 것인지 새어 나가지 않게 보존한다는 뜻인지 분명하지 않다.[7] 귀는 부채처럼 볼 수 있는 여지가 있으므로 일종의 일산日傘인 예翳라고 묘사했을 것이고, 소휘 즉 태양빛을 가린다는 뜻에 다름 아니다. 뒤에 나오는 밝음이 외광外光이 아닌 삼전의 정기에서 나오는 빛임을 보여 주기 위해 이렇게 표현했을 것이다.

重堂: 양구자는 목이라고 했다. 약득장若得章(제19)에서는 "重中樓閣十二環"이라 표현하고 있고, 『외경경』5장에서는 "絳官重樓十二級"이라 한 것을 참고한 말이다.[8] 그러나 누樓와 당堂은 다르다. 누에서

---

6) 杜琼·張超中, 『黃庭經今譯·太乙金華宗旨今譯』, 37쪽.
7) 『黃庭內景玉經注』: 眞誥云, 嬌女耳神名也. 言耳聽朗徹明, 掩玄暉.
8) 『黃庭內景玉經注』: 重堂喉嚨名也. 一曰重樓, 亦名重環. 本經云, 絳宮重樓十二級.

이어지는 당은 명당 즉 심장이다.

八威: 팔은 팔방, 이곳에서는 몸의 여기저기를 가리키며 위는 몸의 공능을 의미한다. 정기의 유출을 막으면 몸 안에 빛이 나면서 기능이 활발해진다는 뜻이다.

5) 天庭地關列斧斤, 靈臺盤固永不衰.

天庭: 양미간 즉 궐정과 같은 뜻이다.

地關: 삼관은 비장장(제15)과 삼관장三關章(제18)에 나온다. 삼관장에서는 삼관이 구·수·족을 가리킨다고 말한다. 지관은 발이다. 정기가 새어 나갈 수 있는 관문이다.

列斧斤: 정기의 유실을 막기 위해 잘 지켜야 한다는 뜻을 비유적으로 묘사한 구절이다.

靈臺: 심장. 정신의 보존은 결국 신령이 거주하는 몸 중심의 심장에 영향을 미친다.

盤固: 견고하다는 뜻이다.

中池章第五

中池內神服赤珠, 丹錦雲袍帶虎符. 橫津三寸靈所居, 隱芝翳鬱自相扶.

중지의 신(즉 담신)은 붉은 구슬 문양의 옷을 입고 있다. 붉은색의 비단 위에 구름 문양이 새겨진 윗옷을 입고 있으며, 허리에는 호부를 차고 있다. 가로로 누워 있는 모양의, 진액이 있는 세 치 크기의 담이 신령이 거주하는 곳이다. (담 즉 쓸개는) 은밀히 숨어 있는 버섯과 같은 모양으로 무성한 간기와 더불어 본래부터 함께 의지하고 있다.

해제 담의 위치와 주변 기관과의 관계 및 담의 신神을 묘사하고 있다. 하나의 독립된 장으로 보기에는 지나치게 짧다. 앞장과 연결되어 있었던 것이라면 황정과 심장 그리고 쓸개를 이어서 설명하는 것이라고 볼 수 있다.

   1) **中池內神服赤珠, 丹錦雲袍帶虎符.**

   中池: 양구자는 담이라고 했다. 그러나 그렇게 보는 근거에 대해서는 별다른 말을 하지 않고 있다.[1] 뚜총은 심장이라고 보았다.[2] 샤오덩푸의 의견도 같다.[3] 『외경경』의 중지는 폐 혹은 심장일 가능성이 있다. 어쨌거나 흉부에 있어야 한다. 그러나 『내경경』의 신체관은 『외경경』의 신체관과는 다르다. 『외경경』의 신체관에서는 단전이 중요함에 반해, 『내경경』의 신체관에서는 황정이 핵심이고 기의 순환 경로에 대한 설명이 보다 상세하다. 게다가 심장이라고 하면

---

1) 『黃庭內景玉經注』: 膽爲中池.

2) 杜琮·張超中, 『黃庭經今譯·太乙金華宗旨今譯』, 38쪽.

3) 蕭登福, 『黃庭經古注今譯』, 187쪽.

직전에 영대를 언급한 것과 중복되는 느낌이 있다.『내경경』에서 '橫'은 두 번 즉 이곳과 담부장膽部章(제14)에만 보이고, 호부를 차고 있다는 점도 같다. 심장이라면 은지隱芝라는 것도 잘 설명되지 않는 다. 은隱은 해당 기관이 다른 조직에 의해 가려져 있다는 점을 암시 하고 있기 때문이다.『내경경』에서 그리는 신에 관한 신화적 묘사 는 사실에 기반하고 있다.『내경경』에서 담은 육부를 총괄하는 위 치에 있다. 오장을 총괄하는 심을 말한 후 육부를 대표하는 담에 관 해 간략히 설명하려 했다고 보는 것이 합리적일 것이다.

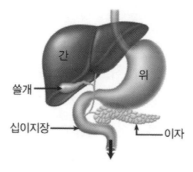

담(쓸개)의 위치

赤珠: 화주 즉 화제주火齊珠로서 붉은빛의 유리구슬을 생각하면 된다.

丹錦雲袍: 붉은 비단 위에 구름 문양이 있는 옷.

虎符: 신호부록神虎符籙이다. 녹籙은 도교에서 수행 단계를 나타내 기 위해 사용하는 징표로서, 부문신도符文神圖를 써서 녹에서 열거한 신지神祇를 청할 수 있으며, 수행 단계가 다르면 호부로 청할 수 있 는 신의 지위도 다르다.[4] 비부장脾部章(제13)의 호장虎章과 같다.

4) 蕭登福,『黃庭經古注今譯』, 238쪽.

2) 橫津三寸靈所居, 隱芝翳鬱自相扶.

橫津三寸: 『외경경』에서는 "中池有士衣赤衣, 橫下三寸神所居"라고
말하고 있다. 『외경경』의 도장본과 집요본에는 橫이 "田"으로 되어
있다. 『외경경』에서 횡은 횡경막을 가리킨다고 볼 수 있다. 그러나
이곳에서는 下가 津으로 바뀌었다. 횡은 쓸개의 상태를 묘사한 말이
다. 쓸개에는 간에서 만들어진 담즙이 들어 있으므로 진津이라고
표현했을 가능성이 있다. 쓸개는 7~10cm 정도로 대략 세 치다.

隱芝: 담은 간 밑에 붙어 있다. 담은 마치 버섯이 움터 올라온 것처
럼 간에 덮일 정도로 작은 편이다. 담을 묘사한 말이다.

翳鬱: 그림자가 질 정도로 무성한 모양이다. 『황정경』에서 예울은
두 번 쓰였는데 하나는 이곳이고 다른 것은 심신장心神章(제8)에서
간의 상태를 묘사하며 사용되었다. "간신인 용연의 자는 함명으로
그 기운이 농밀하여 다른 기운을 이끌고 청탁을 주관한다肝神龍煙字
含明, 翳鬱導煙主濁淸." 간의 기운을 묘사한 말이다. 영대장靈臺章(제17)
에서는 심의 기운을 묘사해서 울애鬱藹라고 했다. 유사한 의미다.

自相扶: 간과 담이 붙어 있는 모양을 묘사한 말이다.

天中章第六

天中之嶽精謹修, 靈宅既清玉帝遊, 通利道路無終休. 眉號華蓋覆明珠,
九幽日月洞虛元. 宅中有眞常衣丹, 審能見之無疾患, 赤珠靈裙華蒨粲.
舌下玄膺生死岸, 出靑入玄二氣煥, 子若遇之昇天漢.

코를 정미하게 수련해야 한다. 얼굴을 깨끗하게 하면 옥제와 노닐 수 있다.
(기운이 흐르는) 길을 잘 통하게 하고 끊임없이 순환시켜야 한다. 화개라고
불리는 눈썹이 눈을 덮고 있다. 뇌부구궁을 일월(즉 눈)이 밝게 비추니 심
오하여 텅 비어 있다. 얼굴에는 언제나 붉은 옷을 입는 (혀의) 진인이 있는
데, 이 혀의 신을 세밀하게 존사할 수 있으면 질환을 앓지 않는다. (진인이
입고 있는) 붉은 구슬이 그려져 있는 신령스러운 치마는 붉고 푸른색이 선
명하다. 혀 아래에 있는 침샘은 생사가 결정되는 경계로, 맑은 기운이 나
오고 (다시) 목구멍으로 들어가면 음양의 두 기가 (몸을) 밝게 비춘다. 만약
그대가 이런 경지에 도달하면 하늘로 올라갈 수 있으리라.

해제 기운의 호흡과 관련된 맥락에서 주로 머리 부위를 묘사하고 있다. 호
흡을 통해 몸의 기운이 순환하는데, 그것은 진액으로 바뀌어 다시 몸속으
로 들어간다고 생각했다. 그리고 그것을 일월의 출입과 같은 것으로 비유
했다.

1) 天中之嶽精謹修, 靈宅既淸玉帝遊.

　　天中之嶽: 양구자는 코를 가리킨다고 보았다.[1] 머리를 하늘에 대

---

1)『黃庭內景玉經注』: 天中之嶽爲鼻也. 一名天臺.

응시키는 관념은 상청파 문헌에서 다수 확인할 수 있다.『황정경』 저자들은 육부가 몸통의 가장 아래에 있다고 생각한 것처럼 보인다. 그러나 육부에는 신장보다는 위쪽, 간이나 비장과는 비슷한 위치에 있는 위胃가 포함되어 있다. 오장보다 아래쪽에 있다고 말하기 어렵다. 그럼에도 불구하고 위를 아래에 배당했을까?『상청자정군황초자령도군동방상경上淸紫精君皇初紫靈道君洞房上經』에서 이 문제에 관한 상청파들의 생각을 알 수 있다. 이 문헌에서는 몸을 상·중·하의 셋으로 나누고, 상에는 머리 부위를, 중에는 목과 칠장(오장+담장[신장을 왼쪽과 오른쪽으로 분할])의 팔신을, 아래에는 일반적으로 말하는 육부신을 배속하고 있다. 하단 팔신에 관한 설명은 다음과 같다.

> 위신의 이름은 동래육이고 자는 도전이다. 키는 일곱 치이고 황색이다. 궁장중신의 이름은 조등강이고 자는 도환이며 키는 한 치 4푼이고 황적색이다. 대소장중신의 이름은 봉송류이고 자는 도주이며 키는 두 치 한 푼이며 적황색이다. 큰창자 속의 신의 이름은 수후발이고 자는 도허이며 키는 아홉 치 일 푼으로 구색의 옷을 입고 있다. 흉격신의 이름은 광영택이고 자는 도충이며 키는 다섯 치이고 흰색이다. 양쪽 옆구리신의 이름은 벽가마이고 자는 도성이며 키는 네 치 한 푼이고 색은 적백색이다. 좌음좌양신의 이름은 부류기이고 자는 도규이며 키는 두 치 두 푼으로 청황백색이다. (남자는 좌양을 여자는 좌음을 존사한다.) 우음우양의 신은 표표명이고 자는 도생이며 키는 두 치 세 푼이고 청황백색이다. (남자는 우양을 여자는 우음을 존사한다.)[2]

---

2)『上淸紫精君皇初紫靈道君洞房上經』: 胃神名同來育, 字道展, (形長七寸, 色黃). 窮

사실은 신장의 위치가 육부보다 아래라고 말할 수는 없지만, 상청파들은 사실을 약간 벗어나는 상태를 믿었다. 체간을 상·중·하로 구분했을 때 오장은 육부보다 위에 있고 육부가 가장 아래에 있다는 것이 상청파의 일반적 믿음이었다.

靈宅: 양구자에 따르면 얼굴을 가리킨다. 그는 운택雲宅 혹은 척택尺宅이라고도 한다고 했다.[3] 비부장(제13)에서는 "外應尺宅氣色芳"이라고 했다.

玉帝: 본래는 뇌부에 있는 신궁 중 하나인 태극궁의 신이다. 『정통도장』정일부正一部의 『동진태일제군태단은서동진현경洞眞太一帝君太丹隱書洞眞玄經』에서는 다음과 같이 말한다. "제군의 휘는 봉릉범이고 자는 리창령으로 칠령 혹은 신장인이라고도 한다. 늘 태극자방중을 다스린다."[4] 이곳에서는 천계의 신이라는 뜻이고, 특정한 신을 가리키지 않는다.

2) 通利道路無終休, 眉號華蓋覆明珠.

通利道路: 영택을 얼굴이라고 해석한 양구자는 두 손으로 얼굴을

腸中神名兆滕康, 字道還, (形長一寸四分, 黃赤色). 大小腸中神名蓬送留, 字道廚, (形長二寸一分, 色赤黃). 胴中神名受厚勃, 字道虛, (形長九寸一分, 九色衣). 胸膈神名廣瑛宅, 字道沖, (形長五寸, 色白). 兩脇神名辟假馬, 字道成, (形長四寸一分, 色赤白). 左陰左陽神名扶流起, 字道圭, (形長二寸二分, 色青黃白. 在男存爲左陽, 在女存爲左陰). 右陰右陽神名苞表明, 字道生, (形長二寸三分, 色青黃白. 在男存爲右陽, 在女存爲右陰).

3) 『黃庭內景玉經注』: 面爲靈宅, 一名天宅. 以眉目口之所居, 故爲宅.

4) 『洞眞太一帝君太丹隱書洞眞玄經』: 帝君諱逢凌梵, 字履昌靈, 一名七靈, 一名神丈人, 常治太極紫房中.

마찰하여 기맥을 잘 통하게 만든다는 뜻이라고 했다.[5] 얼굴을 마찰 시킨다는 뜻이라고 확정하기는 어렵지만, 방법이 무엇이든 기운이 잘 흐르는 효과를 만들어 낸다는 뜻이다.

明珠: 눈동자.

3) 九幽日月洞空無.

九幽: 뇌부의 구궁을 가리킨다. 어두운 몸을 밝게 하는 것은 수행 자 자신의 승화를 의미한다. 몸에 거주하는 신의 거주처 즉 수행 이 전의 몸은 어둡다고 묘사된다.

日月: 두 눈 혹은 두 눈을 통해 들어오는 빛을 비유해서 표현한 말 이다.

4) 宅中有眞常衣丹, 赤珠靈裙華蒨粲, 舌下玄膺生死岸.

宅中有眞: 양구자는 이곳의 진 즉 신을 '심신心神'이라고 했으나 맥 락상 어울리지 않는다.[6] 뚜충은 수련의 결과로 얻게 되는 '양신陽神' 이라고 했다.[7] 그런 뜻의 구절이 이곳에 있을 이유가 없다. 전체적 으로 호흡과 관련된 내용을 전하고 있고, 뒤에서 혀를 말하고 있으 므로 코이거나 혀일 가능성이 높다. 『이십사생도경二十四生圖經』에 서는 몸의 24신에 관해 설명하고 있다. 이곳의 설명에 따르면 코신

---

5) 『黃庭內景玉經注』: 太素丹景經曰: 一面之上, 常欲兩手摩拭之, 高下隨形不休息. 則 通利耳目鼻之氣脈.
6) 『黃庭內景玉經注』: 眞謂心神, 卽赤城童子也.
7) 杜琮·張超中, 『黃庭經今譯·太乙金華宗旨今譯』, 40쪽.

은 청·황·적의 삼색이고 혀신은 적색이다. 이곳의 진은 혀 즉 설신일 가능성이 높다.

玄膺: 혀 아래의 침샘을 가리킨다. 간기장(제33)에는 "取津玄膺入明堂"이라는 말이 있다. 본래 침샘은 세 개가 있지만, 혀 아래에 모이기 때문에 혀 아래에서 난다고 말했을 것이다.

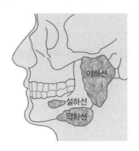

침샘의 위치

生死岸: 안岸은 물과 육지 등이 나뉘는 경계선이다. 생사가 결정되는 중요한 요체라는 뜻이다.

5) 出淸入玄, 子若遇之昇天漢.

出淸入玄: 침샘에서 나온 맑은 침을 삼켜서 다시 현응으로 들어가는 모양을 말하는 것이다.

二氣煥: 침을 삼키는 것은 결국 음양이기의 순환과 부합하고, 이기는 일월과 같다고 하였으므로 그로 인해 몸 안이 밝아진다고 말한 것이다.

天漢: 하늘의 은하. 앞의 달을 가리켰던 광한廣寒과 같다. 하늘세상을 상징한다.

至道章第七

至道不煩訣存眞, 泥丸百節皆有神. 髮神蒼華字太元, 腦神精根字泥丸,
眼神明上字英玄, 鼻神玉壟字靈堅, 耳神空閑字幽田, 舌神通命字正倫,
齒神愕鋒字羅千. 一面之神宗泥丸, 泥丸九眞皆有房, 方圓一寸處此中,
同服紫衣飛羅裳. 但思一部壽無窮. 非各別住居腦中, 列位次坐向外方.
所存在心自相當.

지극한 도는 번거롭지 않으니, 그 요체는 진인을 존사하는 데 있다. 니환
과 몸의 마디 어느 곳에나 신이 있다. 머리카락의 신은 창화로 자는 태원이
고, 뇌신은 정근으로 자는 니환이며, 눈의 신은 명상으로 자는 영현이고,
비신은 옥롱으로 자는 영견이며, 귀의 신 공한은 자가 유전이고, 혀신 통명
의 자는 정륜이며, 이빨신 악봉의 자는 나천이다. 얼굴의 신 모두는 니환을
종조로 삼는데 니환을 비롯한 구진에게는 (각자의) 방이 있다. (방은) 사방
한 치로서 (뇌부 구진은) 모두 이곳에 거처한다. (그들은) 모두 자줏빛 상의
와 바람에 날릴 듯 가벼운 치마를 입고 있다. 뇌부의 아홉 신 중 한 신만을
존사해도 수명이 무궁하다. 아홉 신은 각각 따로 무질서하게 거주하지 않
는다. (아홉 신은) 모두 머릿속에 순서대로 줄지어 앉아 밖을 향하고 있다.
마음으로 존사하면 저절로 신이 되리라.

해제 머리에 거주하는 신의 자와 이름을 설명하고 있다. 뇌부구궁에 대해
서는 말하지 않고 다만 니환이라고 표현했다. 존사수련에 도움을 주기 위
한 것으로, 앞에서 설명했던 연기煉氣법과는 별 관련이 없다. 『내경경』을
읽어 보면 몇 개로 나누고 싶은 생각이 든다. 물론 이 복잡한 문헌의 구분
은 쉽지 않은 일이지만, 여기까지를 하나의 단락으로 나누고 싶다. 『내경

경』이라는 문헌의 신성성을 말하고 황정의 위치를 설명한 후 황정수련에서 말하는 기순환을 대략 보여 주고 얼굴에 집중하고 있는 1장부터 7장까지는, 이 문헌의 총론에 해당한다. 본론에서는 체내신을 소개하고 이어서 운기법에 대해 말하고 있다.

1) 至道不煩訣存眞, 泥丸百節皆有神.

訣存眞: 결訣은 입으로 전해지는 구결을 의미한다. 기록되어 전해지는 경經과 대비된다. 그러나 이곳에서는 요체라는 뜻일 가능성이 있다. 물론 구결에 따른다고 해석될 수도 있다. 존存은 진인을 의념하는 존사수행을 말한다.

泥丸: 니환은 뇌부구신 중 하나다. 그러나 이곳에서는 뇌를 대표하는 신 즉 뇌신이다. 초기에는 뇌신을 말하다가 후에야 구궁신의 개념이 등장했다. 도교 내단수련 방면에 관한 서구의 대표적 연구자인 앙리 마스페로Henri Maspero는 니환이 니르바나의 음역이라고 했다. "니환을 문자 그대로 옮기면 진흙 환약 정도가 된다. 그런데 이와 동시에 이 말은 산스크리트어의 니르바나를 음역한 것이기도 하다."[1] 그러나『동진태상소령동원대유묘경洞眞太上素靈洞元大有妙經』에 따르면 니환은 머리의 생김새에서 연원한 것이라고 한다. "뇌궁은 둥글고 비었으며…수많은 털이 심겨져 있고 구멍에서 연기가 나며 천지의 덕을 갖추고 있고 태현과 유사하므로 니환(진흙으로 만든 공)이라고 한다."[2] 아무래도 니환이라는 이름은 니르바나에서 왔을

---

1) 앙리 마스페로,『불사의 추구』, 표징훈 옮김(서울: 동방미디어, 2000), 28쪽.
2)『洞眞太上素靈洞元大有妙經』: 腦宮具虛而適眞, 萬毛植立, 千孔生煙, 德備天地, 混

가능성이 있다. 그러나 후대에는 이 점을 잊어버렸거나 고의로 숨기려 했을 것이다. 『내경경』에는 뇌신의 위치와 생김새 등에 관한 구체적 설명이 없다. 도홍경은 『등진은결登眞隱訣』에서 이 점을 정확히 밝히려고 노력했다. 도홍경이 근거한 자료는 그가 『등진은결』의 모두에서 인용하고 있는 「현주상경소군전玄洲上卿蘇君傳」이다.

무릇 머리에는 아홉 개의 궁이 있으니, (이것을) 먼저 말하고자 합니다. (모름지기 수행에 소용되는 것이므로 먼저 그 위치를 나열합니다.) 양미간에서 위로 세 푼 들어간 곳이 수촌쌍전입니다. (⋯각이라는 것은 뒤로 물러난다는 뜻입니다.⋯왼쪽에는 청방이 오른 쪽에는 자호가 있습니다. 모두 두 신이 거주합니다.) 한 치 들어간 곳이 명당궁입니다. (왼쪽에는 명동진군이 오른쪽에는 명녀진군이 가운데는 명경신군이 있으니 모두 세 신이 거주합니다.) 두 치 들어간 곳이 동방궁입니다. (머릿속이 뚫려 있으니 동방이기는 하지만 이것이 바로 동방입니다. 왼쪽에는 무영군이 오른쪽에는 백원군이 가운데는 황로군의 모두 세 신이 있습니다.⋯) 세 치 들어간 곳이 단전궁입니다. (또한 니환궁이라고도 합니다. 왼쪽에는 상원적자제군이 오른쪽에는 제경의 모두 두 신이 거주합니다.) 네 치 들어간 곳이 유주궁입니다. (유주진신이 거주합니다.) 다섯 치 들어간 곳이 옥제궁입니다. (옥청신모가 거주합니다.) 명당에서 위로 한 치 되는 곳에 천정궁이 있습니다. (이것도 명당의 위이긴 합니다. 그러나 밖에서 한 치 들어간 곳이고, 명당의 한 치와는 부합하지 않습니다. 이마를 기준으로 하므로 동방의 위에서 세 푼 뒤로 밀리는 곳에 있다. 이 궁의 앞에는 출입문이 있는데 아래에 있는 수

同太玄, 故名之曰泥丸.

촌의 중간과 같습니다. 그곳에는 상청진녀가 거처합니다.) 동방 위로 한 치 되는 곳이 극진궁입니다. (동방궁의 위, 전면에서 이 촌 들어간 곳으로 태극제비가 거주합니다.) 단전궁의 위로 한 치 되는 곳에 현단궁이 있습니다. (위에서 세 치 들어간 곳에 있으며 현단뇌정니환현궁이라고 합니다. 중황태일진군이 거주합니다.) 유주궁의 위로 한 치 되는 곳에 태황궁이 있습니다. (태황궁의 위 전면에서 네 치 들어간 곳에 태상군후가 거주합니다.) 무릇 머리에는 아홉 개의 궁이 있습니다. (이 뒤의 여덟 궁은 각각 사방 한 치의 크기인데, 오직 명당과 수촌만이 합쳐서 사방 한 치입니다. 수촌은 다른 궁과 달리 명당의 외대궐일 뿐이기 때문입니다. 명당의 안은 상·하와 양쪽 옆은 그래도 한 치씩이지만 남북의 길이가 짧아서 칠 푼에 그칩니다. 이 구궁은 비록 모두 머리에 있지만 높고 낮음의 차이가 있습니다. 첫 번째는 옥제궁이고, 다음은 태황궁, 다음은 천정궁, 다음은 극진궁, 다음은 현단궁, 다음은 동방궁, 다음은 유주궁, 다음은 단전궁, 다음은 명당궁으로 이것이 바로 우열의 차이입니다.)[3]

---

3) 『登眞隱訣』: 凡頭有九宮, 請先說之. (方施修用, 故先列其區域.) 兩眉間上却入三分爲守寸雙田, (…却者, 却向後也…左有靑房, 右有紫戶, 凡二神居之). 却入一寸爲明堂宮, (左有明童眞君, 右有明女眞君, 中有明鏡神君, 凡三神居之.) 却入二寸爲洞房宮, (頭中雖通爲洞房, 而此是洞房之正也, 左有無英君, 右有白元君, 中有黃老君, 凡三神居之…). 却入三寸爲丹田宮, (亦名泥丸宮, 左有上元赤子帝君, 右有帝卿, 凡二神居之.) 却入四寸爲流珠宮, (有流珠眞神居之.) 却入五寸爲玉帝宮, (有玉淸神母居之.) 明堂上一寸爲天庭宮, (此又於明堂上, 於外却入一寸之中也, 非必一寸正當明堂一寸矣. 以人額既岸, 故差出三分度後洞房上, 其宮前出入之門戶, 猶下守寸之中間也, 其有上淸眞女居之也.) 洞房上一寸爲極眞宮, (上却入二寸也, 其有太極帝妃居之.) 丹田上一寸爲玄丹宮, (上却入三寸也, 一名玄丹腦精泥丸玄宮, 有中黃太一眞君居之.) 流珠上一寸爲太皇宮, (上却入四寸也, 其有太上君后居之. 凡一頭中九宮也. 此後八宮並各方一寸, 唯明堂與守寸共方一寸, 守寸非他宮, 猶明堂之外臺闕耳. 明堂之內上

	천정궁 天庭宮	극진궁 極眞宮	현단궁 玄丹宮	태황궁 太皇宮	
수촌守寸	명당궁 明堂宮	동방궁 洞房宮	니환궁 泥丸宮(丹田)	유주궁 流珠宮	옥제궁 玉帝宮

　　요약하면 뇌에는 모두 아홉 신이 거주한다. 신의 거주지는 이층으로 되어 있는데, 상부에는 네 신이 아래에는 다섯 신이 거주한다. 아래의 신은 남신이고 현단궁玄丹宮에 거주하는 신을 제외한 위의 삼신과 옥제궁玉帝宮의 신은 여신이다.

2) 方圓一寸處此中, 同服紫衣飛羅裳.

　　方圓: 형상이라는 뜻으로도 천지를 모방한 네모나고 둥근 모양이라는 뜻으로도 쓰인다. 이곳에서는 단순히 '길이'라는 뜻이다.

　　飛羅: 복식을 묘사할 때 자주 등장하는 표현이다. 가벼이 날리는 듯한 비단옷을 일컫는다.

　　下兩邊猶各一寸, 但南北爲淺, 正七分也. 此九宮雖俱處一頭, 而高下殊品, 按第一爲玉帝宮, 次太皇官, 次天庭官, 次極眞宮, 次玄丹宮, 次洞房宮, 次流珠宮, 次丹田宮, 次明堂官, 此其優劣之差也.)

2장

心神章第八

心神丹元字守靈, 肺神皓華字虛成, 肝神龍煙字含明, 翳鬱導煙主濁淸,
腎神玄冥字育嬰, 脾神常在字魂停, 膽神龍曜字威明. 六腑五臟神體精,
皆在心內運天經. 晝夜存之自長生.

심신 단원의 자는 수령이고, 폐신 호화의 자는 허성이며, 간신 용연의 자
는 함명이다. 간신은 그 기운이 농밀하여 기운을 이끌고 청탁을 주관한다.
신장의 신 현명의 자는 육영이고, 비신 상재의 자는 혼정이며, 담신 용요
의 자는 위명이다. 육부와 오장의 신은 정을 체득하고 모두 심장 안에 있
으면서 하늘 길을 따라 운행한다. 밤낮으로 육부오장신을 존사하면 절로
장생할 수 있게 되리라.

해제 이곳부터는 앞의 오장과 담을 포함하는 육장신에 관해 설명한다. 이
장에서는 그 신들이 심의 주재를 받는다는 것을 말하고 있다.

1) 心神丹元字守靈, 肺神皓華字虛成.

오장신의 이름과 자를 설명하는 대목이다. 그러나 이름 등은 확
정되어 있지 않다. 예를 들어 심장의 이름으로는 환양창燠陽昌, 대은
생大隱生 등도 있다. 『태상령보오부서太上靈寶五符序』에서는 심신의 자
가 구구呴呴라고 하고, 『태상로군중경太上老君中經』에서는 강궁絳宮
이 심신의 이름이라고 말하고 있다. 이하 다른 오장신의 경우도 마
찬가지여서 문헌마다 이름과 자에 출입이 있다.

2) 肝神龍煙字含明, 翳鬱導煙主濁淸.

翳鬱: 중지장中池章(제5)에는 "隱芝翳鬱自相扶"라는 문장이 있다. 그곳의 예울翳鬱은 간의 호칭이다. 이곳에서도 그렇게 볼 수 있다. 양구자는 단지 생명력이 넘치는 목상 즉 나무의 기상이라고 했다.[1] 어쨌든 간을 가리키는 말이다.

3) 膽神龍曜字威明.

한의학에서 담은 오장이 아닌 육부에 속한다. 한의학의 육부는 소화기관이다. 담즙을 고려하지 않고 구조만 보면 소화 과정에 직접 관련된 기관이 아닌데도 육부에 포함되어 있다는 점은 특기할 만하다. 『내경경』에서는 육부의 기운이 담을 통과해서 위로 올라간다고 보았으므로 육부를 대표하는 기관이라고 했고, 육부를 대표하기 때문에 오장신을 소개하는 중에 병기했다. 뒤의 구절이 오장육부나 육장이 아닌 육부오장인 점도 이런 점과 관련되어 있다.

4) 六腑五臟神體精, 皆在心內運天經.

神體精: 신神과 정精은 모두 기의 양상이다. 『내경경』의 신은 몸 안의 기능이 의인화된 것이고, 정은 그런 신의 물리적 양상 혹은 물리적 기반이다. 신은 정이 있어야 물리적으로 존재할 수 있고, 운행 등을 할 수 있다고 생각했을 것이다. 한의학에서는 맥을 운행하는 것이 정혈이라고 했으므로 신과 정의 관계를 밝혀 두어야 할 필요가

---

1) 『黃庭內景玉經注』: 翳鬱木象.

있었을 것이다.

心內: 샤오덩푸는 존사의 의미로 이해했다.[2] 존사와 관련되어 있음은 사실이다. 그러나 전체 맥락을 보았을 때 심장 안에 있다고 생각했을 가능성도 있다.

天經: 오장신이 운행하는 하늘길이다. 머리가 28수가 새겨져 있는 공간이라면, 심이 주재하는 천경은 그 아래에 있을 것이다. 천경을 공간적인 운행로가 아닌 일종의 법칙으로 볼 수도 있다. 즉 한의학에서 경맥의 기운이 낮밤의 변화에 따라 운행하는 것처럼, 이곳에서도 그처럼 추상적인 법칙이라는 의미로 사용되었을 가능성이 있다. 뚜총의 해석은 이에 가깝게 읽힌다.[3] 그러나 이런 해석은 앞에서 굳이 정精을 체體한다고 말한 것과 조화롭지 못하다. 오장도 목·화·토·금·수의 오행처럼 하늘 길을 운행한다는 뜻이다.

5) 晝夜存之自長生.

晝夜存之: 존存은 존사를 말한다. 주야는 밤낮으로 존사한다는 뜻으로 구위장口爲章(제3)의 "晝夜不寐乃成眞", 자청장(제29)의 "晝夜七日思勿眠"도 같은 뜻이다. 목욕장(제36)에서는『황정경』을 만 번 암송한다고 말한다. 그러나 쉬지 않고 암송해야 한다는 의미는 아니다. 앞서 인용했듯이『진고』에서는 허밀이『황정경』을 읽는 중에 다양한 사정으로 중간중간 암송을 쉬었던 흔적이 보이기 때문이다. 정성스럽게 존사해야 한다는 것을 은유적으로 표현한 것이다.

---

2) 蕭登福,『黃庭經古注今譯』, 214쪽.

3) 杜琮·張超中,『黃庭經今譯·太乙金華宗旨今譯』, 43쪽.

肺部章第九

肺部之宮似華蓋, 下有童子坐玉闕. 七元之子主調氣, 外應中嶽鼻齊位.
素錦衣裳黃雲帶, 喘息呼吸體不快, 急存白元和六氣. 神僊久視無災害,
用之不已形不滯.

폐부의 궁은 화려한 양산과 같다. 그 아래, 동자가 옥궐에 앉아 있다. 폐부
의 신은 기운의 조절을 주관하고 밖으로는 중악에 응하니 코에 대응한다.
(폐신은) 백색의 비단 옷을 입고 누런 구름 띠를 하고 있다. 헐떡거리면서
호흡하며 몸이 상쾌하지 않으면 급히 백원을 존사해서 육기를 조화시켜야
한다. (폐부의 신을 존사하면) 신선이 되어 불로장생하며 몸에 재앙이 없게
되리라. 존사수행하기를 그치지 않으면 몸에 막히는 곳이 없게 될 것이다.

해제 존사를 위해 폐부와 폐신을 묘사하고 효과를 덧붙였다. 폐가 오장 중
가장 위에 있기 때문에 먼저 기술했을 것이다. 존사의 순서와 차례에 반영
되어 있는 운기運氣의 절차를 추정해 볼 수 있다.

1) 肺部之宮似華蓋.

肺部之宮: 폐신이 거주하는 거처이므
로 궁이라고 했다.

華蓋: 화려한 산개傘蓋 즉 왕이 거동할
때 쓰던 우산 모양의 큰 가리개다. 이곳
에서는 폐의 모양을 비유했다.

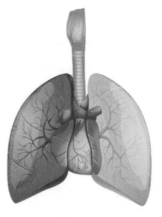

폐의 구조도

2) 下有童子坐玉闕, 七元之子主調氣.

下有童子: 『상청대동진경』에서도 폐부의 아래를 지킨다고 말하고 있다. "폐부동자의 이름은 소명이고 자는 무영으로, 늘 수행자의 폐부 아래쪽 다섯 개의 사기를 막는 문을 지킨다."[1] 이곳의 하下도 폐의 아래쪽을 가리킨다. 동자는 폐부동자일 것이다.

玉闕: 양구자는 신장의 흰 기운 즉 정기라고 보았다.[2] 앞서 보았듯이 옥지는 입이다. 침을 옥이라고 했다. 침과 신장 간의 관련성을 상기하면 옥궐은 신장이다. 폐로 보기는 어렵다.

七元之子: 양구자는 칠이 칠규를 통해 들어오는 원기라고 했다.[3] 뚜총은 서방 금수의 수가 칠인 것에 근거해서 금에 해당하는 폐를 지칭한 것이라고 했다.[4] 폐는 방위를 기준으로 서쪽에 속한다. 낙서洛書에서는 서쪽의 수에 칠을 배당한다.

이런 방향과 숫자의 대응은 1977년 안후이성 푸양阜阳현에서 발굴된 전한대 여음후묘汝陰侯墓에서 나온 '태일구궁점반太一九宮占盤'에서도 확인된다.[5] 당시에 유행한 우주 도식이었음을 알 수 있다. 이런 관념이 유행했다면, 폐를 칠과 연결시키는 것은 매우 자연스

---

1) 『上淸大同眞經』: 謹請肺部童子名素明. 字無映, 常守兆肺部之下, 五關死炁之門.

2) 『黃庭內景玉經注』: 以下言之玉闕者, 腎中白氣, 上與肺連也.

3) 『黃庭內景玉經注』: 七元七竅之外元氣也.

4) 杜琮·張超中, 『黃庭經今譯·太乙金華宗旨今譯』, 44쪽.

5) 山田慶兒, 『中國醫學の起源』(岩波書店, 1999), 287쪽 참조. 여음후묘에서는 점성술과 관련된 3종의 기물이 발굴되었다. 그것은 순서대로 1호·2호·3호라 불리는데, 1호반은 이른바 육음식반이라고 하는 것이고, 3호반은 천문기계에 해당하며, 2호반이 태일구궁점반이다. 야마다 게이지는 이 점반을 『영추靈樞』 「구궁팔풍편九宮八風篇」의 내용과 연결하여 상세히 논하고 있다.

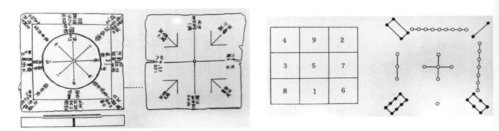

太一九宮占盤과 圖式[6] 그리고 洛書

러웠을 것이다. 『외경경』11장에서는 "天七地三回相守, 昇降五行一合九"라고 했다. 하늘의 기운이 내려오고 땅의 기운이 올라가는 양상을 낙서의 관념에 기반해서 수비적으로 표현한 것이다. 이곳에서는 다르다. 조기調氣한다는 것으로 보아 폐가 분명하다. 그런데 '칠원지자'이지 칠원이 아니다. 그렇다면 오행상생에 따라 칠원은 금을 낳은 토 즉 황정이라고 해야 한다. 황정장黃庭章(제4)에서는 황정을 칠정七莚이라고 묘사했다. 『내경경』의 칠은 칠규 혹은 황정의 구조물을 가리킨다. 칠원은 황정이다.

3) 外應中嶽鼻齊位.

中嶽: 천중장天中章(제6)에서 코를 "天中之嶽"이라고 했다. 코를 가리킨다.

齊位: 양구자는 제臍라고 하면서 제는 곤륜의 산이고 코는 칠기의 문으로 제와 코는 대응한다고 했다.[7] 몸통에서 배꼽이 튀어나온 것과 코가 튀어나온 것을 같게 본 것이다. '고를 제齊' 즉 같다는 뜻으로

---

6) 山田慶兒, 『中國醫學の起源』, 東京, 岩波書店, 1999, 287-288쪽.
7) 『黃庭內景玉經注』: 中嶽煮鼻也. 又位臍也, 臍位崑崙之山, 鼻爲七竅之門, 位猶主也.

해석해도 별 문제가 없다. 오장 중 가장 위에 있는 폐와 얼굴에서 가장 높은 코가 기능상 대응한다는 점을 말하는 것이다.

4) 喘息呼吸體不快.

喘息: 헐떡거리며 숨을 쉬는 증상이다.

5) 急存白元和六氣.

白元: 양구자는 백원이 폐를 주관한다고 말했다.[8] 뚜총은 흰색이 폐를 상징한다는 점을 근거로 백원이 폐기를 가리킨다고 말했다.[9] 백원군白元君은 앞에서 그림으로 설명했던 뇌부구궁 중 동방궁의 신이다. 동방궁은 명당궁과 단전궁의 사이에 있다. 이곳에는 좌·우·중앙에 세 신이 있다. 무영공자無英公子가 좌측을, 백원군이 우측을, 황로군黃老君이 중앙을 통치한다. 상청경의 삼기三奇(세 권의 대표 문헌) 중 하나인『동진고상옥제대동자일옥검오로보경洞眞高上玉帝大洞雌一玉檢五老寶經』에 따르면 이 세 신은 모두 태소삼원군太素三元君의 손자. 태소삼원군은 자소좌원군紫素左元君, 황소중앙원군黃素中央元君, 백소우원군白素右元君의 세 딸을 낳았다. (실은 모두 하나의 신을 나타내는 말이다.) 이들 세 여신은 다시 세 아들 즉 각각 무영공자, 중앙황로군, 백원군을 낳았다.『동진고상옥제대동자일옥검오로보경』에서는 "白元以潔寂爲入眞"이라 하고 있다. 청결하다는 것은 폐와 연결되는 관념이므로 이렇게 명명했을 가능성이 있다. 뒤에서 부연하겠

---

8)『黃庭內景玉經注』: 白元君主肺宮也.
9) 杜琮·張超中,『黃庭經今譯·太乙金華宗旨今譯』, 44쪽.

지만 간은 무영공자와 관련되어 있다. 뇌부구궁의 구도에는 체간의 구도가 반영되어 있다. 즉 명당은 심장, 니환은 단전과 대응한다. 명당과 니환 사이에 있는 동방궁은 토부인 비장과 관련되어 있을 수 있다. 후대 내단의 도식에 따르면 간과 폐는 각각 양기와 음기를 상징한다. 백원군과 무영공자는 그런 내단 도식의 원형일 것이다. 주지하듯이 오행은 자모관계로 설명된다. 간목의 자는 심화이고 폐금의 자는 신수이므로 간과 폐의 결합은 심신의 결합을 상징한다. 따라서 백원군은 폐 혹은 신을 상징한다. 혹은 백원과 우영공자가 황정을 중심으로 좌신과 우신을 상징한다고 하면, 백원군은 우신에 해당한다. 좌신과 우신의 결합은 후에 심신의 결합이라는 개념으로 전환되었을 것이다.

六氣: 『좌전左傳』에서는 "陰陽風雨晦明"을 가리킨다고 하는데, 이곳에서는 다르다. 특정한 소리를 내면서 호흡하는 육자결六子訣의 호흡법과 관련된 것일 수도 있다. 확정하기는 어렵겠으나, 호흡을 통해 몸 안으로 들어오는 천지사방의 기운을 가리킬 것이다.

心部章第十

心部之宮蓮含華, 下有童子丹元家. 主適寒熱榮衛和, 丹錦飛裳披玉羅,
金鈴朱帶坐婆娑. 調血理命身不枯, 外應口舌吐玉華. 臨絶呼之亦登蘇,
久久行之飛太霞.

심부의 궁은 연이 꽃을 머금고 있는 모양으로 아래에는 단원가라는 동자
가 있다. 한열을 조절하고 영기와 위기를 조화롭게 한다. (단원가는) 붉은
비단 치마를 입고 옥라를 걸쳤다. 금방울을 달고 붉은 띠를 하고 아름답고
단정한 모습으로 앉아 있다. 혈기를 조절하고 수명을 관리하여 몸(의 생명
력)이 시들지 않게 하고, 밖으로는 입과 혀에 응하며 옥화를 토해 낸다. 절
명할 순간에 (심신을) 부르면 또한 곧 소생하고, 오랫동안 존사하면 하늘
로 날아오를 수 있다.

해제 심장과 심신을 묘사하고 효과를 덧붙였다. 위에서 아래로 볼 때 폐 다
음이 심장이므로 순서에 따라 심장을 설명했다.

1) 心部之宮蓮含華.
蓮含華: 심장의 모습을 연꽃의 꽃봉오리에 비유한 말이다.

2) 下有童子丹元家.
단원丹元은 심신의 이름이다. 심신장(제8)에 "心神丹元字守靈"이
라고 나온다. 육장 중에서도 심·폐·간에만 하下라는 표현을 쓰고 있
다. 심·간·폐를 하나로 묶어야 할 필요성이 있었을 것이다. 그 원인
을 정확히 알 수는 없으나, 백원군과 무영공자의 결합으로 상징되

는 음양의 결정과 연관되어 있을 것이다. 즉 간과 폐 아래의 좌신과 우신을 염두에 두었을 것이다. 그렇다면 심은 아래의 황정 즉 중앙 황로군과의 관계를 생각해서 '하'라고 표현했을 가능성이 있다.

3) 主適寒熱榮衛和.

主適寒熱: 심장이 혈관을 관장하며 정혈의 순환을 조절함으로써 한열을 조절할 수 있다는 뜻이다.

榮衛: 영기榮氣와 위기衛氣를 말한다. 영기는 경맥의 내부를, 위기는 외부를 지나면서 호위하는 역할을 하는 기운이다. 몸의 기운이 조화를 이룬다는 뜻이다.

4) 丹錦飛裳披玉羅.

飛裳: 가볍고 가는 실로 짠, 마치 날아갈 듯한 느낌이 나는 치마.

玉羅: 옥빛의 실로 짠 옷.

5) 金鈴朱帶坐婆娑.

金鈴: 유금화령流金火鈴이라고 한다. 도사의 용품 중 하나로 귀신을 쫓아내는 데 사용하는 방울이다. 도사들은 의례에서 이 방울을 흔들면서 불이 멀리 흩어져 귀신을 쫓아내는 것을 상상한다. 옆의 도상에 보이는 종이 유금화령이다.

婆娑: 가볍게 돌면서 춤을 추는 모양이다.

流金火鈴圖

자태가 아름다움을 묘사한 것이다.

6) 外應口舌吐玉華.

玉華: 양구자의『황정내경옥경주』에는 "五華"로 되어 있다.1) 그는 오화를 오장의 기운으로 보는데, 오화라고 하면 오장의 기운이라는 뜻이 비교적 명확해진다. 상유장上有章(제2)에 "灌漑五華植靈根"이라는 구절이 있고, 폐지장肺之章(제34)에도 "調理五華精髮齒"라는 표현이 나온다. 오화는 오장의 기운이다. 옥화를 굳이 오화로 바꿀 필요는 없다. 입과 관련된 맥락이고 침을 옥액이라고 하고 있으므로 옥화라고 해도 문제가 없다.

7) 臨絕呼之亦登蘇, 久久行之飛太霞.

登蘇: 곧바로 소생한다.

太霞: 갖가지 색으로 물든 노을을 말한다. 이곳에서는 하늘을 비유했다.

---

1)『黃庭內景玉經注』: 外應口舌吐五華.

肝部章第十一

肝部之宮翠重裏, 下有青童神公子. 主諸關鏡聰明始, 青錦披裳佩玉鈴. 和制魂魄津液平, 外應眼目日月精. 百疴所鐘存無英,[1] 同用七日自充盈. 垂絕念神死復生, 攝魂還魄永無傾.

간부의 궁은 비취색으로 두 겹으로 되어 있다. 아래에는 청색의 동자, 신공자가 있다. 간부는 눈을 주관하니 총명이 간으로부터 말미암는다. 푸른 비단 치마를 두르고 옥방울을 찼다. 혼백을 조화롭게 제어하고 진액을 안정시킨다. 밖으로는 눈과 응하니 (간이 건강하면 눈이) 해와 달처럼 정미롭다. 온갖 병이 발병하면 무영공자를 존사하라. 마찬가지로 (잠을 자지 않고) 칠 일간 존사하면 (정기가) 저절로 (몸 안에) 그득해진다. 절명할 때에 (무영공자를) 존사하면 죽었던 사람이라도 다시 소생한다. (무영공자를 존사하면) 혼을 쥐고 백을 돌아오게 하여 오랫동안 (수명이) 기울어지지 않는다.

해제 순서에 따라 세 번째로 간에 관해 설명하고 있다. 간의 생김새를 말하고 간부를 담당하는 무영공자를 묘사한 후 무영공자를 존사하는 효과를 말하고 있다.

1) 肝部之宮翠重裏.

翠重裏: 간의 모양을 묘사한 것이다. 간은 적갈색인데, 표면이 푸

---

1)『洞眞高上玉帝大洞雌一玉檢五老寶經』에 따르면 자소원군의 아들이다. 紫素元君者, 則是左無英之母也. 간을 좌측의 신인 무영에 배당한 것은 폐를 우측에 배당한 앞의 설명과 상응하는 점이 있다. 무영은 간의 신이 아님에도 불구하고 간과 관련된 증상에서 뇌부의 신을 존사했다는 것으로부터 뇌부와 체간이 구조적으로 연결되어 있을 가능성을 생각해 볼 수 있다.

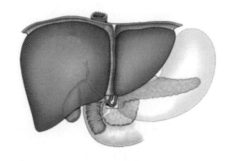

간의 구조도

른빛을 띠면서 매끈한 느낌이 난다. 비취색이라고 한 까닭이다. 겹으로 싸였다고 한 것은 간이 좌엽과 우엽으로 되어 있기 때문이다.

2) 下有靑童神公子.

神公子: 신공자는 무영공자의 이명 중 하나다.[2] 무영공자는 폐부장肺部章(제9)에서 보았던 백원공과 함께 뇌부구궁 중 하나인 동방궁의 좌우를 지키는 신이다. 『상청대동진경』에는 왼쪽의 무영공자 현충숙玄充叔은 자가 합부자合符子로 늘 수행자의 왼쪽 옆구리 아래, 간의 뒷문 즉 사기死氣가 드나드는 문을 지킨다는 말이 있다.[3]

3) 主諸關鏡聰明始, 靑錦披裳佩玉鈴.

關鏡: 삼관장(제18)에 따르면 삼관은 손·발·입이다. 그러나 이곳의 관은 눈을 가리킨다. 눈이 밖을 비추므로 경鏡이라고 했다. 한의학

---

2) 『上淸衆經諸眞聖祕』: 左無英公子者, … 又一名元素君, 神公子.
3) 『上淸大同眞經』: 左無英公子玄充叔, 字合符子, 常守兆左腋之下, 肝之後戶死氣之門.

에서도 간과 눈을 연결시켜서 설명한다.

靑錦: 간의 색을 묘사한 말이다. 적갈색이지만 맑고 깨끗하므로 비취색 혹은 청색이라고 묘사했다. 기운을 본 것이므로 이렇게 말할 수 있다.

玉鈴: 심부장心部章(제10)에 나왔던 금령金鈴과 같다. 유금화령으로 도사들이 귀마를 쫓기 위해 사용하는 법기다. 이것을 흔들면서 마치 불꽃이 널리 퍼져 나가 귀마를 태우는 듯한 상상을 한다.

4) 和制魂魄津液平, 外應眼目日月精.

魂魄: 한의학에서는 간-혼·폐-백으로 대응시킨다. 도교 문헌에서는 혼을 긍정적인 것으로 백을 부정적인 것으로 평가하기도 한다. 이곳에서는 혼백의 가치 차이를 구분하지 않고 사용했다.『외경경』에서 말했듯이 도교에서는 혼백의 이산을 막는 진혼고백鎭魂固魄의 수행법이 널리 받아들여지고 있었다.

日月精: 눈과 일월을 대응시키는 것은 일관되게 확인되는 관념이다. 양구자의『황정내경옥경주』에는 精이 "淸"으로 되어 있다. 의미의 차이는 크지 않다.

5) 百疴所鐘存無英, 同用七日自充盈.

無英: 앞에서 이미 설명했다. 자소원군의 아들이다. 간을 좌측의 신인 무영에 배당한 것은 폐를 우측에 배당한 앞의 설명과 상응하는 점이 있다. 무영은 간의 신이 아님에도 불구하고 간과 관련된 증상에서 뇌부의 신을 존사했다는 것으로부터 뇌부와 체간이 구조적으로 연결되어 있음을 알 수 있다.

同用: 양구자는 오장의 제신을 함께 존사한다는 뜻이라고 해석했다.[4] 자청장(제29)에서는 "晝夜七日思勿眠"이라고 했다. 주야로 잠을 자지 않고 존사한다는 뜻이다. 이곳에서 동同을 쓴 것은 자청장과 같다는 뜻이다. 그렇다면 본래 자청장이 이 장보다 앞에 왔어야 할 것이다. 현재의 『황정경』 체제에도 변화가 있었을 것이다.

6) 垂絕念神死復生, 攝魂還魄永無傾.

垂絕: 죽음에 임한 때를 말한다.

攝魂還魄: 혼백이 흩어지는 것이 죽음을 의미하므로 역으로 혼백을 고정시킨다는 뜻이다.

---

4) 『黃庭內景玉經注』: 五臟兼存, 故言同用.

腎部章第十二

腎部之宮玄闕圓, 中有童子冥上玄. 主諸六腑九液源, 外應兩耳百液津, 蒼錦雲衣舞龍幡. 上致明霞日月煙, 百病千災急當存. 兩部水王對生門, 使人長生昇九天.

신부의 궁은 검고 높으며 둥글다. 속에는 동자, 명상현이 있다. 육부를 주관하며 구액의 근원이기도 한데, 밖의 두 귀 그리고 온갖 진액과 응한다. (명상현이 입고 있는) 푸른 비단옷에는 구름 문양이 새겨져 있고 춤추는 용이 나부끼고 있다. (명상현을 존사하면) 위로 해와 달의 기운이 있는 하늘에 이를 수 있다. 온갖 병이 발생하거나 재앙이 있으면 마땅히 급히 존사해야 한다. 두 신장은 배꼽을 마주하고 있다. (신장의 신은) 수행자로 하여금 장생하여 구천에 오르게 한다.

해제 신장신의 존사를 위해 신장과 신장신을 묘사하고 있다. 신장은 오장 중 가장 아래에 있으므로 맨 뒤에 말해야 하지만, 비장의 중요성 때문에 먼저 소개했을 것이다. 『내경경』의 체내신은 호흡과 존사수행의 이중적 맥락에서 묘사되고 있다.

1) 腎部之宮玄闕圓, 中有童子冥上玄.

玄闕圓: 신장의 모양과 색을 묘사했다. 신장은 짙은 적갈색이므로 검다고 표현했고 높기 때문에 궐이라고 했다. 그리고 강낭콩 모양을 빗대어 둥글다고 말했다.

中有: 폐·심·간에서는 하下라고 했는데, 이곳의 신 그리고 아래의 비·담에서는 중中이라고 했다.

冥上玄: 심신장(제8)에서는 신장신의 이름을 현명玄冥으로 자를 육영育嬰이라고 했다. 양구자는 "신장은 하현으로 그 신은 현명이며 자는 육영이다. 심은 상현으로 상현은 아득히 멀지만 기가 신장과 이어져 있으므로 명상현이라고 한다"[1]고 했다.

2) 主諸六腑九液源, 外應兩耳百液津.

六腑: 신장은 몸의 찌꺼기를 걸러 내기 때문에 소화기관인 육부를 주관한다고 말했을 것이다.

九液: 육부와 대비된다. 육부는 일상적 소화를 거친 것이고, 구액은 감관을 통해서 들어온 천기다. 그것이 몸속에 있기 때문에 진액이라고 표현했다. 지기와 천기의 모든 액을 주관한다는 뜻이다.

外應兩耳: 한의학에서도 신장은 귀에 응한다.

百液津: 몸의 모든 진액을 이르는 말이다.

3) 蒼錦雲衣舞龍幡.

雲衣: 양구자는 신장의 푸른빛을 띠는 막을 묘사한 것이라고 해석했다.[2]

舞龍幡: 번幡은 반蟠의 가차假借다. 결국 춤을 추는 용이 둥글게 휘감고 있는 모양이다.

---

1) 『黃庭內景玉經注』: 腎爲下玄, 其神玄冥, 字育嬰. 心爲上玄. 上玄幽遠, 氣與腎連, 故言冥上玄.
2) 『黃庭內景玉經注』: 雲衣, 腎膜之象也.

4) 上致明霞日月煙, 百病千災急當存.

明霞: 구위장(제3)의 "廣寒"이나 천중장(제6)의 "天漢"과 같다. 모두 하늘의 일부를 언급하지만 결국 천계天界를 가리키는 말이다.

日月煙: 양구자는 신기가 충족되면 이목이 총명하고 음양이 쇠하지 않으니 비유적으로 묘사한 것이라고 했다.[3] 승천했을 때 보이는 장면을 묘사한 것으로 해와 달의 기운 즉 체내의 음양의 기운을 나타낸다.

5) 兩部水王對生門, 使人長生昇九天.

兩部水王: 두 개의 신장을 가리킨다. 물을 주관한다고 해서 붙여진 이름이다.

生門: 배꼽. 상유장(제2)에 나왔다.

九天: 하늘을 가리킨다. 구천설九天說은 도교의 우주관을 대표한다.『용교경龍蹻經』과『상청외국방품청동내문경上淸外國放品靑童內文經』등에 따르면 하늘은 구층으로 되어 있다고 한다. 아홉 개의 하늘이 각각 세 개씩의 하늘을 낳으므로 총 27+9개의 하늘이 있다. 뇌부구궁을 가리키기도 한다. 이중적이다.

---

3)『黃庭內景玉經注』: 腎氣充足, 耳目聰明, 陰陽不衰.

脾部章第十三

脾部之宮屬戊己, 中有明童黃裳裏, 消穀散氣攝牙齒. 是爲太倉兩明童,
坐在金臺城九重, 方圓一寸命門中. 主調百穀五味香, 辟卻虛羸無病傷.
外應尺宅氣色芳, 光華所生以表明. 黃錦玉衣帶虎章. 注念三老子輕翔,
長生高僊遠死殃

비부의 궁은 무기에 속한다. 속에는 누런 속치마를 입은 신명한 동자가 있
다. (이 신은) 곡식을 소화시키고 (소화를 통해 몸으로 들어온) 기를 소화시키
고 치아를 관장한다. 이 비궁의 신을 태창과 짝하는 명동이라고 한다. (비
궁의 신은) 길이가 한 치 되는 아홉 겹으로 둘러싸인 성의 금대에 있다. 이
곳은 명문에 해당한다. (이 신은) 온갖 곡식의 소화와 오미의 향을 주관한
다. (소화를 잘 시켜서) 몸이 허약해지지 않게 하고 병이나 몸이 상하는 일이
없게 한다. (비장은) 얼굴과 상응하고 (비장의 기능이 좋으면) 낯빛이 향기롭
고 빛이 나서 얼굴에 윤기가 반짝인다. (비장의 신은) 누런 옥같이 매끄러운
비단옷을 입고 호장을 둘렀다. 비장에 거주하는 세 신을 존사하면 가벼이
날아오를 수 있고, 장생하여 선계의 높은 신선이 되며 죽음을 멀리할 수
있다.

해제 비장의 생김새와 기능을 설명한 후 그 효과를 말하고 있다. 한의학에
서 말하는 비장의 기능 즉 소화를 신화적으로 묘사하고 있다.

1) 脾部之宮屬戊己, 中有明童黃裳裏.

戊己: 무기는 오행의 토 즉 중앙에 해당한다. 비장이 오장의 중앙
임을 언급한 것이다.

黃裳裏: 비장 즉 이자는 속이 노란색이기 때문에 이처럼 말했다.

2) 消穀散氣攝牙齒, 是爲太倉兩明童.

消穀散氣: 곡식을 소화시키는 비장의 기능을 말한 것이다.

太倉: 위胃.

兩明童: 양구자는 명동을 비장의 신이라고 했다.[4] 비가 위와 대응
한다는 점을 근거로 양명동이라고 했을 것이다.

3) 坐在金臺城九重, 方圓一寸命門中.

金臺城九重: 췌장의 머리 부분이 십이지장에 둘러 싸여 있는 모양
을 묘사한 것이다.

命門: 명문이 처음 보이는 문헌은『황제내경』이다.『영추靈樞』「근
결根結」에서 명문은 눈이다.[5] 이후『난경』「삼십육난」에서는 우측
의 신장이라고 했다.[6] 명대 의학자인 조헌가는 두 신장 사이의 동기
動氣라고 했다.『난경』「육십육난」에서는 조헌가가 말한 동기를 원原
이라고 했다.[7]『난경』「이십팔난」에서 말하는 관원關元이「육십육
난」의 원原을 가리키는지는 분명하지 않지만, 가능한 해석이다.『상
청대동진경』에서는 명문도군이 배꼽 속의 관을 지킨다고 말하고
있다.[8] 간기장(제33)에서는 "七玄英華開命門, 通利天道存玄根"이라고

---

4)『黃庭內景玉經注』: 此明童謂脾神.

5)『靈樞』「根結」: 太陽根于至陰, 結于命門, 命門者, 目也.

6)『難經』「三十六難」: 腎兩者, 非皆腎也, 其左者爲腎, 右者爲命門.

7)『難經』「六十六難」: 然, 臍下腎間動氣, 人之生命也, 十二經之根本也, 故名曰原.

8)『上淸大同眞經』: 謹請命門桃君孩道康, 字合精延, 常守兆臍中之關.

말한다. 이때의 명문은 생문 즉 배꼽이다. 따라서 이곳의 명문중命門 中은 명문의 속 즉 배꼽 뒤쪽으로 추정된다.

4) 主調百穀五味香, 辟卻虛羸無病傷.

百穀: 온갖 곡식.

辟卻虛羸: 비장은 곡식의 소화를 담당하며 결단結丹의 장소이기도 하다. 이곳에서는 소화의 기능을 말하고 있다.

5) 外應尺宅氣色芳, 光華所生以表明.

尺宅: 천중장(제6)의 영택靈宅과 같다. 얼굴을 가리킨다.

6) 黃錦玉衣帶虎章.

虎章: 중지장(제5)의 호부虎符와 같다. 신의 지위를 나타내는 징표다.

7) 注念三老子輕翔, 長生高僊遠死殃.

注念: 존사의 다른 표현이다.

三老: 비장장(제15)에는 "三老同坐各有朋"이라는 구절이 보인다. 삼로에 관해서는 설이 분분하다. 양구자는 황정궁의 상원로군上元老君·중현로군中玄老君·하황로군下黃老君을 가리킨다고 했다.[9] 그는 황정을 몸의 상·중·하 세 곳에 좌정한다. 잘못된 견해이지만 황정에 세 신이 거주한다는 것은 사실이다. 앞에서 보았듯이 간과 폐는 동방궁

---

9) 『黃庭內景玉經注』: 三老謂元老, 玄老, 黃老之君也.

에 있는 두 신과 대응한다. 이곳의 삼로는 황정에 머무는 동방궁의 세 신 즉 무영공자와 황로군 그리고 백원군을 가리킨다고 볼 수 있다. 이로써 분명해진 점이 있다. 동방이 황정에 대응한다는 것과 황정이 니환 즉 단전보다는 위에 있다는 점이다. 『외경경』의 단전은 배꼽 뒤였으나 『내경경』의 단전은 배꼽보다 아래쪽이다.

　子: 수행자를 이르는 말이다. 『상청대동진경』에서는 수행자를 조兆라고 칭한다.

膽部章第十四

膽部之宮六腑精, 中有童子曜威明. 雷電八振揚玉旌, 龍旗橫天擲火鈴.
主諸氣力攝虎兵, 外應眼童鼻柱間. 腦髮相扶亦俱鮮, 九色錦衣綠華裙,
佩金帶玉龍虎文. 能存威明乘慶雲, 役使萬神朝三元.

담부의 궁은 육부의 정을 관장한다. 담에는 이름이 요이고 자가 위명인 동
자신이 있다. (이 신은) 팔방으로 천둥번개를 치고 옥으로 된 깃발을 휘날
린다. 용 문양의 깃발이 하늘에 펄럭이며 불을 뿜는 유령화금을 흔든다.
모든 기력을 주관하며 (그 위력은) 호랑이 같은 용사를 부린다. 밖으로는 눈
동자와 콧대 사이에 응한다. (담의 신은) 선명한 머리털이 곤두서 있다. 아
홉 색깔 비단으로 된 윗옷과 푸른색 화려한 치마를 입고 있다. 금옥으로 된
띠를 차고 있는데 띠에는 용호의 문양이 있다. 위명을 존사할 수 있으면
상서로운 구름을 타고 올라 온갖 신을 부리고 삼원을 알현할 수 있다.

해제 담과 담신을 묘사하고 그 효과를 말하고 있다. 담은 육부의 정기를
간으로 전달하는 기능을 한다.

1) 膽部之宮六腑精, 中有童子曜威明.

六腑精: 『외경경』뿐만 아니라 『내경경』에도 육부의 신이 따로 묘
사되어 있지 않다. 『내경경』편집자들은 담관이 십이지장 그리고 간
과 연결되어 있기 때문에 육부의 정을 관장한다고 생각했을 것이다.

曜威明: 요曜는 담신의 이름이고 위명威明은 자이다. 심신장(제8)에
서는 "膽神龍曜字威明"이라고 했다.

2) 雷電八振揚玉旌, 龍旗橫天擲火鈴.

雷電八振: 담신의 위력을 상징적으로 묘사한 것이다.

火鈴: 심부장(제10)의 금령, 간부장肝部章(제11)의 옥령과 같다. 유금화령으로 귀신을 쫓아내는 도사의 방울이다.

3) 主諸氣力攝虎兵, 外應眼童鼻柱間, 腦髮相扶亦俱鮮.

虎兵: 『내경경』편집자들은 담이 육부의 기운을 간에 전달하는 기능을 한다고 본 듯하다. 또한 육부의 아래쪽을 땅 혹은 물로 그 위를 하늘로 머리를 천상으로 보았다. 담은 기운이 상행하는 시작점이다. 그러므로 기운을 주관하고 호랑이 같은 용사를 제어할 정도라고 말했다.

腦髮相扶: 머리칼은 담의 상징이다. 양구자는 사람이 진노하면 두발이 관을 뚫고 나온다고 해석했다.[1] 담신을 묘사한 것이다.

4) 九色錦衣綠華裙, 佩金帶玉龍虎文.

綠華裙: 양구자는 녹화綠華가 담관의 색을 나타낸다고 했다.[2] 실제로 담은 녹색을 띤다.

龍虎文: 금옥으로 만들어진 띠에 새겨진 문양이다.

5) 能存威明乘慶雲, 役使萬神朝三元.

三元: 양구자는 삼원군이 삼청에 거처한다고 했다.[3] 삼원군은 삼청에 각각 거주하는 원시천존元始天尊·옥신대도군玉晨大道君·태상로군太上老君이다.

---

1) 『黃庭內景玉經注』: 人之震怒, 髮必衝冠.
2) 『黃庭內景玉經注』: 綠華裙者, 膽膜之象.
3) 『黃庭內景玉經注』: 三元道君, 各處三淸上.

脾長章第十五

脾長一尺掩太倉. 中部老君治明堂, 厥宇靈元名混康, 治人百病消穀粮
黃衣紫帶龍虎章, 長精益命賴君王. 三呼我名神自通, 三老同坐各有朋,
或精或胎別執方. 桃孩合延生華芒. 男女徊九有桃康, 道父道母對相望,
師父師母丹玄鄉, 可用存思登虛空. 殊途一會歸要終. 閉塞三關握固停,
含漱金醴吞玉英, 遂至不飢三蟲亡. 心意常和致欣昌, 五嶽之雲氣彭亨.
保灌玉盧以自償, 五形完堅無災殃

비장은 길이가 한 척으로 태창에 가려져 있다. 중부로군이 황정을 다스리
고 있다. 비장 신의 자는 영원이고 이름은 혼강이다. 온갖 질병을 치료하
고 곡식을 소화시킨다. 노란 옷에 자줏빛 띠와 용호의 부록을 차고 있다.
정기를 기르고 명을 늘리는 일은 중부로군에 의존한다. 세 번 이름을 부르
면 신이 저절로 감응한다. 삼로군이 함께 앉아 있는데 각각 짝이 있다. (삼
로군은) 혹은 정을 혹은 태를 관장하여 각기 따로 담당하는 것이 있다. 명문
도군 해도강의 자는 합정연으로 빛이 난다. 명문도군인 도강은 남녀의 교
접을 책임진다. 도부와 도모는 서로 마주하여 있고 사부와 사모는 단현향
에 있다. (방중에서 행하는 것처럼) 이들 도부·도모 등을 존사하면 천계에 오
를 수 있다. 길은 다르지만 모두 '결단結丹'이라는 요처에 귀착한다. 수·족·
구의 삼관을 막고 손을 꽉 쥐고 숨을 멈춘 채 침을 천천히 굴려 삼키면 마
침내 배가 고프지 않게 되고 삼시충을 죽게 만들 수 있다. 마음이 항상 조
화롭고 유쾌해지며 오장의 기운이 가득해진다. 이때 호흡을 통해 기운을
목구멍으로 흘려보내 보충하면 몸이 온전해지고 재앙이 없게 된다.

해제 몸 안에서 결단結丹하는 내용을 설명하고 있다. 결단은 삼로군 중 백

원군과 무영공자의 결합이기도 하다. 이것을 방중술의 존사 대상인 도부와 도모 그리고 사부와 사모의 결합에 비유하고 있다. 이것이『내경경』전체와 조화롭게 해석되어야 한다면,『내경경』은 원시적 내단술을 소개하는 문헌이고 존사는 이런 원시적 내단술의 수행을 위한 부수적 양생술이라고 말할 수도 있을 것이다.

1) 脾長一尺掩太倉, 中部老君治明堂.

脾長一尺掩太倉: 양구자는 비脾가 위胃의 위에 있다고 했다. 지라로 본 듯하다.[1] 그러나 크기가 다르다.『황제내경』과『난경』의 기록에 의하면 위의 길이는 2.6척이고 크기는 1.5척, 너비는 5촌이다.[2] 췌장 즉 이자의 크기는 대략 12~20cm다. 후한에서 육조에 이르는 시기에 한 척은 23~24cm다.[3]『난경』에서는 비장의 크기를 편광扁廣 3촌, 장長 5촌이라고 하고 있다. 이것은 지라의 크기인 길이 13cm 미만, 너비 5cm 미만과 부합한다.『난경』에서 말하는 것은 췌장이 아닌 지라다. 이곳의 비는 20cm 이상이어야 한다. 따라서 지라가 아니다. 췌장 즉 이자의 길이가 비교적 이곳에서 말하는 1척과 근사하다.『황제내경』에서는 지라와 이자를 분명하게 구분하지 않은 채 그저 비장이라고 통칭했다. 이곳에서도 마찬가지다.『황정경』저자들도 위의 뒤에 붙어 있는 췌장과 위에 붙어 있는 지라를 정확히 구분하지 못했

---

1)『黃庭內景玉經注』: 太倉, 胃也. 中黃經云: 胃爲太倉君. 元陽子曰: 脾正橫在胃上也.

2)『靈樞』「腸胃」: 胃紆曲屈, 伸之, 長二尺六寸, 大一尺五寸, 徑五寸;『難經』「四十二難」: 胃大一尺五寸, 徑五寸, 長二尺六寸.

3) 김상보·나영아,「古代 韓國의 度量衡 考察」,《東아시아食生活學會誌》4권 1호(1994), 7쪽.

거나 혼동한 것으로 보인다. 앞에서 췌장을 말했으므로 이곳에서는
지라를 언급해야 할 듯하지만, 확인할 수 있듯이 그렇지 않다. 태창
즉 위에 가려져 있다고 했으므로 이곳의 비는 췌장임에 틀림없다.

　中部老君: 천중장(제6)의 주석에서 밝혔듯이 상청파는 몸을 머리의
상, 목과 오장을 위주로 하는 중, 육부를 중심으로 아래는 하로 봤
다. 구체적인 내용은 다르지만 셋으로 봤다는 점은 같다. 이런 관점
에서 비장을 중부에 속한다고 보았기 때문에 중부로군이라고 했을
가능성이 있다. 앞에서 보았듯이 간은 무영공자가 폐는 백원군이 지
킨다. 실은 이 두 신은 뇌부구중 중 하나인 동방궁의 좌우신인데 동
방궁의 중앙신은 중앙황로군이다. 이들은 자소좌원군紫素左元君·황
소중앙원군黃素中央元君·백소우원군白素右元君의 아들이고, 이들 세 여
신은 태소삼원군太素三元君의 딸이다. 중부로군을 중앙황로군으로
보면 비장이 동방궁과 대응한다고 할 수 있다.

　明堂: 왕이 정사를 행하는 곳이다. 일반적으로는 심장을 가리킨다.
양구자는 머리에 있는 구궁 중 하나인 명당과 호응하는 것이라고
보았다.[4] 가능한 해석이다. 그러나 뇌부구궁 중 하나인 명당궁을 다
스리는 신은 왼쪽의 명동진군明童眞君, 오른쪽의 명녀진군明女眞君,
가운데의 명경신군明鏡神君이다. 이곳의 중부로군은 백원군이나 무
영공자와 함께 동방궁의 신이자 체간을 다스리는 신이다. 중앙황로
군 즉 중부로군은 심장이 아닌 황정의 신이다. 그러나 이곳의 명당
은 심장일 것이다. 두 가지 근거가 있다. 먼저, 앞서 보았듯이 육장신
을 소개할 때 신이 아래에 있다고 하는 경우가 세 번 있었다. 간·폐·

---

4) 『黃庭內景玉經注』: 脾黃庭之宮也. 黃者, 老君之所治, 上應明堂, 明堂眉間入一寸是也.

심이다. 이것은 각기 무영공자·백원군·중앙황로군과 대응한다. 그렇다면 중앙황로군이 다스리는 것은 심장이라고 할 수 있다. 두 번째 근거는『내경경』의 용법이다.『내경경』에는 명당이 이곳 말고도 모두 세 번 보인다.5) 황정 즉 비장이라고 확신할 수 있는 사례는 없다. 치治라는 자도 어울리지 않는다.『내경경』에서 치가 특정한 곳의 신이 그곳을 다스린다는 뜻으로 사용된 경우는 없다. 치는 단순히 다스린다는 뜻으로 사용된다. 예를 들어, 상념장常念章(제22)에서 "六腑修治勿令故"라 했고, 경실장瓊室章(제21)에서는 "寸田尺宅可治生"이라고 했다.『황정경』의 중부로군이 심장을 다스린다는 뜻으로 해석할 수 있다. 명당은 심장이다.

2) 厥字靈元名混康, 治人百病消穀粮.

靈元名混康: 영원靈元과 혼강混康은『외경경』이나『상청대동진경』에 보이지 않는다. 양구자는 대장이라고 보았다.6) 엉뚱한 해석이다. 췌장신에 관한 설명이어야 한다.

3) 黃衣紫帶龍虎章, 長精益命賴君王.

黃衣: 비장은 토에 해당하는데다가, 췌장은 속이 노란색으로 밖에서 보기에도 이런 색이 비친다.

君王: 비장의 신인 혼강을 말한다.

---

5)『太上黃庭內景玉經』: 左神公子發神語, 右有白元併立處, 明堂金匱玉房間, 上淸眞人當吾前; 肝氣章第三十三: 取津玄膺入明堂, 下漑喉嚨神明通; 隱藏章第三十五: 五臟六腑神明主, 上合天門入明堂.

6)『黃庭內景玉經注』: 脾磨食消, 內外相應, 大腸爲胃之子, 混元而受納之康安.

4) 三老同坐各有朋.

三老: 뇌부구궁 중 하나인 동방궁의 세 신 즉 백원군·무영공자·중앙황로군이다. 앞의 폐부장(제9)과 간부장(제11)에서 확인할 수 있듯이『내경경』편집자들은 이들이 체간에도 병존했다고 보았다. 상청파는 신들이 분할되거나 하나로 통합될 수 있다고 보았으므로 이들이 각기 다른 곳에 존재하는 것도 자연스럽다. 비부장(제13)에서도 "注念三老子輕翔"이라고 했다. 비부장과 비장장은 모두 비장에 관해 기술하고 있다.

各有朋: 체간의 삼로군이 동방궁의 세 신 즉 무영공자와 황로군 그리고 백원군과 호응한다는 즉 본래는 하나라는 뜻으로 해석할 수 있다.

5) 或精或胎別執方, 桃孩合延生華芒.

或精或胎別執方: 결단結丹을 설명하고 있다. 정精은 남자를 태胎는 여자를 상징한다.

桃孩合延:『태상황정내경옥경』에는 孩가 "核"으로 되어 있다. 그러나 양구자본에는 "孩"로 되어 있다.[7] 무엇보다『상청대동진경』에도 "孩"로 되어 있다. 이곳에서도 孩를 따른다.『상청대동진경』에 따르면 도해합연桃孩合延은 명문의 도군인 도강桃康이다.[8] 비부장(제13)에서는 "方圓一寸命門中"이라고 했다. 명문은 황정보다 앞에 있다. 도해합연의 명문도군이 황정에서 결단해서 만들어진다고 여겼을

---

7)『黃庭內景玉經注』: 桃孩, 陰陽神名, 亦曰伯桃.
8)『上清大同眞經』: 謹請命門桃君孩道康, 字合精延, 常守兆臍中之關.

수도 있다. 혹은 명문이 배꼽부터 배꼽 뒤까지를 가리킨다고 해석할 수도 있다. 『황천상청금궐제군령서자문상경皇天上淸金闕帝君靈書紫文上經』에서는 방중을 행할 때 수반되어야 하는 존사법을 설명하고 있는데, 명문도강도 존사의 대상 중 하나다.[9] 방중을 관할한다.

華芒: 빛.

6) 男女徊九有桃康, 道父道母對相望, 師父師母丹玄鄕.

徊九: 몸의 신을 모두 섞는다는 뜻이다. 『상청대동진경』에서 여러 신을 각각 존사한 후 최종적으로 회풍혼합 즉 회오리바람을 일으켜 섞어서 하나로 만드는 과정과 유사하다. 방중의 이미지를 빌려서 묘사했을 뿐이다. 구九는 몸의 여러 신을 총괄해서 표현한 것이다. 양구자는 남녀가 교회함에 반드시 삼단전을 존사해야 하는 방법으로, 도강은 음양의 일을 주관하고 삼을 돌려 구를 만들기 때문에 회구徊九라 한다고 말했다. 더불어 『대동진경』을 인용해서 구는 구신으로 삼원군三元君의 세 신과 태일太一·공자公子·백원白元·무영無英·사명司命·도강桃康이라 했다.[10] 샤오덩푸는 구를 삼·오·칠·구의 신이라고 했다. 삼은 삼단전의 삼이고, 오는 태일오신 즉 태일·사명·무영·백원·도강이며, 여기에 옥제군이 더해져서 구신이며, 칠은 옥제군이 칠기七氣를 (입으로) 불어서 만들어진 칠군(五氣君과 元父 그리고 玄母)

---

9) 『皇天上淸金闕帝君靈書紫文上經』: 命門, 臍也, 玄關是始生胞腸之通路也. 其中有生宮, 宮內有大君, 名桃康, 字合延, 著朱衣, 巾紫蓉冠, 坐當命門, 其三魂神侍側焉.~

10) 『黃庭內景玉經注』: 男女合會, 必存三丹田之法. 桃康…, 主陰陽之事. 徊三爲九, 故曰徊九. 大洞眞經云: 三元隱化, 則成三官. 三官中有九神, 謂上中下, 三元君, 太一, 公子, 白元, 無英, 司命, 桃康, 各有官室, 故曰有桃康.

222

이다.11)

道父道母: 방중에서 존사하는 대상이다. 결단을 맺는 것을 방중의
개념을 빌려서 설명한 것이다. 『정일법문십록소의正一法文十籙召儀』
에서는 육십갑자신의 호칭과 몸의 해당 부위를 설명하고 있다. 예
를 들어, 도부와 도모는 육십갑자의 갑인과 갑신에 해당하고, 아래
에 나오는 사부와 사모는 갑자와 갑오에 해당한다. 이들 신은 육십
갑자에 대응할 뿐만 아니라 몸의 부위와도 관련되어 있다. 예를 들
어 도부는 자궁紫宮을, 도모는 화개궁華蓋宮을, 사부와 사모는 신장腎
藏을 다스린다.12) 『정일법문십록소의』에서는 이런 식으로 육십갑
자의 신을 십이진의 부모와 이십사신인 그리고 이십사현의 육십갑
자신으로 나누고, 그 명칭과 복색·위치 등을 설명하고 있다. 이곳에
서 말하는 신은 모두 방중술에서 행하는 존사법에 사용되는 것들이
다. 예를 들어, 대표적 방중서 중 하나인 『상청황서과도의上淸黃書過
度儀』를 참조할 수 있다.13)

師父師母: 도부·도모와 마찬가지로 방중술에서 존사하는 대상이다.

---

11) 蕭登福, 『黃庭經古注今譯』, 249쪽.

12) 『正一法文十籙召儀』: 甲寅明文章, 道父八十一, 長七寸, 靑色神明君, 姓贏名釋字
玄明, 從官十六人, 治在紫宮, 長樂鄕, 蓬萊里. 甲申屆文長, 道母闊裡尤切, 長七寸,
白色神明君, 姓贏名怛字元龍, 從官十六人, 治在華蓋宮, 太淸鄕, 東明里. 甲子王文
卿師父康, 長九寸, 色神明君, 姓贏名鏡, 字昌明, 從官十八人, 治在腎絳宮鄕中元里.
甲午衛上卿師母妞乃丑切, 長九寸, 赤色神明君, 姓贏名嵩字始丘, 從官十八人, 治
在腎絳宮太初鄕苞元里.

13) 『上淸黃書過度儀』: 左足躪寅右, 在中. 言甲寅道父十, 某爲臣妾消四方之災陰, 右足
躪申左, 在中. 言甲申道母, 留爲臣妾散四方之禍, 陽次卯陰次未咒, 如初交巳亥周寅
申, 每一周咒日, 生我者師父康, 懷我者師母妞, 生我活我, 事在大道與父母. 三周止.

丹玄鄕: 양구자는 단전이라고 했다.[14] 양구자의 해석에 따르면 하단전을 가리킨다. 약득장(제19)에는 "若得三宮存玄丹"이라는 구절이 있다. 명당·황정·단전 즉 이때의 삼단전을 통해서 결단하여 현단을 얻을 수 있다는 뜻이다. 단현향은 현단의 고향이라는 뜻이다. 현단이 몸의 중심 즉 단전에 있어야 한다면 단현향은 다른 부위여야 한다. 뒤의 화향이 신장을 가리킨다면 이곳의 단현향도 신장이라고 해야 할 것이다. 경실장(제21)에 "忽之禍鄕三靈歿"이라는 구절이 있다. 요지는 방사를 금하는 것이다. 화향禍鄕은 신장을 가리킨다. 단현향도 같은 곳이라고 생각된다. 신장이다.

7) 閉塞三關握固停.

三關: 삼관장(제18)에서는 구口·족足·수手를 삼관이라고 했다.

握固: 손가락을 꽉 쥐고 있는 모양이다.『도덕경』55장에서 갓난아이를 이상적인 상태로 묘사할 때 보이는 표현이다. 후에 도인체조의 자세로 발전했다. 정을 누설하지 않는다는 뜻이다.

8) 含漱金醴吞玉英, 遂至不飢三蟲亡.

金醴: 침.

玉英: 침. 옥액玉液·예천醴泉·영액靈液이라고도 한다.

三蟲: 삼시三尸라고도 하고 삼팽三彭이라고도 한다. 삼팽이라는 명칭은 팽거彭倨·팽질彭質·팽교彭矯를 삼시충三尸蟲이라 하기 때문이다.

---

14)『黃庭內景玉經注』: 丹玄鄕, 謂存丹田法也.

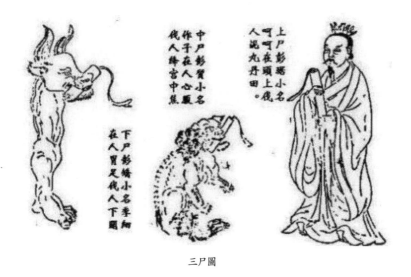

三尸圖

이외에도 삼시충의 이름은 많다. 색깔을 따라서 청고靑姑·백고白姑·혈고血姑라고도 한다. 삼시충에 관해 가장 널리 알려진 이야기는 경신일에 잠을 자지 않는 수경신守庚申의 수행과 삼도오고三途五苦 즉 팔난설이다. 앞의 것은 경신일에 삼시가 자신이 기생하던 이의 잘못을 하늘에 고한다는 믿음과 관련되어 있고, 뒤의 것은 삼시충이 각각 사람의 욕망을 대표하는데 그런 욕망으로 인해 고도苦途에 떨어진다는 생각과 관련되어 있다.

그중 한국인에게 특히 유명한 것은 삼시충이 악행을 보고하는 역할이다. 『태상감응편太上感應篇』·『문창제군음즐문文昌帝君陰騭文』·『공과격功過格』은 도교의 삼대 선서로 불린다. 이 중 『공과격』은 매일의 공과 과를 마치 점수를 가감하듯이 기록하는 일종의 선악 기록부이고, 『태상감응편』은 선악에 대한 응보의 논리를 말한 것이다. 『태상감응편』은 후에 응보에 대한 실례를 더해서 『태상감응편도설』로 확장되었고, 조선말에는 『태상감응편도설언해』가 출간되었다. 그 가운데 삼시충에 관한 기록이 있다. 여기에 소개한다.

또 삼디셩과 북두셩군이 사름의 머리 우희 잇셔 사름의 죄악을 긔록ᄒ
여 그 긔와 샨을 쎅앗고 또 **삼시신**이 사름의 몸속의 싯셔 믹양 경신일의
니르러 문득 하ᄂᆞ의 올나가 사름의 허믈을 말ᄒ며 믹월 회일의 조왕신
령이 또흔 그러케 ᄒ야 므릇 사름의 허믈이 잇스믹 크면 긔를 쎅앗고 적
으면 샨을 쎅앗ᄂᆞ니 그 허믈의 크고 젹으믹 슈빅가지나 되ᄂᆞ지라.

9) 心意常和致欣昌, 五嶽之雲氣彭亨.

五嶽: 하늘에서는 오성, 땅에서는 오악, 몸에서는 오장이 각각 대응한다.

雲氣彭亨: 오장의 기운이 마치 수증기가 올라가듯이 머리로 올라가는 모양이다.

10) 保灌玉盧以自償, 五形完堅無災殃.

玉盧: 상유장(제2)에 "七液洞流衝盧間"이라는 구절이 있다. 양구자는 코라고 했다.[15] 침을 삼켜서 아래로 내려오는 중이므로 코라고 볼 수 있겠으나, 물살이 모여서 내려가는 곳인 후두부가 더 적절해 보인다.

五形: 사지와 머리 즉, 신체 전체를 말한다.

---

15) 『黃庭內景玉經注』: 玉盧, 鼻盧也.

3장

上睹章第十六

上睹三元如連珠, 落落明景照九隅, 五靈夜燭煥八區. 子存內皇與我遊, 身披鳳衣銜虎符, 一至不久昇虛無. 方寸之中念深藏, 不方不圓閉牖窗. 三神還精老方壯, 魂魄內守不爭競. 神生腹中銜玉鐺, 靈注幽闕那得喪. 琳條萬尋可蔭仗, 三魂自寧帝書命.

삼원을 올려다보면 마치 구슬이 연이어 있는 듯하여, 찬란히 빛나는 밝은 빛이 뇌부 즉 머리의 하늘을 비추고, 오장은 (오행처럼) 밤을 밝혀 팔방을 환하게 한다. 수행자가 내황을 존사하면 자신과 노닐게 될 것이다. (내황은) 봉황이 새겨진 옷을 입고 호부를 차고 있다. 정신을 집중하여 존사하면 오래지 않아 허무의 경지에 오를 수 있다. (정기를) 단전에 의념으로 깊이 잠장해 두고, 눈을 함부로 열지도 완전히 닫지도 않은 상태로 두되, 정신이 유출하지 않도록 감관의 창을 닫아 둔다. 삼신이 정을 단전으로 돌려보내면 노인이 젊어지고, 혼백이 안을 지켜 서로 다투지 않는다. 하단전의 뱃속에 신이 생겨나니 (이 신은) 옥구슬을 물고 있다. 오장의 정기가 신장으로 몰려들면 어찌 복중의 신성한 생명을 잃겠는가? 신장의 생명의 씨앗이 생명수로 자라나 큰 그늘을 만들면, 삼혼이 저절로 편안하(여 떠나지 않고 머무)니 상제가 수행자의 이름을 명적에 올리리라.

해제 앞장까지 육장에 관해 설명했다. 이곳에서부터는 기운의 흐름에 초점을 맞춰서 몸을 설명하고 있다.

1) 上睹三元如連珠, 落落明景照九隅.

三元: 양구자는 일·월·성이라고 했다.[1] 그러나 담부장(제14)의 "能存

威明乘慶雲, 役使萬神朝三元"에서 삼원은 삼청에 각각 거주하는 원시천존元始天尊·옥신대도군玉晨大道君·태상로군太上老君을 가리킨다고 했다. 뚜총은 동덕령董德寧의『오진편悟眞篇』에 관한 주注를 인용한 후 일·월·성을 가리킨다고 말했다.[2] 동덕령은 삼원은 삼재로서 하늘에서는 일·월·성을, 땅에서는 수·화·토를, 사람에게서는 정·기·신을 가리킨다고 했다. 확실하지 않지만 일·월·성일 가능성이 있다. 그러나 중의적이다. 즉 체내의 일·월·성일 가능성을 배제할 수 없고, 그경우 머리 쪽을 밝게 비추는 일·월·성에 비유할 만한 존재다.

九隅: 머리이므로 뇌부구궁을 고려해서 구우라고 했다.

2) 五靈夜燭煥八區, 子存內皇與我遊.

五靈: 양구자는 오성 즉 오행성으로 보았다.[3] 몸이 곧 우주이므로 오장과 오행을 동시에 가리킨다.

內皇: 샤오덩푸는『상청중경제진성비上淸衆經諸眞聖祕』에 나오는 일신과 월신의 명칭과 오행성신의 명칭에 황皇이 있는 점을 근거로 일월오행의 신으로 보고 있다.[4] 그러나 태양신을 가리키는 것으로 보인다.『상청중경제진성비』의 해당 구절은 해와 달의 존사법을 기록하고 있다. 해에는 적기상황진군을 필두로 일중오제 등이 있고, 달에는 황기상황신모를 비롯한 월중오제 등이 있다.[5] 고분장高奔章

1)『黃庭內景玉經注』: 三元謂三光之元, 日月星也, 非指上中下之三元也.

2) 杜琮·張超中,『黃庭經今譯·太乙金華宗旨今譯』, 58쪽.

3)『黃庭內景玉經注』: 五靈, 謂五星也.

4) 蕭登福,『黃庭經古注今譯』, 259쪽.

5)『上淸衆經諸眞聖祕』: 日中赤炁上皇眞君, 諱將軍梁, 字高騫爽. 日中靑帝圓常无, 字

(제26)에서 이와 흡사한 구절을 찾을 수 있다는 점도 내황이 일신을 가리킬 가능성을 높여 준다. 고분장에서는 해에 있는 오제를 오황이라고 말하고 있다.6)

3) 身披鳳衣銜虎符, 一至不久昇虛無.

銜虎符: 호부를 차고 있다는 뜻이다.

一: 양구자는 존사에 집중하라는 의미로 해석했다.7)

4) 方寸之中念深藏, 不方不圓閉牖窗.

方寸之中: 양구자는 관원關元 즉 현대 한국에서 하단전이라고 불리는 곳을 가리킨다고 보았다.8) 황정에서 결단한다고 해도 보관처는 다를 수 있으므로 관원일 가능성도 있다. 혹은 결단이 이뤄지는 장소가 황정의 앞부분 즉 배꼽 뒤쪽의 명문일 수도 있다. 대략 그 부위다.

不方不圓: 양구자는 함부로 움직이거나 완전히 닫지 않아서 망령되게 새어 나가게 만들지 않는다는 의미로 해석했다.9) 양쪽을 모두

照龍韜. 赤帝丹靈峙, 字綠虹映. 白帝皓鬱將, 字迴金霞. 黑帝澄滯淳, 字玄綠炎. 黃帝壽逸皐, 字飆暉像. 月魂精神曖蕭臺摽. 月中黃炁上皇神母, 諱曜道支, 字正聳倏. 月中青帝夫人娥隱珠, 字芬豔嬰. 赤帝夫人翳逸寥, 字婉延虛. 白帝夫人靈素蘭, 字鬱連華. 黑帝夫人結連翹, 字淳屬金. 黃帝夫人清營襟, 字艮定容. 日魂精神珠景赤童.

6) 『太上黃庭內景玉經』: 乃見玉清虛無老, 可以回顏塡血腦. 口銜靈芝擁五皇, 腰帶虎籙佩金鐺, 駕欻接生宴東蒙.

7) 『黃庭內景玉經注』: 一者無二之稱也. 學道傳一與靈同體, 則神仙可到也. 南華眞經曰, 人能守一, 萬事致畢矣.

8) 『黃庭內景玉經注』: 方寸之中, 謂下關, 關在臍下三寸, 方圓一寸以藏精.

부정하는 것을 불교에서는 쌍비雙非라고 한다. 대표적으로 중관사상의 비유비무非有非無가 있다. 비유비무는 없지도 있지도 않은 상태다. 당연히 이런 용법을 따른 것이다. 감관을 닫는 것이라고 해석하면 직후의 구절과 어울리지 않는다. 이곳에서는 눈을 말하는 것으로 보인다. 즉 눈을 반쯤 뜨고 있는 상태를 가리킨다.

閉牖窗: 감각기관을 닫아걸어 정신이 새어 나가지 않게 한다는 뜻이다. 눈을 제외한 나머지 감관을 가리킬 수도 있고, 눈을 포괄해서 정신의 유출을 막는다는 뜻으로 볼 수도 있다.

5) 三神還精老方壯, 魂魄內守不爭競.

三神還精: 환정은 방중의 용어다. 정을 방사하지 않고 다시 돌려보낸다는 뜻이다. 환정보뇌還精補腦가 익히 알려진 표현이다. 그렇다면 삼신은 앞서 결단 작용을 일으킨 세 신 즉 간의 신인 무영공자와 폐의 신인 백원군 그리고 비의 신인 중부로군 혹은 중앙황로군일 가능성이 있다. 바로 앞의 비장장(제15)과 이 장에서는 방중의 용어가 쓰이고 있으므로 음양을 섞어서 결단한다는 관념의 맹아가 있었던 듯하다. 그러나 무엇을 섞어야 하는지 등에 관해서는 확고하게 정리되지 않은 상태였다.

魂魄內守不爭競: 간부장(제11)의 "攝魂還魄永無傾"과 같은 취지다. 혼백이 흩어지지 않게 만든다는 뜻이다. 결단과 유사한 이미지를 혼백의 관계에 넣어서 설명하고 있다.

---

9)『黃庭內景玉經注』: 方靜圓動, 不動不靜.

6) 神生腹中銜玉鐺, 靈注幽闕那得喪.

神生腹中: 앞에서 방중의 이미지를 사용했으므로 이곳의 신은 그런 결단을 통해서 태어난 신 즉 태식법의 성태聖胎를 의미한다.

銜玉鐺: 양구자는 양미간으로 곧장 들어가서 위로 세 치 되는 곳을 옥당玉鐺이라 할 가능성이 있다고 말했다.[10] 복중에서 태어난다고 했으므로 갑자기 양미간을 언급할 이유가 없다. 옥당은 구슬이다. 유금화령처럼 몸에 지니고 있는 휴대물이다.

靈注幽闕: 유궐은 신장을 말한다. 영靈은 앞의 오령과 관계있을 것이다. 한의학에서 말하는 것처럼 오장의 정기가 신장으로 모여드는 모습을 묘사한 글이다.

7) 琳條萬尋可蔭仗, 三魂自寧帝書命.

琳條萬尋可蔭仗: 신장에 있는 생명의 씨앗이 싹을 틔워 생명수로 자라난 모양을 멋지게 묘사했다. 생명수의 나무는 팔만 척이나 되니, 얼마나 큰 그늘이 지겠는가?

三魂: 간부장(제11)에서 진혼고백에 관해 설명했다. 본래 혼백은 몸을 구성하는 부분이라는 뜻으로 모두 필요한 것이다. 그러나 상청파에는 혼은 선한 것이고 백은 악한 것이라는 관념도 존재한다. 이런 관념을 보여 주는 대표적 문헌은 종종 '영서자문靈書紫文'으로 간칭되는 『황천상청금궐제군령서자문상경皇天上清金闕帝君靈書紫文上經』이다. 이 문헌에서는 칠백七魄을 제어하는 법을 설명하고 있다.

---

10)『黃庭內景玉經注』: 按五神行事訣云, 兩眉間直入上三寸, 爲玉瑠紫闕.

초하루·보름·그믐이 이 방법을 행할 때이다. 이날은 칠백이 제멋대로 흘러 더러운 곳으로 가 노닐다가 혹은 혈식의 무리와 교통하기도 하고 귀매와 왕래하기도 하며 시체와 함께 들어가기도 하며 혹은 적자를 음혹하기도 하고 혹은 사람들의 죄를 말하려 삼관하백에게 가기도 하며 혹은 변하여 망양이 되어 사람들로 하여금 매에 질리도록 한다. 혹은 귀신을 거느리고 몸에 들어와 사기를 부르고 질을 죽이기도 한다. 무릇 사람들을 해치고 병들게 하는 것은 모두 백의 죄이고, 사람들의 죽음을 좋아하는 것은 백의 본성이며, 사람들의 실패를 바라는 것은 백의 병통이다. 도사들은 마땅히 백을 제어해야 한다.11)

帝書命: 삼혼三魂 즉 상령爽靈·태광胎光·유정幽精이 편안해 하면 상제가 수행자의 이름을 신선의 이름이 올라가는 장부에 기록해 준다는 뜻이다.

---

11)『皇天上清金闕帝君靈書紫文上經』: 月朔, 月望, 月晦夕, 是此時也, 七魄流蕩, 遊走穢濁, 或交通血食, 往鬼來魅, 或與死尸共相關入, 或淫惑赤子, 聚姦伐宅, 或言人之罪, 詣三官河伯, 或變爲魍魎, 使人厭魅, 或將鬼入身, 呼邪殺質. 諸殘病生人, 皆魄之罪, 樂人之死, 皆魄之性, 欲人之敗, 皆魄之疾. 道士當制而勵之, 鍊而變之, 御而正之, 攝而威之.

靈臺章第十七

靈臺鬱藹望黃野, 三寸異室有上下, 間關營衛高玄受. 洞房紫極靈門戶,
是昔太上告我者. 左神公子發神語, 右有白元幷立處. 明堂金匱玉房間,
上淸眞人當吾前. 黃裳子丹氣頻煩, 借問何在兩眉端. 內俠日月列宿陳,
七曜九元冠生門.

심장의 기운이 그득하여 누런 들을 바라본다. 황야에서 세 치 떨어진 곳에
두 개의 방이 있다. 두 방 즉 신장은 좌우의 것이 각각 상하로 높이가 다르
다. 험난한 길을 통과하여 영위의 기운이 이르면 높이 솟아 있는 신장이 현
액을 받는다. 동방궁에 관한 것과 자극이 신령한 문호를 관장한다는 점은
옛날에 태상대도군이 내게 알려 준 것이다. 동방궁의 왼쪽 신인 무영공자
가 신묘한 말을 발하고 오른쪽 신인 백원군이 나란히 있다. 명당에 있는 금
궤의 옥방 사이에 거주하는 상청진인이 내 앞에 서 있구나. 누런 치마를 입
은 자단은 기운이 치성한데, 짐짓 묻기를 어째서 두 눈썹 끝에 있는가라고
한다. 해와 달을 상징하는 두 눈을 끼고 별이 줄지어 있다. 감관을 비롯한
몸의 구멍은 생명이 드나드는 문 중 으뜸이다.

해제 이 장에는 체간 부위와 머리 쪽에 관한 묘사가 모두 보인다. 체간은
심장과 신장을 묘사하고 있으며, 머리 쪽은 동방과 명당을 중심으로 말하
고 있다. 두 눈은 해와 달을, 두 눈을 포함한 감관은 별자리를 상징한다. 심
장은 명당에 황정과 밀접한 관련이 있는 신장은 동방과 관련되어 있다.

1) 靈臺鬱藹望黃野, 三寸異室有上下.
  靈臺: 심心.

鬱藹: 초목이 무성한 모양. 영대의 왕성한 기운을 묘사했다.

黃野: 양구자는 비장으로 보았다.[1] 『외경경』 5장에 "靈臺通天臨中野"라는 구절이 있다. 양구자는 『외경경』의 중야도 비장이라고 했다.[2] 나는 중지라는 표현 때문에 『외경경』의 중야를 횡격막 위쪽으로 보았다. 그러나 이곳에서는 황야라고 하고 있는 점과 『내경경』에 이르면 비교적 황정이 중시된다는 점을 고려하지 않을 수 없다. 비장으로 보인다.

三寸異室有上下: 양구자는 단전은 길이가 각각 1촌으로, 3촌은 삼단전을 가리키는 말이라고 보았다.[3] 『외경경』의 대응하는 구절은 "方寸之中至關下"다. 양구자는 방촌이 목구멍의 너비를 나타내는 말이라고 했다.[4] 『내경경』에서 3촌은 중지장(제5)과 이곳에만 보인다. 중지장의 3촌은 쓸개의 길이다. 『내경경』에서는 신이 거주하는 곳을 방촌이라 하고 있으므로 3촌은 하나의 처소를 가리키는 말이 아니다. 이곳에서는 신장의 크기를 가리키는 말로 보인다. 황정장(제4)에는 "玄泉幽闕高崔嵬"라는 구절이 나온다. 현천은 현수玄受와 호응하고 신장은 배꼽 아래 세 치 되는 곳에 있다고 할 수 있으며, 두 개이므로 이실異室이라는 표현에도 적합하다. 오른쪽 신장은 간에 눌려서 왼쪽 신장보다 아래에 위치해 있으므로 상하라는 표현에도 부합한다.

---

1) 『黃庭內景玉經注』: 脾爲黃野.
2) 『黃庭內景玉經注』: 下通氣至脾中.
3) 『黃庭內景玉經注』: 三丹田上中下三處, 各異每室, 方圓一寸也. 故云三寸, 今人猶謂心爲方寸, 卽其所也.
4) 『黃庭內景玉經注』: 喉嚨廣一寸也, 明堂中眞人下和丹田, 上還明堂也.

2) 間關營衛高玄受.

間關營衛: 양구자는 간·관·영·위를 각각의 독립된 부部로 본다.[5]
영위는 영기와 위기를 나타내는 말로서 혈기를 범칭한 것이다. 간
관과 대등한 표현일 수 없다. 간관은 혈기가 신장에 이르는 과정을
통칭한 것이다.

高玄受: 신부장腎部章(제12)에서는 "高崔嵬"라고 해서 다른 장과 달
리 신장이 높이 서 있는 모양을 나타냈다. 이곳에서도 같은 뜻으로
볼 수 있다. 현은 현수玄水 즉 신장에 있는 생명수를 이르는 말이다.

3) 洞房紫極靈門戶, 是昔太上告我者.

洞房: 뇌부구궁 중 하나인 동방궁은 명당궁 뒤에 있다. 그러나 도
홍경에 따르면 머리 전체를 총괄해서 동방이라고 했다고도 한다.
"두 치 들어간 곳이 동방궁이다. 머릿속을 모두 동방이라고도 했지
만, 이곳이야말로 동방의 정위다. 왼쪽에는 무영군이 오른쪽에는 백
원군이 가운데는 황로군의 세 신 모두가 이곳에 거주한다."[6]

紫極: 양미간으로 세 푼 들어가는 곳에는 뇌부구궁으로 드나드는
문이 있다. 그 문이 있는 곳을 수촌쌍전守寸雙田이라고 한다. 오른쪽
의 자호대신紫戶大神과 왼쪽의 청방대신靑房大神이 수촌쌍전의 출입
문을 관할한다.[7] 자紫는 자호紫戶에서 취했을 가능성이 있다. 극極은

---

5)『黃庭內景玉經注』: 三田之間, 各有間關榮衛部分, 至高至低, 心當受以存念也.

6)『登眞隱訣』: 却入二寸爲洞房宮, 頭中雖通爲洞房, 而此是洞房之正也, 左有無英君,
　右有白元君, 中有黃老君, 凡三神居之.

7)『登眞隱訣』: 兩眉間上却入三分爲守寸雙田, 對鼻直上, 下際眉上辟方一寸. 却者, 却
　向後也, 以入骨爲際, 骨內三分以前皆守寸之域, 臺關並在其中, 明堂止餘七分耳. 旣

동방궁 위에 있는 극진궁의 극일 수 있다.[8] 어떤 곳을 가리키는지는 분명하지 않지만, 동방궁에 이르는 통로를 말하고 있다는 점은 분명하다.

太上: 상청장(제1)에서 『황정경』을 지었다고 하는 태상대도옥신군이다.

4) 左神公子發神語, 右有白元併立處.

公子: 동방궁의 좌신인 무영공자로 간부의 신이기도 하다.

白元: 동방궁의 우신인 백원공으로 폐부의 신이기도 하다.

5) 明堂金匱玉房間, 上清眞人當吾前.

明堂: 뇌부구궁 중 첫 번째 궁으로 동방궁의 앞에 있다. 주신은 명경신군이고 좌신은 명동진군이며 우신은 명녀진군이다. 관련 내용은 『등진은결』에 실려 있다.

명당궁의 왼쪽에는 명동진군이 오른쪽에는 명녀진군이 중앙에는 명경신군이 있다. 명동진군은 휘가 현양이고 자는 소청이다. 명녀진군은 휘가 미음이고 자는 소운이다. 명경신군은 휘가 조정이고 자는 사명이다. 이 세 군이 함께 명당궁을 다스린다.[9]

共立一寸之中, 而兩邊併列, 故名之爲守寸雙田也. 左有靑房, 右有紫戸, 凡二神居之.

8) 『登眞隱訣』: 洞房上一寸爲極眞宮, 太極帝妃居之.

9) 『登眞隱訣』: 明堂宮中, 左有明童眞君, 右有明女眞官, 中有明鏡神君. 明童眞君, 諱玄陽, 字少靑. 明女眞官, 諱微陰, 字少元. 明鏡神君, 諱照精, 字四明. 此三君共治明堂宮.

上淸眞人: 『외경경』에서는 단순히 진인이라고 했다.[10] 상청파가 『외경경』에 근거해서 『내경경』을 만들었을 때 '상청'이라는 말을 덧붙였을 것이다.

6) 黃裳子丹氣頻煩, 借問何在兩眉端.

子丹: 『외경경』의 "眞人子丹當吾前"을 따랐다. 양구자는 심장신으로 본 듯하다.[11] 심부장(제10)에 따르면 심부의 신은 단원가丹元家다.[12] 단丹이 부합한다. 그러나 은장장(제35)의 "子丹進饌肴正黃"에서 자단은 심장신이 아닌 비장신이다. 누런 치마도 비장과 더 잘 어울린다.

頻煩: 기운이 치성한 모양이다.

兩眉端: 양구자는 명당의 앞이라고 했다.[13] 심장은 뇌부구궁의 명당에 대응한다. 명당은 뇌부구궁의 아래층 중 가장 앞에 있다. 양쪽 눈썹 끝에 있다는 말과는 잘 어울리지 않는다. 양쪽 눈썹의 중간에서 가장 앞이라는 뜻이다.

7) 內俠日月列宿陳, 七曜九元冠生門.

內俠日月: 왼쪽 눈은 해에 오른쪽 눈은 달에 비유된다. 해와 달을 상징하는 두 눈을 중심으로 별들이 줄지어 있는 모양이다. 머리를 묘사하고 있다.

---

10) 王羲之本『外景經』: 明堂四達法海源, 眞人子丹當吾前.
11) 『黃庭內景玉經注』: 謂中斗兀童子處於赤城.
12) 『太上黃庭內景玉經』: 心部之宮蓮含華, 下有童子丹元家.
13) 『黃庭內景玉經注』: 明堂之前.

七曜: 양구자는 북두칠성이라고 했다.[14] 북두칠성은 몸의 칠규를 상징한다. 당연히 칠규는 일월오행에 대응한다. 기운이 몸을 드나드는 통로이므로 생문이라고 했다.

九元: 양구자는 구진九辰으로 구규九竅를 가리킨다고 했다.[15] 구진은 북두칠성에 외보外輔와 내필內弼의 두 별을 더한 것이다. 몸 안에 있지만 중의적이다. 당연히 별자리를 상징하기도 한다. 참고로 도교에는 구요九曜라는 개념이 있다. 구요는 구진을 일컫기도 하지만, 때로 일·월과 오행에 나후羅睺와 계도計都를 더한 아홉 개의 별을 가리키기도 한다. 일요日曜(太陽), 월요月曜(太陰), 화요火曜(熒惑星), 수요水曜(辰星), 목요木曜(歲星), 금요金曜(太白星), 토요土曜(鎮星), 황번성黃旛星, 계도(豹尾星). 그러나 이 개념은 당 개원開元 연간에 중국에 들어온 것이다. 이 구절의 구원은 단순히 북두칠성에 외보와 내필을 더한 것으로, 몸의 구규에 대응한다.

生門: 상유장(제2) "後有密戶前生門"의 생문은 배꼽이다. 신부장(제12) "兩部水王對生門"의 생문도 다르지 않다. 그러나 이곳의 생문은 다른 의미로 봐야 할 것이다. 생기가 드나드는 통로 즉 감관을 포괄하는 구멍이라는 뜻이다.

---

14) 『黃庭內景玉經注』: 七曜, 七星.
15) 『黃庭內景玉經注』: 九元九辰, 卽人之九竅.

三關章第十八

三關之中精氣深. 九微之內幽且陰. 口爲天關精神機, 足爲地關生命扉,
手爲人關把盛衰.

삼관 속에는 정기가 깊고 그윽하다. (뇌부)구궁의 정기가 은미한 안쪽은
그윽하고 은밀하다. 입은 천관으로서 정신의 기틀이고 발은 지관으로 생
명의 문이며 손은 인관으로 성쇠를 주관한다.

해제 삼관에 관해 설명하고 있다. 『외경경』의 삼관이 몸을 상·중·하로 나
눈 개념이었음에 반해, 『내경경』의 삼관은 손·발·입이다. 신체관에 한정
하면 오히려 퇴보한 느낌을 준다. 비교적 단순한 수행법인 존사수행의 영
향과 신체관의 도식화라는 흐름 때문이다.

1) 三關之中精氣深.

三關: 양구자는 관원 혹은 입·발·손으로 해석할 수 있다고 보았다.
그리고 원양자의 명당·동방·단전이 삼관이라는 설도 소개하고 있
다.[1] 뒤에서 천관·지관·인관을 소개하고 있기 때문에 이곳의 삼관
도 수·족·구로 보인다. 이 문장은 『외경경』에서도 그대로 사용되고
있다. 그러나 『외경경』의 삼관은 수·족·구가 아니라, 몸을 상·중·하
로 나누었을 때의 머리·심장·단전에 대응한다. 『내경경』 편집자들
이 『외경경』을 계승했다고 가정해 보자. 『내경경』 편집자들은 종종
『외경경』을 오독하거나 의도적으로 수정했다. 상청파 특유의 관념

---

[1] 『黃庭內景玉經注』: 謂關元之中, 男子藏精之所也. 又據下文, 口手足爲三關, 又元陽
子, 以明堂洞房丹田爲三關, 並皆可以文義取之而存也.

에 사로잡혀 있었을 것이므로 어쩔 수 없는 일이었을 것이다.

2) 九微之內幽且陰.

九微: 양구자는『상청대동진경』을 인용하면서 삼단전과 세 개의 동방洞房 그리고 삼원三元이 구궁이라고 했다.[2] 구는 뇌부구궁 혹은 몸 전체를 가리킬 것이다. 천중장(제6)에는 "九幽日月洞虛元"이라는 구절이 나오는데, 이곳의 구는 뇌부를 가리킨다. 여기서 다르게 볼 이유가 없다. 뇌부구궁의 정기가 은미한 것을 이르는 말이다.

3) 口爲天關精神機.

機: 베틀 같은 기구 혹은 기계를 이르는 말에서 여러 의미로 확장되었다. 예를 들어 천기天機라고 하면 하늘의 움직임을 기계에 비유한 것으로 그저 하늘의 일정한 규칙을 갖춘 변화 혹은 그런 변화를 만들어 내는 이치나 틀을 칭하는 말이다. 이곳의 요지는 정신의 보존에 있다. 따라서 정신기精神機는 정신의 생장과 소멸을 결정하는 무엇이라는 뜻이다.

---

2)『黃庭內景玉經注』: 大洞經云, 三元隱化, 則成三官, 是名太淸太素太和, 三三如九, 故有三丹田. 又有三洞房合上三元爲九宮, 宮中精微, 故曰九微.

若得章第十九

若得三宮存玄丹, 太一流珠安崑崙. 重中樓閣十二環, 自高至下皆眞人.
玉堂絳宇盡玄宮, 璇璣玉衡色蘭玕. 瞻望童子坐盤桓, 問誰家子在我身,
此人何去入泥丸. 千千百百自相連, 一一十十似重山. 雲儀玉華俠耳門,
赤帝黃老與我魂, 三眞扶胥共房津. 五斗煥明是七元, 日月飛行六合間.
帝鄕天中地戶端, 面部魂神皆相存.

삼단전을 찾으면 현묘한 단을 존사할 수 있고, 태일의 구슬이 배꼽 부위에 안착할 것이다. 켜켜이 쌓인 누각 12층에는 위로부터 아래에 이르기까지 모두 진인이 있다. 심장의 옥당강우는 모두 현묘한 궁이요, 심장 부위에 있는 북두칠성은 아름다운 옥빛을 띤다. (심장에서) 동자가 유유자적하게 앉아 있는 모습을 바라보곤, 뉘 집 자제가 내 몸에 있는가, 이이가 어떻게 이곳을 떠나 니환으로 들어가는가라고 묻는다. (그러나) 몸의 각 부위가 서로 연결되어 있으며 모든 부위가 연결되어 있는 모양이 마치 산이 겹쳐 있는 듯하다. 머리칼은 귀를 끼고 있고, 적제와 황로군은 나의 혼과 함께 어울리며, 삼단전의 진인은 몸의 정기를 함께 돌본다. 오장의 빛이 환히 비추는 것이 곧 황정이다. 일월이 육합 사이를 운행하듯이 몸 안에서 운행하는 것을 존사한다. 뇌부와 명당 그리고 코끝을 존사하고 얼굴의 혼신을 모두 존사할 수 있다.

해제 머리에서 내려온 기운이 후대의 삼단전,『내경경』의 심장·황정 그리고 단전을 따라서 유주하는 과정을 묘사한 글이다. 기운은 머리를 통해 아래로 내려왔다가 다시 올라간다. 이어서 다시 내려온 것이 성스러운 생명의 기운이다.

1) 若得三宮存玄丹, 太一流珠安崑崙.

三宮: 양구자는 삼단전으로 보았다.1)『외경경』의 삼관에 대응한다.

玄丹: 양구자는 심장으로 보았다.2) 뚜총과 샤오덩푸는 내단이라
고 했다.3)『내경경』의 심장·황정·단전은 결국 성태를 만들기 위한
과정이라고 볼 수 있고, 성태는 내단의 단에 부합한다.『내경경』에
는 ‘丹’ 자가 많이 보인다. 그러나 주로 붉은색의 뜻으로 쓰였고, 또
이름으로 쓰이기도 했다. 그렇지 않은 경우는 네 곳뿐이다. 비장장
(제15)의 “師父師母丹玄鄕”, 상유장(제2)의 “迴紫抱黃入丹田”, 간기장
(제33)의 “唯待九轉八瓊丹”, 목욕장(제36)의 “攜手登山歃液丹”이다. 이
중 가장 가까운 것은 단현향이다. 이곳의 현단은 후대 내단수련에
서 말하는 단과 부합한다.

太一流珠: 양구자는 눈동자로 보았다.4) 도장본 양구자주에는 심
정心精으로 되어 있다.5) 그러나 와기된 것이다. 운급칠첨본 등에 의
거하면 목정目精이 되어야 한다. 유주는 유주궁流珠宮에 대응한다.
유주궁은 뇌부구궁 중 하단의 네 번째 궁이다. 명당-심장, 동방-황
정, 니환-단전의 대응을 전제하고 체간을 수직적으로 보면 단전보
다는 아래쪽, 성기보다는 위쪽이다. 그러나 관념상으로만 그렇게
나눌 수 있고 현실적으로는 배꼽 부위의 어느 지점일 것이다.

崑崙: 인간과 천계 즉 신선계를 이어 주는 산이다. 양구자는 머리

---

1)『黃庭內景玉經注』: 三丹田宮. 故日, 三宮玄丹丹元也.

2)『黃庭內景玉經注』: 玄丹丹元謂心也.

3) 杜琮·張超中,『黃庭經今譯·太乙金華宗旨今譯』, 64쪽; 蕭登福,『黃庭經古注今譯』, 274쪽.

4)『黃庭內景玉經注』: 太一流珠, 謂目精.

5)『黃庭內景玉經注』: 心精.

혹은 배꼽 부위의 아랫배를 나타낸다고 보았다.[6] 몸에서는 머리와 배꼽 주위의 배를 나타낸다. 누웠을 때 아랫배가 볼록하게 솟아난 모양을 상기해 보면 이해할 수 있을 것이다. 『외경경』7장 주석에서 소개한 『동의보감』의 신형장부도身形臟府圖는 이런 이미지를 잘 표현했다.

2) 重中樓閣十二環, 自高至下皆眞人.

重中樓閣: 목을 가리킨다. 신형장부도의 목에 그려져 있는 선에서도 누각의 이미지를 읽어 낼 수 있다.

3) 玉堂絳宇盡玄宮, 璇璣玉衡色蘭玕.

玉堂絳宇: 심장을 묘사한 것이다.

璇璣玉衡: 선기옥형은 북두칠성이다. 양구자는 후골喉骨의 모양이 돌면서 움직이는 모양을 본뜬 것이라고 했다.[7] 그러나 이미 심장으로 내려왔으므로 목과는 거리가 있어야 한다. 후대에 성립된 내경도內經圖에서 이 문제의 단서를 찾을 수 있다.[8]

『외경경』7장 주석에서 소개한 내경도를 보면, 중단전 즉 심장 부위에 있는 동자가 북두칠성을 돌리고 있는 모습을 확인할 수 있다.

---

6) 『黃庭內景玉經注』: 洞神經曰, 頭爲三台君, 爲崑崙, 指上丹田也. 又云臍爲太一君, 亦爲崑崙, 指下丹田也.

7) 『黃庭內景玉經注』: 喉骨環圓, 轉動之象.

8) 현존하는 內徑圖 중 어떤 것들은 1886년 음력 6월 3일에 조각된 것으로 추정된다. 물론 내경도 원본은 그 이전에 판각되었을 것이고, 그런 신체관도 훨씬 이전에 성립되었을 것이다.

아이 그림 위에서는 중층 누각이 있다. 중층 누각이 하늘로 통하는 통로라면 북두칠성은 그 아래에 있다.

蘭玕: 옥빛.

4) 瞻望童子坐盤桓, 問誰家子在我身, 此人何去入泥丸.

瞻望童子: 망望은 『내경경』 전체에서 이곳을 포함해서 5회 보인다. "道父道母對相望"(脾長章), "靈臺鬱藹望黃野"(靈臺章), "遙望一心如羅星"(呼吸章), "閉目內眄自相望"(肝氣章). 이 중 영대장의 "영대에서 황야를 바라본다"는 구절이 가장 가깝다. 황야는 비장을 말하므로 이곳의 동자도 비장의 신을 가리킨다고 볼 수 있다.

盤桓: 본래는 천천히 돌아다니는 모양을 가리킨다. 이곳에서는 그처럼 소요하는 한가로움을 표현한 말이다.

此人何去入泥丸: 뇌부구궁 중 니환은 하복부의 단전과도 대응한다. 황정과도 무관하지 않다. 동자를 비장 즉 황정으로 보았다면 니환은 단전으로 볼 수 있을 것이다.

5) 千千百百自相連, 一一十十似重山.

황정에서 니환에 이르는 길이 이어져 있음과 험난함을 표현한 말이다.

6) 雲儀玉華俠耳門, 赤帝黃老與我魂.

雲儀玉華: 양구자에 따르면 머리카락의 호칭이다.[9]

赤帝黃老: 적제赤帝는 심장의 신을, 황로黃老는 황정의 신을 가리킨다. 도교의 신은 이명異名이 많다.『내경경』에도 신의 이명이 적지 않다. 심부장(제10)에서는 심장신을 단원가丹元家라고 했다.

　與我魂: 양구자는 혼을 양신陽神이라고 했다. 그러나 여與에 대해서는 말하지 않았다.[10] 상도장上睹章(제16)에서는 "子存內皇與我遊"라고 했다. 수행의 결과 도달하게 된 경지를 묘사한 말이다. 같이 노닌다는 뜻이다.

7) 三眞扶胥共房津, 五斗煥明是七元.

　三眞扶胥共房津: 양구자는 혼과 적제 그리고 황로군이 삼진이며, 서로 응하고 거들어 주어 체내의 정기를 함께한다는 뜻이라고 풀었다.[11] 샤오덩푸는 삼단전이라고 했다.[12] 앞에서 '나의 혼'이라고 했으므로 삼단전이라고 보기 어렵다. 적제가 명당으로서의 심, 황로가 동방의 비장이라면, 나의 혼은 단전 즉 니환의 진인이다.

　五斗煥明是七元: 양구자주인『황정내경옥경주』에는 누락된 글자가 있어서 정확한 의미를 알 수 없다.[13] 운급칠첨본에 따르면 오두오성五斗五星·칠원북두七元北斗가 되어야 한다. 오두에 관한 설은 크게 둘로 나눌 수 있다. 하나는 북두칠성의 일곱 별을 다섯 개로 나누는 것이고, 다른 하나는 28수를 사방으로 네 등분하고 여기에 북두칠성을 더해 오두라고 하는 것이다. 요지는 삼·오·칠의 구도다. 삼은

---

9)『黃庭內景玉經注』: 雲儀, 玉華, 鬢髮之號.

10)『黃庭內景玉經注』: 魂爲陽神, 魄爲陰神, 陰陽相應, 故言與我魂

11)『黃庭內景玉經注』: 魂與赤帝黃老, 爲三眞. 言相應扶胥, 同津共氣.

12) 蕭登福,『黃庭經古注今譯』, 278쪽.

13)『黃庭內景玉經注』: 五斗星北斗.

일·월·성이고, 오는 오행성이며, 칠은 북두칠성이다. 이미 체간에 관해서 말하고 있으므로 오두는 오장이라고 확정할 수 있다. 그러나 칠은 재고를 요한다. 폐부장(제9)에 나오는 "七元之子"의 칠원은 황정이다. 이곳에서도 다르지 않다.

8) 帝鄉天中地戶端, 面部魂神皆相存.

帝鄉: 양구자는 눈썹 위의 터럭이 끝나는 곳에서 똑바로 한 치 들어간 곳이 제향帝鄉이고, 명당의 한 치 위가 천정으로 천중天中이며, 코가 상부의 지호地戶에 해당한다고 했다.[14]

---

14) 『黃庭內景玉經注』: 眉上髮際五分直入一寸, 亦爲帝鄉. 又明堂上一寸爲天庭, 天庭即天中也. 又鼻爲上部之地戶. 心存日月星辰等諸神, 皆當在其端.

呼吸章第二十

呼吸元氣以求僊, 僊公公子似在前. 朱鳥吐縮白石源, 結精育胞化生身,
留胎止精可長生. 三氣右徊九道明, 正一含華乃充盈, 遙望一心如羅星.
金室之下不可傾, 延我白首反孩嬰.

원기를 호흡해서 신선 되기를 구하는 (수행자가 무영공자를 존사하면) 수행
자에게는 무영공자가 마치 앞에 있는 듯하다. 혀는 붉은 새가 기운을 뱉어
내고 들이마시는 듯하고 흰 이는 흰 돌 사이로 물이 새어나오는 듯하다.
정을 쌓아 포를 기르고 성태를 낳음에 정기를 누설하지 않고 보존해야 장
생할 수 있다. 삼단전의 기운이 (마치 일·월·성이 오른쪽으로 돌듯이) 우회전
함에 구천이 밝아진다. 바름을 존사하고 수일하면 신기를 품어 정기가 그
득해질 수 있는데, 멀리서 일심으로 바라보면 마치 줄지어 있는 별과 같다.
심장의 기운을 기울여 새어나가게 해서는 안 되니, (정기를 잘 보존하면) 수
행자를 다시 젊게 만들 것이다.

해제 결정結精의 과정을 압축적으로 묘사하고, 체내에서 일어나는 기운의
순환을 일·월·성의 운행에 빗대어 설명하고 있다.

1) 呼吸元氣以求僊, 僊公公子似在前.

呼吸元氣: 이때의 호흡법은 태식법으로 숨을 참는 폐기閉氣를 핵
심으로 한다. 태식법은 크게 흡기하는 기운의 개념이 외기에서 내
기로 바뀌는 것을 기준으로 나뉘는데, 후자의 관념은 당대에 형성
되었다. 이것이 일반적인 생각이다. 위·진·남북조 시기의 태식법에
관한 개요는 도홍경의『양생연명록養生延命錄』에서 볼 수 있다.

유군안이 말했다. 생기를 먹고 사기를 내보내면 장수할 수 있다. 코로 들이쉬는 숨을 생기라 하고 내쉬는 숨을 사기라고 한다. 평범한 이는 기를 먹을 수 없어 아침부터 저녁까지 늘 연습하기를 쉬지 말고 천천히 하되, 늘 코로 들이쉬고 입으로 내쉬는 것이 이른바 토고납신이다. 복기경에서는 말한다. 도라는 것은 기다. 기를 보존하면 득도할 수 있고 득도하면 장수할 수 있다. 신이라는 것은 정이다. 정을 보존하면 신이 밝아지고 신이 밝아지면 장생할 수 있다. 정이라는 것은 혈맥의 개천이요, 뼈를 지키는 영험한 신이다. 정이 없어지면 뼈가 마르고 뼈가 마르면 죽게 된다. 이런 까닭으로 도는 그 정을 보배처럼 보존하려 한다. 한밤에서 정오까지를 생기라 하고 정오에서 자정까지를 사기라고 한다. 마땅히 생기 시에는 똑바로 누워 눈을 감고 악고해야 한다. 악고라는 것은 갓난아이가 손을 말듯이 네 손가락으로 엄지를 누르는 것이다. 폐기하여 숨을 쉬지 않은 채 마음속으로 이백까지 세고 나서 입으로 기를 내보낸다. 매일 숨을 늘려 나가면 몸과 신이 갖추어지고 오장이 편안해진다. 이백 오십을 셀 때까지 폐기할 수 있으면 폐가 밝아지고 폐가 밝아지면 이목이 총명해져서 온몸에 병이 없어지고 사기가 사람을 해치지 못한다.[1]

---

1)『養生延命錄』: 劉君安日: 食生吐死, 可以長存, 謂鼻納氣爲生, 口吐氣爲死也. 凡人不能服氣, 從朝至暮, 常習不息, 徐而舒之, 常令鼻納口吐, 所謂吐故納新也. 服氣經日, 道者, 氣也. 保氣則得道, 得道則長存. 神者, 精也. 保精則神明, 神明則長生. 精者, 血脈之川流, 守骨之靈神也. 精去則骨枯, 骨枯則死矣. 是以爲道務寶其精. 從夜半至日中爲生氣, 從日中後至夜半爲死氣. 當以生氣時正偃臥, 瞑目握固握固者, 如嬰兒之捲手, 以四指押大母指也. 閉氣不息, 於心中數至二百, 乃口吐氣出之. 日增息, 如此身神具, 五臟安. 能閉氣至二百五十息, 華蓋明. 華蓋明, 則耳目聰明, 擧身無病, 邪不忤人也.

당대와는 달리 위·진·남북조 때에는 토고납신吐故納新이나 폐기를 핵심으로 하는 호흡법이 유행했음을 알 수 있다. 그러나 변화는 일시에 일어나지 않고, 이곳의 원기가 내기가 아니라고 단정하기도 어렵다. 만물이 원기에서 만들어진다는 생각은 당대에 유행했지만, 위·진·남북조 시기에도 원기 개념이 없었던 것은 아니다. 문제는 이곳의 원기가 선천기에 대응하는가이다. 후천의 기이지만 이미 들어와 있던 기라는 뜻에서 원기라고 했을 수도 있다.

僊公公子: 양구자는 선공僊公을 『황정경』의 수행법을 익히는 이로, 공자公子를 동방궁의 무영공자로 보았다. 즉 『황정경』의 수행법을 익히는 이가 무영공자를 존사한다는 뜻으로 해석했다.[2] 이곳에서는 선인의 범칭으로 보인다.

2) 朱鳥吐縮白石源, 結精育胞化生身.

朱鳥: 혀.

吐縮: 양구자는 진액을 움직인다는 뜻으로 보았다.[3] 혀의 움직임에 관한 묘사로 보인다.

白石源: 치아 사이로 옥액이 새어나오는 모습을 표현했다.

結精育胞: 『내경경』에서 포胞는 이곳에만 쓰였다. 이 구절은 비장장(제15)의 "或精或胎別執方"과 유사해 보인다. 태胎를 포胞로 썼을 가능성이 있다. 여성과 남성을 나눈 것이라기보다는 몸에서 방중의

---

2) 『黃庭內景玉經注』: 洞房宮左爲無英, 一名公子, 仙公直指, 黃庭學者, 黃庭仙公, 能行洞房之訣, 而存其公子, 故言在前也.

3) 『黃庭內景玉經注』: 朱鳥, 舌象. 白石, 齒象. 吐縮, 導引津液.

이미지를 차용하여 성태를 만드는 과정을 묘사한 것이다. 포를 태로 쓴 이유는 뒤에 태가 이어서 나오기 때문일 것이다. 그렇다면 단순히 정을 맺어서 포를 기른다는 뜻으로 해석할 수도 있다.

3) 留胎止精可長生, 三氣右徊九道明.

留胎止精: 역으로 직전의 설명과 부합한다. 정기를 누설하지 않아야 한다는 뜻이다.

三氣右徊: 삼단전의 기운이 운행하는 것을 일·월·성의 운행에 빗대어 묘사했다. 하늘이 좌선左旋함에 반해서 일·월·행성이 우선右旋한다는 천문학적 이해가 전제되어 있다. 일·월·성이 하늘을 가로질러 운행하는 것을 설명하는 방식 중 하나다. 상청경 삼기 중 하나인 『동진고상옥제대동자일옥검오로보경』에는 다음과 같은 구절이 보인다.

구천을 좌회전하니 칠요는 하늘의 운행과 반대로 움직이는구나. 칠요의 움직임을 칠변이라고 한다.[4]

九道明: 구천이 밝아진다는 뜻이다.

4) 正一含華乃充盈, 遙望一心如羅星.

正一含華: 양구자는 바름을 존사하고 일을 지켜 신기가 꽃피운다

---

4) 『洞眞高上玉帝大洞雌一玉檢五老寶經』: 左迴九天, 顚倒七曜, 七曜運景, 是謂七變.

는 뜻으로 해석했다.5)

5) 金室之下不可傾, 延我白首反孩嬰.

金室之下: 오행 중 금은 오장의 폐에 해당한다. 폐의 아래 즉 심장
을 가리킨다.

不可傾: 도장본과 운급칠첨본에 모두 "可不傾"으로 되어 있다. 문
리에 따라 고쳤다. 뚜총은 고치지 않았으나 不可傾이라는 뜻으로 해
석했다.6)

---

5) 『黃庭內景玉經注』: 存正守一, 神氣華榮.

6) 杜琮·張超中, 『黃庭經今譯·太乙金華宗旨今譯』, 70쪽.

瓊室章第二十一

瓊室之中八素集, 泥丸夫人當中立. 長谷玄鄕繞郊邑, 六龍散飛難分別.
長生至愼房中急, 何爲死作令神泣, 忽之禍鄕三靈歿. 但當吸氣錄子精,
寸田尺宅可治生. 若當決海百瀆傾, 葉去樹枯失靑靑, 氣亡液漏非己形.
專閉御景乃長寧, 保我泥丸三奇靈. 恬淡閒視內自明, 物物不干泰而平.
愍矣匪事老復丁, 思詠玉書入上淸.

뇌부에 여덟 개의 상서로운 기운이 모여 있고 니환부인은 중앙에 서 있다.
긴 골짜기 어둑한 고향은 교읍을 두르고 있다. 육룡이 흩어져 날아오르니
구분하기 어렵다. 장생에 있어 지극히 삼갈 것은 방중이 급하니 어찌 죽을
짓을 하여 (몸의) 신을 슬퍼하게 만드는가? 화향(즉 현향)의 일을 소홀히 하
면 삼령이 소멸하리라. 다만 마땅히 기를 마시고 정을 보관하며 단전과 얼
굴의 생기를 잘 길러야 한다. 만약 (장정하지 못하고) 바다를 터놓듯이 강물
을 기울이듯이 하면, 잎은 떨어지고 나무는 말라 푸르름을 잃어 기를 잃고
진액이 누설되니 자신의 몸이 아니게 된다. (정기가 새어나가지 않게) 단단
히 틀어막고 일월의 정기를 복식하면 길이 편안하리라. 나의 니환궁을 잘
보호하면 삼신이 신령해진다. 마음을 고요히 하고 감관을 막아 내시하면
몸의 안쪽이 저절로 밝아지리라. 외물에 얽매이지 않으면 태평하게 된다.
옳지 않은 일에 삼가면 노인이 다시 젊어지고, 옥서를 존사하며 암송하면
상청에 들어가리라.

해제 몸의 기운이 상승하는 방식을 용의 승천에 빗대어 묘사하고, 정기의
보존을 강조하고 있다.

1) 瓊室之中八素集, 泥丸夫人當中立.

瓊室: 양구자는 뼈를 상징한 것이라고 말한다.[1] 뚜총은 뇌부구궁 중 뒤에 나오는 니환궁을 제외한 나머지 여덟 궁이라고 했다.[2] 샤오 덩푸는 천잉닝의 뇌실이라는 견해를 인용·소개하고 있다.[3] 뒤의 팔소八素와 연결되어 있는 개념이다.

八素:『내경경』에서 팔은 우주의 팔방, 체내의 팔방이라는 뜻으로 쓰이고 있다. 몸의 팔방은 뇌부에 한정되지 않는다. 다음은『내경 경』에 나오는 관련 용례다. "五靈夜燭煥八區"(上睹章), "重堂煥煥揚八威"(黃庭章), "雷電八振揚玉旌"(膽部章), "兼行形中八景神"(治生章), "羽服一整八風驅"(隱景章), "明神八威正辟邪"(隱藏章). 뇌부라고 단언할 수 있는 용례는 없다. 오히려 몸 전체 혹은 몸통을 가리킨다고 볼 수 있다. 그러나 이곳의 팔소는 뇌부구궁 중 니환궁을 제외한 나머지 팔궁으로 봐야한다. 혹은 팔소를 삼소 즉 세 가지 색의 기운을 여덟 조로 묶은 것이라고 하면 그저 상서로운 기운이라고 할 수도 있을 것이다.

2) 長谷玄鄉繞郊邑, 六龍散飛難分別.

長谷玄鄉繞郊邑: 양구자는 장곡을 코로, 현향을 신장으로, 교읍을 오장육부로 보았다.[4]『내경경』에서 현玄은 대부분 신장과 연관되어 있다. 약득장(제19)에는 "若得三宮存玄丹"이라는 구절이 있고, 비

---

1)『黃庭內景玉經注』: 瓊室體骨之象也.

2) 杜琮·張超中,『黃庭經今譯·太乙金華宗旨今譯』, 72쪽.

3) 蕭登福,『黃庭經古注今譯』, 287쪽.

4)『黃庭內景玉經注』: 長谷鼻也. 玄鄉腎也. 郊邑爲五藏六府也.

장장(제15)에는 "丹玄鄕"이 있다. 단현향은 신장이다. 이곳의 현향도 신장이라고 해야 할 것이다. 장곡은 긴 골짜기 즉 척추다. 교읍은 오장육부 전체를 가리키지는 않는다. 신장의 가운데는 배꼽 부위다. 배꼽 부위를 가리킨다고 보아야 할 것이다.

六龍: 양구자는 육부의 기운으로 보았다.[5] 담은 십이지장과 연결되므로 담을 통해서 육부의 기운이 올라간다고 생각했을 것이다. 담부장(제14)에 따르면, 담부의 신은 용요龍曜로 육부의 정을 관장한다.[6]『내경경』에는 육부의 신이 따로 묘사되어 있지 않다. 담관이 십이지장 그리고 간과 연결되어 있기 때문에 육부의 정을 관장한다고 여겼을 것이다. 심신장(제8)에서도 담신의 이름을 용요라고 했다. 담부장에서는 담부를 묘사할 때 용기龍旗라는 표현을 사용했으며, 용호의 무늬가 있는 띠를 차고 있다고 했다(佩金帶玉龍虎文).『내경경』에서는 특히 담이 용과 밀접한 관련을 지니고 있다. 육부의 기운이 담을 통해 올라가는 모양이다.

3) *忽之禍鄕三靈歿.*

禍鄕: 앞의 현향 즉 신장이다. 정이 새어 나가는 곳이므로 화향이라고도 말할 수 있다.

三靈: 양구자는 삼혼이라고 했다.[7] 삼혼일 수도 있고 삼단전의 기운일 수도 있다. 또한 일·월·성의 기운이라고 해도 문제가 없다. 중

---

5)『黃庭內景玉經注』: 言六腑之氣, 微妙潛通, 難可分別, 當審存之也.

6) 膽部之宮六腑精.

7)『黃庭內景玉經注』: 三靈三魂也.

의적이다.

4) 但當吸氣錄子精, 寸田尺宅可治生.

但當吸氣錄子精: 양구자는 흡기할 뿐 사정하지 않는 것이라고 했다.[8] 이 당시에는 체내신을 존사하는 존사법과 외기를 흡입하는 태식법이 유행하고 있었다. 자정子精을 기록한다는 것은 신선의 명단에 이름을 올린다는 뜻으로 볼 수도 있을 것이다.

寸田: 양구자는 촌전척택寸田尺宅을 삼단전이라고 했다.[9] 그러나 척택은 얼굴이므로 구분해야 한다. 단전이다.

尺宅: 비부장(제13)에도 나온다.[10] 얼굴을 가리킨다. 천중장(제9)에서는 영택靈宅이라고 했다.[11]

可治生: 얼굴에 관한 설명이 나오는 앞에서 인용한 구절들에서는 모두 얼굴을 깨끗이 청소해 두어야 한다고 말했다. 이곳에서도 같은 의미로 보인다.

5) 專閉御景乃長寧, 保我泥丸三奇靈.

御景: 양구자는 태양의 빛을 복식하는 것이라고 했다.[12] 경景은 영影과 같고, 빛을 나타낸다. 어御는 복식 즉 먹는다는 뜻이다.

三奇靈: 양구자는 태청 중의 삼군, 삼단전의 신, 부적의 신으로 보

---

8) 『黃庭內景玉經注』: 呼吸吐納, 閉房止精.

9) 『黃庭內景玉經注』: 謂三丹田之宅, 各方一寸, 故曰寸田.

10) 『太上黃庭內景玉經』: 外應尺宅氣色芳.

11) 『太上黃庭內景玉經』: 靈宅既清玉帝遊

12) 『黃庭內景玉經注』: 存服日光.

았다.13)『외경경』에서는 머리·심장·단전의 세 곳을 가리킨다는 것이 비교적 분명하다. 『내경경』에서는 심장과 황정이 포함된다는 것은 분명한데, 머리가 포함되는지는 않는다. 오히려 심장·황정·단전 셋을 가리킬 가능성이 높다. 그렇다고 해서 머리가 중시되지 않는 것이 아니다. 머리는 오히려 체간을 그대로 반영하고 있다. 앞에서 말했듯이 명당은 심장, 동방은 황정, 니환은 하단전에 대응한다.

6) 物物不干泰而平, 愨矣匪事老復丁, 思詠玉書入上淸.

物物不干泰而平: 양구자는 참된 도를 행하면 삿된 외물이 범접하지 못한다는 뜻이라고 해석했다.14) 이곳의 주지는 정을 밖으로 유출시키지 않는 것이고, 정은 외물과 접촉함으로써 새어나가므로 외물에 관여하지 않는다는 뜻으로 해석해야 할 것이다.

愨矣匪事: 양구자는 반드시 정성스럽게 행한다고만 했다.15) 옳지 않은 일을 삼간다는 뜻으로 해석해야 할 것이다.

上淸: 『내경경』이 상청파에 의해 저술되었으므로 상청에 들어간다고 말한 것이다. 상청은 삼청 중 하나로 옥신대도군이 다스린다.

---

13) 『黃庭內景玉經注』: 一曰太淸之中三君, 二曰三丹田之神, 三曰符籍之神, 故曰三奇靈也.
14) 『黃庭內景玉經注』: 行道眞正, 邪物不干.
15) 『黃庭內景玉經注』: 愨矣必然.

常念章第二十二

常念三房相通達, 洞視得見無內外. 存漱五芽不飢渴, 神華執巾六丁謁.
急守精室勿妄泄, 閉而寶之可長活. 起自形中初不闊, 三宮近在易隱括.
虛無寂寂空中素. 使形如是不當汙, 九室正虛神明舍. 存思百念視節度,
六腑修治勿令故, 行自翺翔入雲路.

세 개의 방에 있는 기운이 서로 왕래하는 것을 늘 존사하면 내외의 구분
없이 꿰뚫어 볼 수 있다. 다섯 하늘의 기운을 존사하고 침을 모아 삼켜 굶
주림이나 갈증이 없으면, 신인 화가 건을 잡고 육정신이 알현한다. 급히 정
실을 지키고 함부로 누설하지 말며, 정실을 막아서 보배로이 여기면 장생
할 수 있다. 정기가 몸 안에서 생겨날 때 처음에는 크지 않다. 삼단전은 몸
에 가까이 있으니 은밀히 새어나가지 않게 만드는 것이 쉽다. 마음을 허무
적적하게 하면 공중에 상서로운 기운이 나타난다. 몸을 이렇게 만들어 더
러운 것을 가까이 하지 않으면 뇌부에 있는 아홉 개의 궁이 깨끗이 비워져
신명이 머문다. 존사하고 암송하는 것을 법도에 맞게 하고, 육부를 닦아 옛
것이 없게 하면 (음식을 먹지 않아 속을 비우면) 저절로 날아올라 하늘 길에
들게 되리라.

해제 단을 만드는 과정이 주된 내용이라면 이곳에서는 정기의 누설을 막
는 것과 음식을 먹지 않는 것 그리고 수행의 효과 등 수행에 수반되는 내
용을 언급하고 있다.

1) 常念三房相通達, 洞視得見無內外.
三房: 양구자는 명당·동방·단전의 셋으로 보았다.1) 앞서 보았듯이

동방궁의 무영공자와 백원공은 각각 간부와 폐부를 담당하고 있고, 비장장(제15)에서는 방중의 이미지가 차용되기도 했다. 이들 세 신은 때로는 수직적 위계에 따라, 때로는 뇌부에, 그리고 어떤 경우에는 하단전 부위에 수평으로 배열되어 있는 듯이 보인다.『내경경』의 삼궁·삼신·삼진이 무엇인지 확정하기는 어렵다. 중의적인 표현이다.

洞視得見無內外: 유학에서는 인간적 가치의 발휘가 중시됨에 반해 도가에서는 개체의 극복을 중시했다. 이 구절은 개체성을 넘어서서 안팎의 경계가 사라진 상황을 묘사하고 있다.

2) 存漱五芽不飢渴, 神華執巾六丁謁.

存漱五芽: 양구자는 오아五芽를 오행의 생기로 오장과 짝한 것이라고 했다. 그리고 영보靈寶의 글이라고 하면서 비교적 긴 길을 소개했다.

영보에는 오아를 복식하는 수행법이 있다. 오아는 오행의 생기로서 오장에 짝한다. 원정경에서는 마음과 같이 말한다. 늘 입춘날 새벽에 방에 들어가 동쪽으로 구배하고 다리를 펴고 앉는다. 이를 아홉 번 두드리고 동방안보화림청령시노군 구천만인이 방 안에 하강하여 마치 구름이 덮듯이 방 안이 기운으로 그득해서 자신의 몸을 덮고 입으로 들어가 곧 간부에 내려가는 것을 존사하다. (이어서) 주문을 외운다. 구기청천원시상정황로존신께서 푸른 깃옷을 입으시고 천관을 부리며 세성歲星을 밝혀 빛을 퍼뜨리고 향기를 흘려 내 몸을 깨끗이 씻어 주니, 위로 조하의 기운

---

1)『黃庭內景玉經注』: 三房謂明堂洞房丹田之房也.

을 먹어 목정을 받아들여 푸른 이빨을 기르고 썩어 빠진 몸을 보호하는
구나. 간부에 기운이 충실함에 옥지가 자생하니 수명이 늘고 얼굴빛은
다시 아이가 되며 오기가 섞여 천지가 함께 길어진다. 주문을 마치고는
청기를 아홉 번 삼킨다. 곧 동방적서옥문 열두 자를 복용한다. 나머지
남·서·북·중앙은 영보에서 오아를 복용하는 것에 따라서 행한다.[2]

그러나 당 현종 때의『유진선생복내원기결幼眞先生服內元炁訣』에
는 오아를 복식한다는 말이 나온다.

기이경(일·월), 오아, 육무 및 여러 복기법은 모두 외기를 흡입하는 수행
법이다. 외기는 강경하므로 민간의 선비들이 복용할 만한 것이 아니다.
내기를 복용하는 것을 태식이라고 하는데, 내기는 본래 몸에 있는 것으
로서 밖에서 얻는 것이 아니다.[3]

五芽는 五牙와 같다. 외기로서 오천五天의 기운이다.
神華: 양구자는 도모道母라고 했다.[4] 도모는 비장장(제15)에 나온

---

2)『黃庭內景玉經注』: 靈寶有服御五牙之法. 五牙者, 五行之生氣, 以配五臟元精. 經云:
常以立春之日鵝鳴時入室, 東向禮九拜, 平坐, 叩齒九通, 思存東方安寶華林青靈始
老帝君九千萬人下降室內, 鬱鬱如雲, 以覆己形, 從口中入, 直下肝腑. 祝曰: 九氣青天
元始上精皇老尊神, 衣服羽青, 役御天官, 煥明歲星, 散耀流芳, 淘漑我形. 上食朝霞,
服引木精. 固養青牙, 保鎮朽零. 肝腑充盈, 玉芝自生, 延年駐壽, 色反童嬰. 五氣混合,
天地長並. 畢, 引青氣九咽止, 便服東方赤書玉文十二字也. 餘南方, 西方, 北方, 中央,
依按《靈寶》服御五牙之法而行之.
3)『幼眞先生服內元炁訣』: 其二景(日月), 五牙, 六戊及諸服炁法, 皆爲外炁. 外炁剛勁,
非俗中之士所宜服也. 至如內炁, 是曰胎息, 身中自有, 非假外求.

다. 결단을 위한 결합을 상징한다. 맥락상 이곳에 적합하지 않다. 뚜총은 도교 경전에서는 육갑과 육정이 늘 같이 나온다고 하면서, 육정이 뒤에 나오므로 육갑신으로 봐야 한다고 했다.[5] 샤오덩푸도 육갑과 육정의 설을 받아들이면서 여신인 화려라고 해석했다.[6] 뚜총과 상반된 해석이다.『외경경』8장에 이것과 대응하는 구절이 있는네, 육정신 외의 다른 신은 없다. 뚜총의 해석을 따른다.

六丁: 비장장(제15)의 주석에서 말했듯이『정일법문십록소의』에서는 육십갑자의 신을 몸에 대응시키고 있었다. 이런 관념은 육십갑자신의 존재를 전제한다. 이미 상대商代부터 천간과 십이지로 햇수와 날을 기록하는 관행이 있었던 것으로 보인다. 도교에서는 이런 관행에 근거해서 육십갑자 각각에 하나씩 신을 배당했다. 샤오덩푸의 소개에 따르면 이런 관념과 관련된 비교적 성립 시기가 빠른 문헌은『정일법문십록소의』외에도『육십갑자본명원진력六十甲子本名元辰曆』과『원진장초립성력元辰章醮立成曆』두 종이 있다. 육십갑자신의 분류법에는 크게 두 가지가 있다. 하나는 십을 단위로 여섯으로 나누는 것이고, 다른 하나는 음양을 기준으로 열두 개로 나누는 것이다. 후자는 갑자甲子·갑술甲戌·갑신甲申·갑오甲午·갑진甲辰·갑인甲寅의 육갑과 정묘丁卯·정사丁巳·정미丁未·정유丁酉·정해丁亥·정축丁丑의 육정으로 되어 있다. 이들 신은 비교적 위계가 낮기는 하지만 도교에서 재앙과 귀신을 물리치는 술법을 행할 때 늘 불러서

---

4)『黃庭內景玉經注』: 神華者, 玉歷經云, 太陰玄光玉女道之母也.

5) 杜琼·張超中,『黃庭經今譯·太乙金華宗旨今譯』, 74쪽.

6) 蕭登福,『黃庭經古注今譯』, 296쪽.

청하는 호법신護法神이다.7)

3) 急守精室勿妄泄, 閉而寶之可長活.

精室: 양구자는 삼단전으로 본다.8) 황정장(제4)에서는 신장의 깊은 궐은 높이 솟아 있으니 삼단전의 정기가 은미하다고 했다.9) 삼관장(제18)에서는 "三關之中精氣深"이라고 했다. 정精은 온몸에 있으므로 삼단 혹은 몸이라고 해도 좋다. 다만, 좁혀서 말하면 신장이다. 이어지는 맥락을 보면 하복부 쪽을 가리키는 듯하고, 그렇다면 신장이 보다 유사할 것이다. 경실장(제21)의 화향禍鄕과 같다.

4) 起自形中初不闊, 三宮近在易隱括.

初不闊: 정기가 보존되는 곳 혹은 생겨나는 곳은 아주 작다는 뜻으로 단전을 방촌方寸이라고 하는 것과 부합한다.

三宮: 양구자는 약득장(제19)의 삼궁과 이것을 모두 삼단전으로 보았다.10) 양구자는 삼을 일관되게 삼단전과 연결시킨다. 그러나 1)의 해설에서 말했듯이 중의적 표현이므로 단언하기 어렵다.

5) 虛無寂寂空中素, 使形如是不當汙.

虛無寂寂空中素: 『장자』의 허실생백虛室生白을 염두에 둔 말이다.

---

7) 육십갑자신에 관한 통시적 고찰은 蕭登福, 『太歲元辰與南北斗星神信仰』(香港: 嗇色園, 2011), 186-257쪽 참조.
8) 『黃庭內景玉經注』: 精室, 謂三丹田.
9) 『太上黃庭內景玉經』: 玄泉幽闕高崔嵬, 三田之中精氣微.
10) 『黃庭內景玉經注』: 謂三丹田眞官近在人身.

마음을 텅 비웠을 때 체험할 수 있는 신비로운 상태다. 상유장(제2)에서는 "三素雲"이라고 했고, 경실장(제21)에서는 "瓊室之中八素集"이라고 했다. 소소는 기운의 상서로움을 가리킨다.

6) 九室正虛神明舍, 存思百念視節度.

九室: 뇌부구궁을 의미한다.

節度: 존사의 절차.

7) 六腑修治勿令故, 行自翱翔入雲路.

翱翔: 빙빙 돌며 날아오르는 모양이다.

治生章第二十三

治生之道了不煩. 但修洞玄與玉篇, 兼行形中八景神, 二十四眞出自然,
高拱無爲魂魄安. 淸靜神見與我言, 安在紫房幃幕間. 立坐室外三五玄,
燒香接手玉華前, 共入太室璇璣門. 高硏恬淡道之園. 內視密盼盡見眞,
眞人在己莫問鄰, 何處遠索求因緣.

양생의 도는 명료해서 번거롭지 않다. 다만 동현의 상청경과 옥편을 닦고
겸해서 몸 안의 팔경신을 존사하면 이십사진이 자연으로부터 나와 높은
곳에서 공수한 채 무위하여 혼백이 편안해지리라. 마음을 청정하게 하면
신이 나타나 나와 더불어 말하면서 니환의 장막 사이에 편안히 있다. (이
때) 삼단전과 오장의 신이 궁의 밖에 서 있거나 앉아 있다가 향을 사르고
손을 모아 옥화 앞에 있다가 함께 태실의 북두칠성문으로 들어간다. 마음
을 지극히 담박하게 하는 것이 도를 얻는 방법이다. 정성스럽게 내시하면
신을 모두 볼 수 있다. 진인은 내게 있으니 결코 이웃에게 묻지 말라. 하필
먼 곳에서 인연을 구하겠는가?

해제 『황정경』수련과 팔경신을 존사하는 수행을 언급한 후 수행의 효과
를 말하고 있다. 비교적 존사수행을 강조해서 말하고 있는 편이다.

1) 治生之道了不煩, 但修洞玄與玉篇.

治生之道了不煩: 지도장至道章(제7)의 "至道不煩訣存眞"과 통한다.
『내경경』은 몇 개의 문헌을 더해서 만들어졌을 가능성이 있다. 도
장의 다른 문헌에서도 종종 확인할 수 있는 현상이다.

洞玄: 도교道敎는 도교 경전의 가르침이라는 뜻이고, 도교 경전 즉

도장의 기본 구도는 삼동사보三洞四輔다. 삼동은 동현洞玄·동진洞眞·동신洞神으로서 이런 구분에는 도교의 성립 과정이 반영되어 있다. (물론 이 과정은 단번에 이뤄진 것이 아니고, 예외 없이 확고한 것도 아니다.) 삼동이라는 분류를 창안한 이는 육수정陸修靜(406~477)으로 창안 시기는 433년 전후로 추정된다. 육수정은 천사도天師道 즉 오두미도의 문헌에 상청파와 영보파의 경전을 흡수해서 도장의 편제를 만들었다. 이것은 도교의 통합을 의미하는 사건이기도 하다. 육수정은 오두미도에 다른 사조를 결합하는 것을 대승행大乘行의 구현으로 보았는데, 경전뿐만 아니라 실질적인 내용도 종합하려 했다. 그는 『동현영보오감문洞玄靈寶五感文』에서 당시의 천사도가 실시하고 있던 재계齋戒를 크게 제일동진상청지재第一洞眞上淸之齋·제이동현영보지재第二洞玄靈寶之齋·제삼삼원도탄지재第三三元塗炭之齋로 나누고, 제이동현영보지재를 다시 구법으로 분류했다. 즉 금록재金籙齋, 황록재黃籙齋, 명진재明眞齋, 삼원재三元齋, 팔절재八節齋, 자연재自然齋, 동신삼황지재洞神三皇之齋, 태일지재太一之齋, 지교지재指敎之齋가 그것이다. 이 중 본래의 천사도 재계법은 삼원재와 지교지재뿐이고, 다른 것들은 천사도가 『상청경』과 『영보경』을 참고해서 새롭게 재정하거나 인용한 것이다. 초재의 경우도 다르지 않아서 대부분 갈씨도葛氏道와 상청파에서 인용한 것이다. 천사도는 다른 사조를 인용하면서 천사도의 이념을 고집하지도 않았다. 예를 들어, 본래 천사도의 최고신은 태상대도인데, 원시천존을 최고 신위로 하는 갈씨도의 『영보경』을 받아들인 후에는 원시천존이 천사도의 최고 신위가 되었다. 물론 천사도는 대도를 여전히 최고 신위로 간주했지만, 영보파

와의 관계에서는 원시천존의 제자로 격하되었고 천사도는 이런 문제를 해결하지도 않았다. 유송 말 북제 초에 이르자 사보의 개념이 생겨났다. 사보는 삼동의 개념을 보완하기 위한 것으로, 태현太玄·태평太平·태청太淸·정일正一로 구성되어 있다. 삼동사보의 의미에 관해서는『도교의추道敎義樞』권2『칠부의七部義』(『正統道藏』太平部)에 상세히 기록되어 있다. 그중 사보의 삼동에 관한 설명은『정일경도과계품正一經圖科戒品』의 인용 형식을 띠고 있다.

정일경도과계품에서는 말한다. 태청경은 동신부를 보조하니, 금단 이하의 선품에 관한 내용을 다룬다. 태평경은 동현부를 보조하니 갑을십부 이하의 진업을 다룬다. 태현경은 동진부를 보완한다. 오천문 이하의 성업을 다룬다. 정일법문은 도덕경을 으뜸으로 하고 삼동을 숭상하며 삼승을 두루 언급한다.[1]

동진	동현	동신	정일
태현	태평	태청	

인용문의 성聖과 진眞 그리고 선仙은 등급을 함축한다.『남제서南齊書』「고환전顧歡傳」에 따르면, "선仙이 변하여 진眞이 되고 진이 변하여 신神으로 되는데 혹은 성聖이라고 하여 각각 9품이 있다"[2]고

---

1)『七部義』: 正一經圖科戒品云: 太淸經輔洞神部, 金丹巳下仙品; 太平經輔洞玄部, 甲乙十部巳下眞業; 太玄經輔洞眞部, 五千文巳下聖業; 正一法文宗道德, 崇三洞, 徧陳三乘.

2)『南齊書』「顧歡傳」: 仙變成眞, 眞變成神, 或謂之聖, 各有九品.

한다. 결국 신선은 총 27품이 있으며, 성 즉 태현경이 가장 높고 태평경이 다음이며 태청경이 그다음이다. 예문에서 말한 정일법문에 관한 설명 중 삼승은 같은 곳에서 다음과 같이 설명하고 있다.

삼동이 비록 셋이지만 겸해서 말하면 일승의 도다. 태현은 대승이고 태평은 중승이며 태청은 소승이다. 정일은 삼승에 모두 통해 있다.[3]

사보의 창안자는 남조의 제·양 시기에 활동했던 맹지주孟智周로 추정된다. 이 점도『도교의추』권2『칠부의』에서 추정할 수 있다. 그는『옥위玉緯』라는 도서목록집을 만든 것으로 보인다. 사보가 성립됨에 따라 이전에는 등급관계가 불분명했던 삼동에도 등급관계가 생겼다. 천사도는 정일부에서 시작하여 태현을 익힌 후 동신·동현·동진을 공부했다. 태평부와 태청부는 그다지 중시되지 않았다. 도경의 학습은 도사의 지위와도 연결된 문제였다.『삼동봉도과계의범三洞奉道科戒儀範』에 따르면 법사의 지위는 정일법사正一法師, 고현법사高玄法師, 동신법사洞神法師, 동현법사洞玄法師, 동집법사洞眞法師, 대동법사大洞法師, 삼동법사三洞法師로 되어 있으며 이 중 삼동법사의 지위가 가장 높았다. 결국 도사의 등급 제도는 도장의 편제가 이뤄진 후에 성립된 것임을 알 수 있다.[4]

3)『七部義』: 三洞雖三, 兼而該之, 一乘道也. 太玄爲大乘, 太平爲中乘, 太淸爲小乘, 正一通於三乘也.

4) 삼동사보의 성립과 관련된 논의는 小林正美, 「三洞四輔與道教的成立」,《道家文化研究》16輯(北京: 三聯書店, 1999)을 참조·정리했다.

이상 삼동사보의 성립을 개관했는데, 이곳의 동현이 분류 기준으로 사용된 삼동 중 하나인 동현인지는 불분명하다. 동현은 본래 삼동이라는 분류 개념 이전부터 존재했으므로, 이곳에서 말하는 동현의 의미를 삼동의 동현이라고 단정할 수 없기 때문이다.

2) 兼行形中八景神, 二十四眞出自然.

八景神: 천중장(제6)에서 말했다. 몸을 셋으로 나누고, 각각 여덟 신을 배정하면 총 24신이 된다. 『상청자정군황초자영도군동상경上淸紫精君皇初紫靈道君洞房上經』에서는 24신을 상세히 묘사하고 있다. 24신의 수행법도 존사다. 『상청자정군황초자령도군동방상경』의 구절을 인용한다.

이십사 신을 존사하는 것은 늘 한밤에 한다. 베개를 치우고 똑바로 누워 악고하고 몸을 이완한다. 기운을 조절하여 은미하게 한 후 그 신신을 존사하고 제군을 편안히 사념한다. 신의 위치와 흡사하게 하여 눈을 감고 내시한다. 존사가 잘 안 되면 향을 사르고 똑바로 앉아 눈을 감고 손을 쥐어 양 무릎 위에 두고 여러 신을 존사한다. 주문을 외는 것은 법식대로 한다. 새벽과 낮에 존사할 때는 똑바로 앉아서 행하되, 보는 이가 없도록 한다. 모두 눈을 감고 내시하여 존사한다.[5]

---

5) 『上淸紫精君皇初紫靈道君洞房上經』: 存二十四神, 常以夜半, 去枕平臥, 握固放體, 氣調而微, 存思其身神, 安念帝君, 令髮髴居位, 閉目內視之. 如有不具, 便當燒香平坐閉目, 握固兩膝上, 精存衆神, 祝行如法. 其平旦, 日中時存神, 自平坐而行之, 勿令有見之者矣. 皆內視臨閉而存也.

3) 高拱無爲魂魄安, 淸靜神見與我言.

高拱無爲: 양구자는 좌망坐忘과 같은 것이라고 보았다.[6] 일견 허정의 상태를 달리 말한 것으로, 그의 의견에 따를 만해 보인다. 그러나 뒤의 청정과 중복된다는 문제가 있다. 24신이 합쳐져 하나의 제帝가 되면 단순히 무위하는데도 내 몸의 혼백이 편안해진다는 뜻이다. 무위는 실제로 몸 안의 신이 몸을 무위로 다스린다는 뜻이다.

淸靜神見與我言: 양구자는 신神을 심장신으로 아我를 황정진인으로 보았다.[7] 황정에서 결정되어 만들어져 단전에서 자라는 성태를 아라고 칭했을 것이다.

4) 安在紫房幃幕間, 立坐室外三五玄.

紫房: 양구자는 강궁 즉 심장으로 보았다.[8] 앞의 신이 머무는 곳이다. 뒤의 삼·오가 삼단전에 해당하는 부위와 오장을 의미하고 뇌부구궁이 체간과 대응한다면, 뇌부구궁을 대표하는 곳일 가능성이 있다. 『상청태상제군구진중경上淸太上帝君九眞中經』에는 제군태일의 다섯 신이 섞여 변해서 하나의 대신이 되어 니환자방중泥丸紫房中에 머문다는 말이 있다.[9] 니환궁일 가능성이 높다.

三五: 양구자는 삼단전과 오장신으로 보았다.[10] 중의적인 표현이

---

6)『黃庭內景玉經注』: 行忘坐忘, 離形去智.

7)『黃庭內景玉經注』: 能淸能靜, 則心神自見, 機覽無外, 與己言之, 則謂黃庭眞人也.

8)『黃庭內景玉經注』: 紫房幃幕, 一名絳宮, 赤城中童子, 所安之處, 存思心神, 其狀如此也.

9)『上淸太上帝君九眞中經』: 帝君大一五神, 混合變化爲一大神, 在泥丸紫房之中, 號曰帝昌上皇君, 字先靈元泉.

10)『黃庭內景玉經注』: 三田五藏眞氣.

므로 하나로 확정하기는 어려우나, 당연히 삼단전과 오장신의 개념
이 포함되어 있다.

5) 燒香接手玉華前, 共入太室璇璣門.

玉華: 옥화는 천중장(제6)과 약득장(제19)에 나온다. 천중장에서는 오
장의 기운, 약득장에서는 머리카락의 의미로 쓰였다.[11] 양구자는 미
간의 천정 즉 이마 부위라고 했다.[12] 샤오덩푸도 이 견해를 따르고
있다.[13] 선기璿璣는 심장 부위를 가리키므로 적절한 해석이 아니다.

太室: 양구자는 『동방경洞房經』을 인용해서 하늘에 있는 태실로 보
았다. "동방경에서는 다음과 같이 말한다. 하늘에는 태실·옥방·운정
이 있다. 운정은 중앙황로군이 거처하는 곳이다. 옥방은 자방이라
고도 강궁이라고도 하는데 통명은 명당이다."[14]

璇璣: 양구자는 중추 즉 중심이라고 했다.[15] 선기라는 표현은 약
득장(제19)의 "璇璣玉衡色蘭玕"에도 나온다. 이때의 선기를 양구자
는 후골喉骨이라고 했다. 옳지 않다. 선기옥형은 북두칠성을 이르는
말이기도 하다. 약득장의 선기는 심장 부위에 있다. 이곳도 다르지
않다. 이것은 태실을 명당이라고 하는 견해와 잘 어울린다.

---

11) 『太上黃庭內景玉經』: 外應口舌吐玉華(天中章), 雲儀玉華俠耳門(若得章).
12) 『黃庭內景玉經注』: 玉華則華蓋之前也. 謂眉間天庭也.
13) 蕭登福, 『黃庭經古注今譯』, 303쪽.
14) 『黃庭內景玉經注』: 洞房經云: 天有太室, 玉房, 雲庭. 雲庭, 中央黃老君之所居也. 玉
    房, 一名紫房, 一名絳官, 通名明堂.
15) 『黃庭內景玉經注』: 璇璣, 中樞名

6) 高研恬淡道之圍, 內視密盼盡見眞.

密盼: 자세히 살펴보는 모양 즉 정성스럽게 존사하는 모양이다.

隱景章第二十四

隱景藏形與世殊, 含氣養精口如朱. 帶執性命守虛無, 名入上清死錄除.
三神之樂由隱居, 倏欻遊遨無遺憂. 羽服一整八風驅, 控駕三素乘晨霞,
金輦正位從玉輿, 何不登山誦我書. 鬱鬱窈窈眞人墟, 入山何難故躊躇,
人間紛紛臭如帤.

은밀히 자신의 모습을 숨기니 세속과 다르고, 기를 머금고 정을 기르니 입은 주사처럼 붉다. 본성을 견지하고 (본성의 특성인) 허무를 지키면 이름이 상청에 오르고 (죽음의) 명부에서 (이름이) 지워진다. 삼신의 즐거움은 은거에서 비롯되니 문득 소요하는 사이에 근심이 없어진다. (신선이 되면) 신선의 옷을 가지런히 입고 팔풍이 몰려와 길을 내면 삼소운에 멍에를 메고 새벽 기운을 탄다. (뒤따르는) 금련은 질서정연하게 옥수레를 따른다. (이렇게 될 수 있는데도) 어찌하여 산에 올라 황정경을 암송하지 않는가? (깊은 산속은) 기운이 가득하고 아리따우니 진인이 머무는 곳이다. 입산에 무슨 어려움이 있다고 주저하는가? 인간세는 어지럽고 어지러우니 헤진 형겊처럼 악취가 나는구나.

해제 『황정경』수행의 필요성과 효과를 말하고 있다. 『황정경』을 수행하는 이는 악취가 나는 세속과 관계를 끊고 매진해야 한다는 것이 주지다.

1) 隱景藏形與世殊, 含氣養精口如朱.
隱景藏形: 경景은 영影과 같다. 자신을 드러내지 않는다는 뜻이다.
口如朱: 호흡장(제20)에서도 주조朱鳥라고 해서 입을 붉게 묘사했다.

2) 帶執性命守虛無, 名入上淸死錄除.

帶執: 끼고 있으면서 견지한다는 뜻이다.

上淸: 상청선인의 이름을 기록한 명부를 의미한다.

死錄: 죽을 사람의 이름을 적은 기록부.

3) 三神之樂由隱居, 倏欻遊遨無遺憂.

三神: 양구자는 앞에서와 같이 일관되게 삼단전으로 보고 있다.[1]

倏欻遊遨: 속세의 억압에서 해방되어 신선의 경지에서 자유롭게
소요한다는 뜻이다.

4) 羽服一整八風驅, 控駕三素乘晨霞.

八風驅: 양구자는 바람이 앞길을 깨끗이 치워 놓는다는 뜻으로 해
석했다.[2]

三素: 『상청태상제군구진중경』에 따르면, 신마다 타는 구름이 다
른데 구름이 세 가지 색으로 되어 있기 때문에 삼소운이라 부른다
고 한다. 예를 들어, 태미천제군太微天帝君의 삼소운은 현청황운玄青
黃雲이고, 태극상진군삼원내궁진인太極上眞君三元內宮眞人의 삼소운은
자청황운紫青黃雲이며, 부상대제군扶桑大帝君의 삼소운은 백청황운
白青黃雲이다. 삼소운은 여덟 개의 절기를 기준으로 하므로 여덟 개
가 있다.

---

1) 『黃庭內景玉經注』: 三丹田之神.
2) 『黃庭內景玉經注』: 先驅掃路也.

5) 金輦正位從玉輿, 何不登山誦我書.

金輦正位: 양구자의『황정내경옥경주』에는 位가 "立"으로 되어 있다. 의미상 큰 차이가 없다.

我書:『내경경』을 가리킨다.

6) 鬱鬱窈窈眞人墟, 入山何難故躊躇, 人間紛紛臭如帑.

鬱鬱窈窈眞人墟: 양구자는 깊은 산속이라고 했다.[3] 깊은 산속 진인이 머무는 곳을 말한다.

帑: 양구자는 헤지고 질이 좋지 않은 비단이라고 했다.[4] 뚜총도 큰 헝겊이라고 했다.[5] 썩어 문드러져 악취가 나는 헝겊이다.

---

3)『黃庭內景玉經注』: 山中幽邃.
4)『黃庭內景玉經注』: 帑, 幣惡之帛也.
5) 杜琮·張超中,『黃庭經今譯·太乙金華宗旨今譯』, 79쪽.

五行章第二十五

五行相推反歸一. 三五合氣九九節, 可用隱地迴八術, 伏牛幽闕羅品列.
三明出於生死際, 洞房靈象斗日月. 父曰泥丸母雌一, 三光煥照入子室.
能存玄眞萬事畢, 一身精神不可失.

오행은 서로 미루어 나가다가 하나로 귀착된다. 삼단전과 오장의 기운이
어울려 지극한 변화를 거친 (신들은) 은지회팔술을 써서 위계에 따라 신장
에 자리를 잡아 숨는다. 일·월·성의 빛은 생사의 계기요, 동방궁의 신령스
러운 상은 북두와 일·월을 본떴다. 아버지는 니환이고 어머니는 자일로서,
일·월·성의 세 빛이 비춰 태로 들어온다. 현진을 존사할 수 있으면 수행은
완성되므로 몸의 정신을 잃어서는 안 된다.

해제 오행의 전도顚倒라는 현상을 설명하고, 결단이 일어나는 과정을 묘
사하고 있다.

1) 五行相推反歸一, 三五合氣九九節.

五行相推反歸一: 내단에서 말하는 '오행의 전도顚倒'에서 이 구절의
뜻을 알 수 있다. 주지하듯이 오행의 상생 순서는 목→화→토→금→
수이다. 그런데 내단수련에서는 청룡이 심화心火에서 백호가 신수腎
水에서 나오는 것으로 되어 있다. 상생관계의 전도다. 이런 구도는
본래 외단에서 유래했다. 외단에서는 단사에서 나오는 수은과 납에
서 나오는 은을 각각 목과 금에 대응시켰다. 붉은 단사는 화에 속하
므로 화에서 목이 나온다는 것도 상생관계의 전도다. 생명을 회복
하기 위해서는 오행상생의 흐름을 역으로 돌려야 한다는 생각이 전

제되어 있다. 일一로 돌아간다는 것은 생명의 방출에서 수습으로 나아간다는 뜻이다.

三五合氣九九節: 『황제구정신단경결黃帝九鼎神丹經訣』은 중국 연단술사를 관통하는 주 텍스트다. 『황제구정신단경결』에서 구九는 단사의 변화 즉 환원의 회수를 나타낸다. 모든 변화의 끝이라는 뜻이기도 하다. 연단술의 맥락에서 나온 것이므로 삼오는 연단의 약재를 의미할 수도 있다. 『상청대동진경』에서 모든 신을 존사한 후에 모든 신을 섞어서 제일존군을 만드는 과정도 연단술의 이미지에서 유래했을 것이다.

수행자가 옥경 삼십구 장을 모두 암송한 후에는 삼십구 회 이를 두드리고 곧 눈을 감고 (지금까지 존사해서 만들어 낸) 모든 신이 변해서 흰 기운으로 마치 흰 구름 모양으로 혼돈스럽게 된다. 허공 속에서 수행자의 입으로 들어와 오랫동안 있으면 문득 흰 기운이 몸의 아래쪽에서 나오고 또 성기에서 나오고 두 다리 아래에서 나오고 두 손바닥에서도 나와 온몸을 감싼다.····홀연히 기운이 맺혀 하나의 진인이 되는데 남자의 모양으로 갓난아이와 같은데 키는 네 치이고 호는 대동제일존군이라고 하며 이름은 부령재, 자는 합모정연으로 수행자의 사관을 지킨다. 온갖 신이 돌며 섞여서 이 제일존군을 이룬다. 그 존군이 수행자의 입속 혀 아래로 들어와서 위로 자방육합의 궁으로 들어가서는 밖을 향하고 앉는다. ····존군이 회오리바람과 같은 기운을 토해 내어 이 일·월의 빛을 불면 모든 것이 흰색으로 혹은 자색으로 바뀐다. 빛의 기운이 아래로 내려와 수행자의 오장육부와 온갖 마디에 숨어들게 하면 몸 안이 환해져서 안팎

이 마치 흰 태양의 모양을 이룬다.[1)]

『내경경』편집자들은 상청파 혹은 상청이라는 수행법의 흐름을 따르고 있으므로『상청대동진경』에서 각각의 신을 존사한 후 그 신들을 섞어 하나의 신으로 만드는 과정을 반영했을 가능성도 있다.

2) 可用隱地回八術, 伏牛幽闕羅品列.

可用隱地回八術: 양구자는 은둔하는 방법일 가능성을 제기했다.[2)] 『상청단경도정은지팔술경上淸丹景道精隱地八術經』에는 몸을 숨기는 여덟 가지 방법이 소개되어 있다. "一曰藏影匿形, 二曰乘虛御空, 三曰隱輪飛霄, 四曰出有入無, 五曰飛靈八方, 六曰解形遁變, 七曰迴晨轉玄, 八曰隱地舞天." 이 중 첫 번째의 장영닉형의 방법은 다음과 같다.

입춘날 새벽 정실에 들어가 동북쪽 모서리에 앉아 자줏빛 구름이 성대하게 동북쪽 모서리 간궁중에서 내려와 정실을 가득 채우고 안팎을 덮

---

1)『上淸大同眞經』: 兆誦詠玉經三十九章, 都畢, 叩齒三十九通, 便閉兩目, 存此百神變成白炁, 混沌如白雲之狀, 從玄虛中來入兆口中, 鬱鬱良久. 覺白炁從下部出, 又從玉莖中出, 從兩腳底出, 又從兩手心出, 冠纏一體, ... 忽結成一眞人, 男形, 如始生小兒, 身長四寸, 號曰大洞帝一尊君, 名父寧在, 字合母精延, 守兆死關, 衆神徊風混化, 共成此帝一尊君. 其尊君來入兆口中舌下, 逕上昇入紫房六合宮中, 平坐向外. ... 尊君口吐徊風之炁, 吹此日月之光, 皆鬱鬱變成白色, 或成紫色. 令光炁下入兆五藏六腑百節, 一身之內, 洞徹朗然, 內外如白日之狀.

2)『黃庭內景玉經注』: 九官中有隱遁變化之法,《太上八素奔晨隱書》是日八術. 又《太微八錄衍》云: 太微中有三君: 一曰太皇君, 二曰天皇君, 三曰黃老君. 三元之氣混成之精, 出入上淸太素之官, 能存思之, 又得長生.

어 가린다. 한참 있다가 아홉 색깔 짐승으로 변하는데 그 형상이 얼룩말
과 같다. (이 짐승이) 내 앞에 있으면 서른여섯 번 이를 두드리고 은미하
게 축문을 외운다. "원기를 돌려 빛을 만드니 빛이 밝은 가운데 그윽하
고 난향이 난다. 나를 자줏빛 담으로 덮어 주고 나를 금으로 된 성에 숨
겨 주기를. 기운과 하나가 되니 무엇도 나의 몸을 드러내지 못할 것이
다." 주문 외기를 마치면 곧 아홉 번 침을 삼키고…3)

伏牛幽闕: 유궐은 신장을 가리킨다. 황정장(제4)과 상도장(제16)에
도 나온다. 모두 같은 뜻이다. 신들 즉 기운이 신장에 모여드는 과정
을 상징적으로 묘사한 것이다.

3) 三明出於生死際, 洞房靈象斗日月.

三明出於生死際: 삼명은 일·월·성을 가리킨다. 일·월·성은 시간의
변화를 함축한다. 수행에서는 시간의 변화가 중요하다는 점을 전하
는 말이다.

洞房靈象斗日月: 동방洞房은 명당 뒤에 있는 뇌부구궁 중 하나다.
앞에서 설명했듯이 좌측의 무영공자, 우측의 백원군, 중앙의 중앙
황로군이 함께 다스린다. 『내경경』에서는 동방을 특히 중시하는 경
향이 있다. 『외경경』과 달리 『내경경』에서 황정이 중시되는 현상과

---

3) 『上淸丹景道精隱地八術經』: 當以立春之日, 平旦入室, 向東北角上坐, 思紫雲鬱鬱,
從東北角上艮宮中, 下覆滿一室, 晻冥內外, 良久, 化爲九色之獸, 狀如騏之形, 在我
眼前, 因叩齒三十六通, 而微祝日: 迴元變影, 晠暉幽蘭, 覆我紫墻, 藏我金城, 與炁混
合, 莫顯我形. 畢, 便九咽止.

유관하다. 북두와 일·월도 모두 이곳에 들어 있는 것처럼 묘사되고 있다. 북두가 중앙황로군이라면, 일은 무영공자가 월은 백원군이 되어야 할 것이다.

4) 父曰泥丸母雌一, 三光煥照入子室.

父曰泥丸母雌一: 뇌부구궁은 다섯의 웅일雄一 즉 남성 신과 넷의 자일雌一 즉 여성 신으로 나뉜다. 뇌부구궁도에서 아래의 명당·동방·니환·유주 및 니환 위의 현단에는 남성 신이 머문다. 나머지는 여성 신의 처소다.

三光煥照入子室: 자실은 수행자가 수련하는 정실靜室일 수도, 몸 안의 특정 부위일 수도 있다. 몸의 특정 부위라면 황정일 가능성이 높다. 『내경경』의 황정은 결정結精하는 즉 성태가 만들어지는 장소다. 앞에서 니환과 자일을 말해서 방중의 이미지를 차용하고 있기 때문이다.

5) 能存玄眞萬事畢, 一身精神不可失.

玄眞: 양구자는 수일守一로 봤다.[4] 맥락을 고려할 때 성태를 가리킨다고 생각된다. 약득장(제19)의 현단玄丹과 같다.[5]

---

4) 『黃庭內景玉經注』: 莊子曰, 人能守一萬事畢.
5) 『太上黃庭內景玉經』: 若得三宮存玄丹.

4장
高奔章第二十六

高奔日月吾上道, 鬱儀結璘善相保, 乃見玉淸虛無老, 可以回顏塡血腦.
口銜靈芝擁五皇. 腰帶虎籙佩金璫, 駕歊接生宴東蒙.

높이 해와 달로 달려가는 것은 우리의 높은 수행법이다. 해와 달을 모두 잘
존사하면 옥청의 신선을 뵈어 얼굴을 젊게 만들고 뇌부를 (정기로) 채울 수
있다. (일·월의 존사법을 잘 수행하면) 입에는 영지를 물고 오황과 함께 노닐
수 있다. (오황은) 허리에 신호부록과 유금화령을 차고 있다. (해의 정기를
마시고 존사하면) 홀연히 바람을 타고 해에 올라 접생과 함께 동몽에서 연
회에 참여할 수 있다.

해제 해와 달의 존사수행법을 다루고 있다. 이 장부터는 결단의 수행과는
거리가 있는 내용이 나온다. 앞과는 맥락이 다르므로 4장으로 구분했다.

1) 高奔日月吾上道, 鬱儀結璘善相保.

高奔日月: 해와 달의 정기를 복식한 후 해와 달에 올라 노니는 수
행법이다. 육조 시기 도교 경전 중에는 이 수행법에 관한 것이 적지
않았다. 그중『태상옥신울의결린분일월도太上玉晨鬱儀結璘奔日月圖』는
『상청태상제군구진중경』에서 말하는 분일월법奔日月法에 도상을 더
하고 부연한 문헌이다.

무릇 울의 분일의 수행법을 행할 때는 언제나 새벽 해가 뜰 때를 엿보아
해가 없을 때 정실에서 동쪽을 향하고 이를 아홉 회 두드리고 눈을 감고
아홉 번 숨을 참고 해의 광휘를 아홉 번 삼키고 빛이 입으로 들어오는

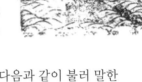

것을 존사한 후 곧 삼킨다. 이를 마치면 조용히 다음과 같이 불러 말한
다. "일중청제 휘 원상원 자 조용도는 청색옥빛 비단 치마를 입고 푸르
고 붉은 날개치마를 입었으며 취부용신관을 썼다. 일중적제 휘 단영시
는…"[1)]

① 양기가 원해에서 생겨나 아래서부터 올라온다. 양의 정기를 뭉치게
하고 뭇 음기를 흩는다. 그 속에 대신이 있으니 울의의 군으로서 이 진
기를 내려 보내 나의 몸을 씻어 준다. ② 금륜 즉 해가 단서를 드러냄에
환하게 밝히니 불빛이 내달리다가 날아간다. (그 날아가는 사이의) 만리
길에 정기를 흘리고 마기는 깨끗이 씻겨 염화가 사라지고 먼지는 씻기
며 텅 빈 가운데를 날아 밝고 기운을 부려 높이 올라간다. ③ 화룡이 앞
에서 몰고 정수리를 뚫고 빛이 날아오르면 신이 어디랄 곳도 아닌 곳으

---

1) 『太上玉晨鬱儀結璘奔日月圖』: 凡行鬱儀奔日之道, 旦旦常當伺視日初出之時, 無日
當靜室中, 對日東向, 叩齒九通, 臨目閉氣九息, 又咽日光暉九徧, 存光霞使入口中, 即
而吞之. 畢, 微呼曰: 日中青帝, 諱圓常元, 字照龍韜, 衣青玉錦帔, 蒼華飛羽裙, 建翠
芙蓉晨冠. 日中赤帝, 諱丹靈峙, 字綠虹映, 衣絳玉錦帔, 丹華飛羽裙, 建丹芙蓉靈明冠.

로 들어가 울의에게 알현한다. 눈을 깜박이는 사이에 위로 올라 신령스
러운 빛과 하나가 되면 하나의 진인이 근본을 좇아 팽시를 없애 준다.[2]

鬱儀結璘: 울의鬱儀는 해의 정기를, 결린結璘은 달의 정기를 복식하
는 수행법이다.

2) 乃見玉淸虛無老, 可以回顔塡血腦.

見虛無老: 양구자는 도와 합일된다는 뜻이라고 밋밋하게 말했다.[3]
허虛 또는 노老는 도교의 성인을 지칭할 때 자주 쓰인다. 결국 허무
로虛無老를 알현한다는 뜻이다.

可以回顔塡血腦: 나이가 들면 중력 때문에 뇌가 내려앉아 윗부분
에 공간이 있다. 뇌를 채운다는 것이 반드시 해부 관찰에 토대한 것
은 아니겠지만, 그럴 가능성이 높아 보인다.

3) 口銜靈芝擁五皇, 腰帶虎籙佩金璫.

靈芝: 양구자의 『황정내경옥경주』에는 "靈芒"으로 되어 있다. 해
와 달의 빛이라는 뜻이다. 해와 달의 빛나는 기운을 형용한 말이다.
분일월법을 수행하여 수행자가 입에 해와 달의 기운을 머금고 있는
모양을 묘사했다.

---

2) 『太上玉晨鬱儀結璘奔日月圖』: 陽生元海, 自下而升, 混混陽精, 逐散羣陰, 中有大神,
　鬱儀之君, 降此眞氣, 濯我身形. 金輪呈瑞, 洞煥陽明, 炎光奔飛, 萬里流精, 魔爽滅焰,
　塵垢蕩淸, 沖虛飛步, 馭氣高升. 火龍前驅, 透頂光飛, 神入無何, 朝拜鬱儀, 瞬目上御,
　混合靈輝, 一眞逐本, 燒滅彭尸.
3) 『黃庭內景玉經注』: 昇三淸之上, 與道合同也.

五皇: 본래는 '五星'으로 되어 있다. 일·월의 신을 말하는 중에 갑작스레 오성을 언급할 까닭이 없다. 양구자의 『황정내경옥경주』를 따른다. 태양 속의 오제를 이르는 말이다. 앞의 『태상옥신울의결린분일월도』에 따르면 해에는 청제·적제·백제·흑제·황제의 오제가, 달에는 청제부인·적제부인·백제부인·흑제부인·황제부인이 있다.

虎籙: 중지장(제5)과 상노상(제16)의 호부虎符, 비부장(제13)의 호장虎章, 비장장(제15)의 용호장龍虎章과 같다. 내용상 상도장과 흡사하다.[4]

金璫: 앞서도 말했던 유금화령을 가리킨다.

4) 駕歘接生宴東蒙.

歘: 은경장隱景章(제24)의 숙훌倏歘과 같다. 바람을 타고 홀연히 간다는 뜻이다.

接生: 태양 속의 수명을 담당하는 신이다. 『정통도장』 동진부 본문류에 있는 『대동옥경大洞玉經』에 나온다.[5]

---

4) 『太上黃庭內景玉經』: 子存內皇與我遊, 身披鳳衣銜虎符, 一至不久昇虛無.
5) 『大洞玉經』: 接生, 日中司命名也.

玄元章第二十七

玄元上一魂魄煉. 一之爲物叵卒見, 須得至眞始顧眄. 至忌死氣諸穢賤,
六神合集虛中宴. 結珠固精養神根, 玉籥金籥常完堅, 閉口屈舌食胎津,
使我遂煉獲飛僊.

현원과 상일의 기운 즉 원기로 혼백을 단련한다. 일이라는 것은 갑자기 보
이지 않으니 모름지기 지극히 참된 것을 얻은 후에야 볼 수 있다. 죽음의
기운과 뭇 더러운 기운을 멀리하면, 오장신과 담신이 황정에 모여 잔치를
벌인다. 신령한 생명을 만들고 정을 확고하게 하며 신의 뿌리를 기르고,
황정의 기운이 새어나가지 않게 늘 견고하게 하며, 입을 닫고 혀를 구부려
태진을 먹으면 나는 단련이 완수되어 하늘로 날아오를 수 있다.

해제 이곳에서도 존사에 강조점을 두고 있다. 특히 수일守一의 존사를 암
시하고 있는 점이 특징적이다.

1) 玄元上一魂魄煉, 一之爲物叵卒見.

玄元上一魂魄煉: 양구자는 일에 의거하여 신을 단련하고, 신은 단
련되어 일에 합치한다고 했다.[1] 현원이나 상일은 모두 최초의 하나
로서 원기元氣와 유사한 개념이다.

一之爲物叵卒見: 양구자는 일은 둘이 없음을 일컫는 것으로, 마음
이 담박하면 일을 얻을 수 있는데, 앎으로 얻을 수 있되 볼 수는 없
다고 했다.[2] 파叵를 불가不可의 의미로 본 것이다. 일一은 수일의 수

---

1) 『黃庭內景玉經注』: 資一以煉神, 神煉以合一.
2) 『黃庭內景玉經注』: 一者, 無二之稱也. 心恬淡以得之, 知得之而不可見.

행법을 말하는 것이다. 상청파가 존사를 주된 수행법으로 삼기 이전에도 다양한 존사수행법이 있었다. 당시의 상황을 갈홍은 다음과 같이 요약했다.

스승께 들건대, 도술을 다루고 있는 여러 경 중 존사하여 악을 물리치고 몸을 보호할 수 있는 것에는 수 천 가지가 있다고 한다. 예를 들면, 함영含影·장형藏形과 수형무생守形無生·구변九變·십이화十二化·이십사생二十四生 등 몸속의 여러 신을 사념하고 내시하여 드러나게 만드는 법은 이루 다 셀 수 없을 정도인데 모두 효과가 있다.[3]

존사를 통해 신선이 된다는 관념은 강하지 않지만, 수행법의 본질은 다르지 않다. "내관이라든가 존사라고 칭해지는 일종의 명상법으로…이것은 체내에 거주하는 신들을 존사하든가, 혹은 일·월·성 등의 일정한 상(이미지)을 묘사해서 그것을 존사하든가, 혹은 기가 오장을 순차적으로 순회하는 것을 내관(혹은 내시라고 부른다)한다고 하는 기법이다."[4]

『내경경』편집자들은 자신들의 존사수행이 일종의 수일이라고 생각했다. 이 점은 자청장(제29)의 다음 구절을 통해서 확인할 수 있다. "공을 쌓고 단련을 이루는 것은 저절로 그렇게 되는 것이 아니다.

---

3) 『抱朴子』「地眞」: 吾聞之於師云, 道術諸經, 所思存念作, 可以卻惡防身者, 乃有數千法. 如含影·藏形, 及守形無生·九變·十二化·二十四生等, 思見身中之諸神, 而內視令見之法, 不可勝計, 亦各有效也.

4) 坂出祥伸, 『道敎と養生思想』(ぺりかん社, 1992), 144쪽.

이것은 정성에서 말미암는 것으로 또한 일종의 수일이다."[5]

2) 六神合集虛中宴. 結珠固精養神根.

六神: 심신장(제8)에서 말하는 오장신과 담신을 말한다.

虛中宴: 양구자는 몸이 빈 것이라고 했다.[6] 황정이다. 은장장(제35)에서 단서를 찾을 수 있다. 은장장에서는 "만신이 흠향한다"고 말하고 있는데, 흠향하는 장소는 중궁 즉 황정이다.[7]

神根: 상유장(제2)의 영근靈根과 같다. 황정에 있는 생명의 근원이다.

3) 玉匙金籥常完堅, 閉口屈舌食胎津, 使我遂煉獲飛僊.

玉匙: 열쇠라는 뜻이다. 뚜총은 성기를 묘사한 것이라고 하지만, 황정을 말하다가 갑자기 성기를 언급하는 것은 적절하지 않다.[8]

金籥: 황정장(제4)에는 "玉籥閉兩扉"로 되어 있다. 이곳에서도 다르게 볼 이유가 없다. 황정을 묘사한 표현이다.

5)『太上黃庭內景玉經』: 積功成煉非自然, 是由精誠亦守一.

6)『黃庭內景玉經注』: 身中虛空則宴然而安樂, 不則憂泣矣.

7)『太上黃庭內景玉經』: 耽養靈根不復枯, 閉塞命門保玉都, 萬神方胙壽有餘, 是謂脾建在中宮.

8) 杜琮·張超中,『黃庭經今譯·太乙金華宗旨今譯』, 85쪽.

僊人章第二十八

僊人道士非有神, 積精累氣以爲眞. 黃童妙音難可聞, 玉書絳簡赤丹文.
字曰眞人巾金巾, 負甲持符開七門. 火兵符圖備靈關, 前昂後卑高下陳.
執劍百丈舞錦幡, 十絶盤空扇紛紜. 火鈴冠霄墜落煙, 安在黃闕兩眉間,
此非枝葉實是根.

선인이나 도사라고 해도 (본래부터) 신묘함이 있는 것은 아니고, 정을 쌓고
기를 누적시켜 진인이 되었을 뿐이다. 황동 즉 황정신이 황정의 도를 설명
해 주는 묘음은 듣기 어렵다. 황정경은 붉은 대쪽에 붉은색으로 쓰였다.
황정신의 자는 진인이라 하는데 금색 건을 쓰고, 몸에는 갑주를 둘렀으며,
부록을 지니고 일곱 개의 문을 연다. 화병이 부도를 지니고 신령스러운 관
을 지키고 있다. 신병의 열은 앞이 높고 뒤는 낮다. (황정신은) 백 길이나 되
는 검을 쥐고 있고, 비단으로 된 기가 날리는 중에 열 길 허공에는 부채가
어지럽게 펄럭인다. 화령이 하늘에 올리면 신병이 연무처럼 지상으로 떨
어져 이마의 두 눈썹 사이에 편안히 머문다. 이 수행법은 지엽말단이 아니
요, 수행의 뿌리다.

해제 하늘로부터 받은 기운을 누적시키는 것이 수행의 요체임을 말하고
있다.

1) 僊人道士非有神, 積精累氣以爲眞.
僊人道士非有神: 무속적 강신降神을 염두에 두고 하는 말이다. 외
부에서 내려온 신이 없다는 뜻이다.
積精累氣以爲眞: 맥락상 황정에 정기를 쌓는다는 뜻으로 이해해야

할 것이다.

2) 黃童妙音難可聞, 玉書絳簡赤丹文.

黃童妙音難可聞: 양구자에 따르면 황동黃童은 황정진인 즉 황정의 신이다.[1] 『황정경』의 내용을 듣기가 어렵다는 뜻이다.

玉書絳簡赤丹文: 상청장(제1)에 "日玉書可精硏", 경실장(제21)에 "思詠玉書入上淸"이라는 표현이 보인다. 모두 『황정경』을 가리키는 말이다.

3) 字曰眞人巾金巾, 負甲持符開七門.

眞人: 앞에서 말했던 황동 즉 황정의 신이다.

巾金巾: 뚜총은 황색의 두건이라고 했다. 황정신의 두건이라면 황색으로 이해해도 좋을 것이다.

開七門: 『내경경』의 칠은 크게 칠규와 황정을 묘사하는 것으로 나뉜다. 상유장(제2)의 "七液洞流衝廬間", 황정장(제4)의 "七蕤(蕤)玉籥閉兩扉", 폐부장(제9)의 "七元之子主調氣". 황정장의 칠정과 폐부장의 칠원은 황정을 묘사한 말로 보인다. 황정신이 칠규를 담당한다는 것은 이상하게 들린다. 황정에 있다고 가정되는 일곱 개의 문이라고 보아야 할 것이다. 몸은 소우주이고 황정은 작은 몸이라고 생각했을 것이다. 정신을 아낀다는 것은 욕망에 의한 소통을 하지 않아야 한다는 뜻이지, 교감 자체를 막아야 한다는 의미는 아니다.

---

1) 『黃庭內景玉經注』: 黃童, 黃庭眞人, 一名赤城童子.

4) 火兵符圖備靈關, 前昂後卑高下陳.

火兵: 뚜총은 불로 해석했고, 샤오덩푸는 유금화령이라고 했다.[2] 몸 안에서 칠문을 지키는 신장神將을 묘사한 말이다.

靈關: 일반적으로는 삼관을 가리킨다고 보아야 할 것이다. 이곳에서는 몸 안에서 기운이 운행하는 관문을 가리킨다.

前昂後卑高下陳: 양구자는 신장이 지위에 따라 열 지어 있는 모양이라고 본 듯하다.[3] 뚜총과 샤오덩푸는 신체 내의 장부 혹은 기관을 묘사한 것이라고 해석했다.[4]

5) 執劍百丈舞錦幡, 十絶盤空扇紛紜, 火鈴冠霄墜落煙.

執劍百丈舞錦幡: 황정신의 늠름한 모양을 묘사한 것이다.

6) 安在黃闕兩眉間, 此非枝葉實是根.

黃闕: 양구자는 양미간이라고 했다.[5] 뒤에 양미간이 나오므로 이마가 적절해 보인다.

兩眉間: 천정天庭 혹은 궐정闕庭이라고 한다. 『내경경』에는 양미간을 통해 들어온 기운이 황정에 이어진다는 관념이 있다.

---

2) 杜琮·張超中, 『黃庭經今譯·太乙金華宗旨今譯』, 88쪽; 蕭登福, 『黃庭經古注今譯』, 330쪽.
3) 『黃庭內景玉經注』: 列位之形象也.
4) 杜琮·張超中, 『黃庭經今譯·太乙金華宗旨今譯』, 88쪽; 蕭登福, 『黃庭經古注今譯』, 330쪽.
5) 『黃庭內景玉經注』: 存思火兵氣狀, 俱在天庭. 天庭, 一名黃闕, 兩眉間是.

紫淸章第二十九

紫淸上皇大道君, 太玄太和俠侍端. 化生萬物使我僊, 飛昇十天駕玉輪.
晝夜七日思勿眠, 子能修之可長存. 積功成煉非自然, 是由精誠亦守一.
內守堅固眞之眞, 虛中恬淡自致神.

자줏빛 상청에 있는 상황대도군은 태현과 태화의 두 신이 좌우에서 시봉
한다. 만물을 화생하고 나를 신선이 되어 천계에 날아올라 옥륜을 타게 만
든다. 주야로 칠 일간 잠을 자지 않고 존사할 수 있으면 장수할 수 있으리
라. 노력을 쌓아 수련을 완성하는 것은 저절로 되는 것이 아니요, 정성으
로부터 말미암는 것이니 또한 수일일 뿐이다. 안으로 견고하게 지켜야 하
는 것은 참된 것 중에서도 참된 것이니, (참된 것만을 남기고) 내심을 맑게
비우면 담박하여 신이 저절로 이르게 만들 수 있을 것이다.

해제 존사수행으로서의 수일에 대해 말하고 있다. 수일은 욕망과 감정 등
이 제거된 참된 상태를 존사하는 수행법이다.

1) 紫淸上皇大道君, 太玄太和俠侍端.
紫淸上皇大道君: 양구자는『내경경』모두에 나오는 옥신군玉晨君으
로 해석했다.1) 자청은 수식어일 뿐이다.
太玄太和: 양구자는 신선의 호칭이라고 했다.2)

---

1)『黃庭內景玉經注』: 玉晨君也.
2)『黃庭內景玉經注』: 太玄, 太和, 眞仙之嘉號也.

2) 化生萬物使我僊, 飛昇十天駕玉輪.

十天: 뚜총은 니환궁이라고 했는데,[3] 근거 없는 억측이다. 신선이 되면 하늘로 오른다는 뜻으로 보아야 하고, 그런 의미에서 단순히 하늘이라는 뜻으로 쓰였을 것이다.

3) 晝夜七日思勿眠, 子能修之可長存.

晝夜七日: 앞에서도 주야로 잠을 자지 않고 수행해야 한다는 말이 반복해서 나왔다. 예를 들어, 구위장(제3)의 "晝夜不寐"와 간부장(제11)의 "同用七日"이 있다.

4) 積功成煉非自然, 是由精誠亦守一.

是由精誠亦守一: 『내경경』의 존사도 결국 수일의 일종이라는 것을 밝히고 있다.

---

3) 杜琮·張超中, 『黃庭經今譯·太乙金華宗旨今譯』, 90쪽.

百穀章第三十

百穀之實土地精, 五味外美邪魔腥, 臭亂神明胎氣零. 那從反老得還嬰,
三魂忽忽魄糜傾. 何不食氣太和精, 故能不死入黃寧.

곡식의 실질은 토지의 정기요, 오미는 밖은 아름다우나 사특한 마귀의 비
린내가 난다. (오미의 악취는) 신명을 썩어 문드러지게 하고 신령스러운 기
운을 낳는 태의 기운을 영락하게 만든다. (따라서 곡식을 먹으면) 어찌 노화
를 뒤집어 젊어지게 만들 수 있겠는가? (곡식을 먹으면) 삼혼이 힘을 잃고
칠백이 약해진다. 어찌 기를 복식하여 태화의 정기를 먹음으로써 능히 죽
지 않고 황령의 경지에 들 수 있는 것을 하지 않는가?

해제 수행의 핵심은 지기가 아닌 천기를 먹는 데 있다. 이 점을 밝히고 수
행을 권하는 내용이다.

1) 百穀之實土地精, 五味外美邪魔腥.

邪魔腥: 양구자는 청허한 진기가 아니라고 했다.[1] 샤오덩푸는 사
마가 좋아하는 누린내라고 했다.[2]

2) 臭亂神明胎氣零, 那從反老得還嬰.

胎氣: 태식법에서 말하는 성태로 발전할 수 있는 기운이다.『내경
경』의 존사가 태식법과 결합된 상태였음을 알 수 있다. 태식법은 당
대 이후 내단이 유행하면서 힘을 잃었는데, 폐기를 핵심으로 하여

---

1)『黃庭內景玉經注』: 非淸虛之眞氣.
2) 蕭登福,『黃庭經古注今譯』, 339쪽.

입과 코로 호흡하지 않으므로 마치 뱃속의 아이가 호흡하는 것과 같다고 해서 태식이라고 명명되었다. 이 관념은 태의 기운을 성태로 바꿔야 한다는 관념으로 발전했다. 본래 태식은 외기를 받아들이는 것이라는 관념에서 내기를 흡입하는 것이라는 관념으로 변해갔다. 단순히 기운을 삼키는 복기법은 태식법의 맹아 혹은 전단계라고 할 수 있다. 복기하여 폐기하는 단계까지 이르러야 태식이라고 할 수 있다. 아래 글은 도홍경이 저술한 『양성연명록養性延命錄』권하卷下에 나오는 「복기료병편服氣療病篇」의 일부다.

복기경에서는 말한다. 도라는 것은 기다. 기를 보존하면 득도할 수 있고 득도하면 장수할 수 있다. 신이라는 것은 정이다. 정을 보존하면 신이 밝아지고 신이 밝아지면 장생할 수 있다. 정이라는 것은 혈맥의 개천이요, 뼈를 지키는 영험한 신이다. 정이 없어지면 뼈가 마르고 뼈가 마르면 죽게 된다. 이런 까닭으로 도는 그 정을 보배처럼 보존하려 한다. 한밤에서 정오까지를 생기라 하고 정오에서 자정까지를 사기라고 한다. 마땅히 생기 시에는 똑바로 누워 눈을 감고 악고해야 한다. 악고는 갓난아이가 손을 말듯이 네 손가락으로 엄지를 누르는 것이다. 폐기하여 숨을 쉬지 않은 채 마음속으로 이백까지 세고 나서 입으로 기를 내보낸다. 매일 숨을 늘려 나가면 몸과 신이 갖추어지고 오장이 편안해진다. 이백 오십을 셀 때까지 폐기할 수 있으면 눈썹이 밝아지고 눈썹이 밝아지면 이목이 총명해져서 온몸에 병이 없어지고 사기가 사람을 방애하지 못한다.[3]

---

3) 『養性延命錄』: 劉君安曰: 食生吐死, 可以長存, 謂鼻納氣爲生, 口吐氣爲死也. 凡人不能服氣, 從朝至暮, 常習不息, 徐而舒之, 常令鼻納口吐, 所謂吐故納新也. 服氣經曰,

복기에서 발전한 태식법은 시대에 따라 변화를 겪었고, 날이 갈수록 후대의 내단과 흡사해지는 경향도 있었다.『정통도장』태현부의『태식법胎息法』에서는 다음과 같이 말한다.

노군이 말했다. 사람이 죽지 않는 것은 태식에 있다. 자정으로부터 정오 전에 스스로 다리를 벌리고 손으로 다리를 잡고 기침을 하고 2~3회 길게 숨을 내쉰 후 곧 앉아서 악고하고 배꼽 아래에 마음을 모으고 2~3촌 되게 그림자를 만들고 코로 길게 들이 쉰다. 숨이 입으로 들어오면 곧 폐기한다. 폐기가 안정되면 더 이상 삼키지 않고 내쉬지도 않는다. 곧 배꼽 아래에서 기운을 합쳐 작은 점을 만들되 쌀알 크기보다 작게 한다. 아래에서 말하는 수만큼 만들면 다시 앞에서와 같이 들이쉰다. 처음에는 수를 헤아려서 20~30개의 점을 만들 수 있고 점차 백까지 세고 이백 회에 이른 후에 오백 회까지 센다. 만약 수를 헤아려 천 개의 점을 만들 수 있으면, 이것이 작은 태식장 생각노의 방술이다.[4]

<hr />

道者, 氣也. 保氣則得道, 得道則長存. 神者, 精也. 保精則神明, 神明則長生. 精者, 血脈之川流, 守骨之靈神也. 精去則骨枯, 骨枯則死矣. 是以爲道務寶其精. 從夜半至日中爲生氣, 從日中後至夜半爲死氣. 當以生氣時正偃臥, 瞑目握固握固者, 如嬰兒之捲手, 以四指押大母指也. 閉氣不息, 於心中數至二百, 乃口吐氣出之. 日增息, 如此身神具, 五臟安. 能閉氣至二百五十息, 華蓋明. 華蓋明, 則耳目聰明, 擧身無病, 邪不忓人也.

4)『胎息法』: 老君曰: 人之不死, 在於胎息矣. 夜半時, 日中前, 自舒展腳, 手拗腳, 咳嗽, 長出氣三兩度, 即坐握固, 攝心臍下, 作影人, 長三二寸, 以鼻長吸引, 來入口中, 即閉, 閉定勿咽之, 亦勿令出口. 即於臍下合氣作小點子, 下之米大. 如下數已盡, 卻還吸引如前. 初可數得三十, 二十點子, 漸可數百及二百, 後五百, 若能至數放千點子, 此小胎息長生卻老之術.

이곳에서 말하는 수행법은 태식법의 원형과는 거리가 있다.

3) 三魂忽忽魄糜傾. 何不食氣太和精, 故能不死入黃寧.

三魂忽忽魄糜傾: 삼혼칠백에 관해서는 간부장(제11)에서 이미 설명했다.

黃寧: 양구자는 황정의 도가 이뤄진 것을 가리킨다고 했다.[5]

---

[5] 『黃庭內景玉經注』: 黃寧, 黃庭之道成也.

5장
心典章第三十一

心典一體五臟王, 動靜念之道德行. 清潔善氣自明光, 坐起吾俱共棟梁. 晝日曜景暮閉藏, 通達華精調陰陽.

심장은 몸 전체를 관장하는 오장의 왕으로, 움직일 때나 가만히 있을 때 어느 경우라도 심장의 신을 존사하면 도덕이 행해진다. (마음을) 청결하게 하여 기운을 선하게 하면 (마음은) 자연히 밝게 빛나고, (심신은) 앉고 일어설 때 언제나 나와 함께한다. 낮에는 빛을 내고 밤이 되면 닫아걸고 숨으며, 정미한 기운을 (몸에) 두루 통하게 하고 음양을 조절한다.

해제 심장신에 관해 설명하고 있다. 존사의 맥락보다는 일반적인 기의 운행 측면에서 말하고 있다. 심장이 피를 분출하는 곳으로 묘사되고 있다는 점이 특징적이다. 이곳부터 다른 장으로 구분할 수 있다.

1) 心典一體五臟王, 動靜念之道德行.

念之: 심장의 신인 단원丹元동자를 존사한다는 뜻이다.

道德: 현대적 의미의 도덕은 아니고 유가적 도덕도 아니다. 『도덕경』에서 말하는 도덕으로서 개체성을 넘어서는 전체로서의 '그것'이 지니고 있는 힘을 지칭한다. 이곳에서는 인격화된 측면이 없지 않다.

2) 清潔善氣自明光, 坐起吾俱共棟梁.

清潔善氣自明光: 선기善氣와 악기惡氣를 나누고 있다는 점에서 특징적이지만, 『장자』「인간세」의 '허실생백虛室生白'과 다르지 않다.

吾: 양구자는 심신인 단원동자라고 했다.[1] 심장신이 나와 함께하
는 것이므로 수행자 혹은 황정의 신이다.

棟梁: 몸이다.

3) 晝日曜景暮閉藏, 通達華精調陰陽.

晝日曜景暮閉藏: 마음의 낮밤에 따른 활동을 의미한다.

通達華精調陰陽: 심신장(제8)의 "六腑五臟神體精, 皆在心內運天經"
에 나오는 천경과 부합한다. 심장을 중심으로 하는 한의학의 경맥
과 같은 경로를 정화로운 기운이 다니면서 몸의 음양을 조율한다는
뜻이다. 한의학에서 말하는 위기衛氣의 운행과 부합한다.『황제내
경』에서는 위기의 운행은 낮밤의 패턴을 따른다고 했지만, 운행방
식은 불분명하다.『영추』「위기행」편에서는 먼저 28수를 중심으로
하는 천문과 그 천문에 의거한 시간을 기술하고 있다. 그것은 위기
의 운행이 천문의 변화 패턴과 부합한다는 점을 선언하기 위함이다.
이어서 다음과 같이 서술하고 있다.

위기의 운행은 하루 밤낮 동안 몸을 50바퀴 돌아서 양분을 25바퀴, 음분
을 25바퀴 돈다. 이런 까닭으로 평단에는 음이 다하여 양기가 눈에서 나
온다. 눈을 뜨면 기가 머리로 상행하고 목덜미를 따라 족태양경으로 내
려온다. 이어서 등을 따라 새끼발가락 끝에까지 이른다. 그 흩어진 가지
는 눈초리에서 갈라져 수태양경을 따라 새끼손가락 끝의 바깥쪽에 이
른다. 나뉜 가지는 눈초리에서 나뉘어 족소양경으로 내려와 새끼발가

---

1)『黃庭內景玉經注』: 神以身爲屋宅, 故云共棟梁. 吾, 丹元子也.

락과 네 번째 발가락의 사이로 들어간다.…다시 눈에서 합쳐지므로 이로써 한 바퀴가 된다.[2]

눈에서 나온 위기는 분산하여 육양맥을 따라 내려가는 것으로 여겨진다. 또 태양맥·소양맥·양명맥은 각각 수맥과 족맥이 짝이 되어 족맥으로부터 수맥으로 이어져 있는 것으로 보인다. 이런 기술을 종합하여 위기가 주간에 운행하는 닫힌 회로를 이미지화하는 것은 그리 어렵지 않다. 인용문에 이어서 태양의 운행에 관한 설명이 나오는데, 이것은 변화의 패턴이 부합함을 보여 주기 위한 것이다. 한편 야간의 위기 운행에 대해서 다시 설명이 이어진다.

위기의 운행에 대한 설명은 혼란스럽다. 야마다 게이지山田慶兒는 두 가지 모델을 제안했다.

낮에는 양맥을 25회 돌고, 밤에는 음맥을 25회 돈다는 백고파伯高派의 생각은 나에게 일단 그림 (a)와 같은 운행 회로를 연상시킨다. 즉 위기는 아침에 a(눈)에서 출발하여 ab(足太陽), bc(手太陽), cd(足少陽), de(手少陽), ef(足陽明), fa(手陽明)을 따라 a, b, c, d, e, f를 25회 순환한다. 저녁이 되면 d(足心)에 모여서 dg(足少陰)로 올라간다. g(腎)에 이르렀다가 순서대로 h(心), i(肺), j(肝), k(脾)로 주입된 뒤 다시 g로 돌아온다. (이런 식으로) 밤 동안 g, h,

2) 『靈樞』「衛氣行」: 平旦陰盡, 陽氣出於目, 目張則氣上行於頭, 循項下足太陽, 循背下至小指之端. 其散者, 別於目銳眥, 下手太陽, 下至手小指之間外側. 其散者, 別於目銳眥, 下足少陽, 注小指次指之間, 以上循手少陽之分, 側下至小指之間, 別者以上至耳前, 合於頷脈, 注足陽明以下行, 至跗上, 入五指之間. 其散者, 從耳下下手陽明, 入大指之間, 入掌中. 其至於足也, 入足心, 出內踝, 下行陰分, 復合於目, 故爲一周.

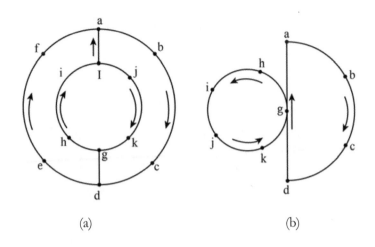

(a)   (b)

i, I, j, k를 25회 순환한다. 아침에 Ia(足少陰)을 통해 a로 오른다.…위기 운행에 관한…기본 생각은…낮에는 밖, 밤에는 안이라는 두 개의 원을 돈다는 것이었다. 그러나 실제의 경로를 고려하면, (b)와 같은 변칙적 경로로 후퇴하지 않을 수 없다는 모순을 드러낸다.3)

한의학의 생리론이 도교수행자의 생리론에 영향을 끼쳤다고 말하는 것은 아니다. 그러나 이곳에서 말하는 조음양調陰陽이 위기 순환을 상기시킨다는 것은 분명한 사실이다.

---

3) 山田慶兒, 『中國醫學の起源』, 359-362쪽.

經歷章第三十二

經歷六合隱卯酉, 兩腎之神主延壽. 轉降適斗藏初九. 知雄守雌可無老,
知白守黑見坐守.

정기는 몸을 두루 돌다가 묘유(즉 두 개의 신장)에 은거한다. 두 신장의 신
은 수명을 주관한다. (머리로 올라간 신장의 정기가) 돌아 떨어져 북두를 따
라 초구에 잠장된다. 수컷을 알고 암컷을 지키면 늙음을 피할 수 있고, 백
을 알고 흑을 지키면 (신이 나타나) 앉아서 지키는 것을 존사할 수 있다.

해제 신장에서 정기를 잠장한다는 것과 그런 정기가 어떤 경로를 거쳐서
신장에 이르는지 말한 후, 두 신장에 있는 정기의 결합을 통해 결단하는 것
을 상징적으로 말하고 있다.

1) 經歷六合隱卯酉, 兩腎之神主延壽.

經歷: 신장에 잠장되는 정의 기운이 몸의 각처를 운행하는 것이다.

隱卯酉: 양구자는 시간 즉 아침과 저녁으로 보았다.[1] 샤오덩푸는
심장과 신장으로 보았다.[2] 후대 내단의 관념에 의탁한 해석이다. 몸
을 운행하던 기운이 저장되는 곳이다. 신장이다. 신장은 척추 쪽에
바짝 붙어 있다. 숨어 있다는 뜻의 隱과 잘 어울린다. 묘유는 각각
왼쪽 신장과 오른쪽 신장이다.

兩腎之神主延壽: 신장의 정기가 생명을 주관하는 생리론은 『황제

---

1) 『黃庭內景玉經注』: 擧心之用拾, 陰陽之所由也. 晝爲經歷, 暮爲隱藏. 六合, 天地內上
　下四方. 卯酉爲朝暮, 幽隱屬也.

2) 蕭登福, 『黃庭經古注今譯』, 347쪽.

내경』과 같다. 『내경경』에서는 당연히 신장이 아닌 황정 즉 비장이 주된 것이어야 한다. 그러나 심장을 중시하는 관념의 존재를 통해서도 알 수 있듯이, 『내경경』 안에는 다양한 수행론과 그에 수반되는 생리론 혹은 심리론이 복잡하게 얽혀 있다.

2) 轉降適斗藏初九, 知雄守雌可無老.

轉降適斗藏初九: 약득장(제19)의 선기옥형璇璣玉衡은 심장 부위와 관련되어 있다. 침을 삼켜서 기운이 심장을 거쳐 신장으로 내려와 잠장되는 모습을 묘사한 것이다. 주역의 효 중에서 가장 아래쪽에 있는 초구初九는 오장 중 가장 아래에 있는 신장에 대응한다. 기운이 신장에 잠장된다는 뜻이다.

知雄守雌: 황정은 대략 두 신장의 가운데쯤에 있다. 두 신장을 암수의 어울림으로 보고 말한 것이다.

3) 知白守黑見坐守.

知白守黑: 양구자주본에는 "知白見黑急坐守"로 되어 있다. 운급칠첨본도 마찬가지다. 『도덕경』 28장의 "知其白, 守其黑, 爲天下式"에서 온 말이다. 知白守黑이 맞다. 『주역참동계周易參同契』에서는 이 말을 받아서 "知白守黑, 神明自來. 白者金精, 黑者水基"라고 했다. 『주역참동계』는 외단으로도 내단으로도 해석될 수 있다. 정확히 말하면 외단의 용어를 사용한 내단서라고 할 수 있다. 외단의 맥락에서 백과 흑은 수은과 납을 가리킨다. 내단에서는 심화心火와 신수腎水 혹은 백호와 청룡을 가리킨다. 이곳에서는 두 개의 신장을 가리킨다.

見坐守: 앞의 '지백수흑知白守黑'은 백과 흑의 결정을 통해 성태가
만들어진다는 뜻이다. 이미 성태가 만들어졌으므로 그런 성태를 볼
수 있게 된다는 뜻이다.

肝氣章第三十三

肝氣鬱勃清且長, 羅列六腑生三光. 心精意專內不傾, 上合三焦下玉漿.
玄液雲行去臭香, 治蕩髮齒鍊五方. 取津玄膺入明堂, 下溉喉嚨神明通.
坐侍華蓋遊貴京, 飄颻三清席清凉. 五色雲氣紛青蔥, 閉目內眄自相望,
使諸心神還相崇, 七玄英華開命門. 通利天道存玄根, 百二十年猶可還.
過此守道誠甚難, 唯待九轉八瓊丹, 要復精思存七元. 日月之華救老殘,
肝氣周流終無端.

간기는 활발하며 맑고 길다. 육부를 줄지어 놓고 삼광을 낳는다. 마음이 정밀하고 뜻이 전일하면 안에서 기울지 않고, 위로 삼초에 이어져 옥장을 내려 보낸다. 현액은 구름처럼 운행하여 (몸 안의) 썩은 기운을 없애고, 두발과 이를 깨끗이 하며 오장도 단련한다. 혀 아래의 현응에서 진액을 취해 명당궁으로 올라갔다가, 아래로 후롱으로 흘러 들어가 신명과 통한다. 폐장의 신 옆에서 시봉하고 앉았다가 심장으로 놀러 간다. 가벼이 삼청 즉 몸의 삼단전을 날아올라 청량한 기운을 탄다. 오장의 구름 같은 기운은 어지러이 푸르다. 눈을 감고 안을 들여다보면 오장의 신들이 서로 바라보고, 심장에 있는 신들로 하여금 서로 존숭하게 하면, 칠현을 지키는 신이 명문을 연다. 천도를 잘 통하게 하고 현근을 존사하면, 백이십 세라고 해도 다시 젊어질 수 있다. (그러나) 이 나이를 넘기면 수련한다고 해도 참으로 어려워 오직 구전팔경단에 의존할 수밖에 없으니, 모름지기 다시 칠원을 존사해야 한다. 일·월의 정기는 나를 늙음으로부터 구원하는바, 간기는 두루 흘러 멈춤이 없다.

해제 육부의 기운을 올려 주는 간의 기능을 설명하고, 기운의 순환에 대해 묘사하고 있다.

1) 肝氣鬱勃淸且長, 羅列六腑生三光.

鬱勃: 심신장(제8)에서는 "肝神龍煙字含明, 翳鬱導煙主濁淸"이라고
했다. 이곳의 의미와 통한다. 간은 담에서 받은 기운을 위로 올려 주
므로 기운이 크다고 한 것이다. 담부장(제14)에서는 담이 육부의 정
을 관장한다는 점을 말하고 있다.[1]

羅列六腑生三光: 몸에서 육부는 바다 혹은 대지에 해당한다. 일·월·
성의 세 빛이 떠오르는 모양을 묘사한 글이다.

2) 心精意專內不傾, 上合三焦下玉漿.

心精意專內不傾: 간을 거쳐 올라간 기운이 심장에 이를 것이므로
심장에 대해 말했다.

三焦: 앞에서 몇 번 설명했다. 상·중·하초가 있는데, 본래 하초에
서 시작되었다. 하초는 신장에서 방광에 이르는 경로가 불확실하고
해당 부위에 있는 조직의 특성에 근거해서 명명되었다. 후에 삼초는
수액대사를 관장하는 것으로 확장되었다. 삼초를 거쳐 신장까지 이
어지는 수액대사 과정을 담당하는 기관이라는 뜻으로 사용되었다.

玉漿: 침. 옥액玉液·예천禮泉·영액靈液이라고도 한다. 입을 옥지에
비유하기도 한다.

---

[1] 『太上黃庭內景玉經』: 膽部之宮六腑精.

3) 玄液雲行去臭香, 治蕩髮齒鍊五方.

玄液: 육부에서 위로 올라가서 침으로 바뀐 기운이다.

五方: 양구자는 오장이라고 했다.[2]

4) 取津玄膺入明堂, 下漑喉嚨神明通.

玄膺: 천중장(제6)에 나왔다. "舌下玄膺生死岸." 침샘이라는 뜻이다.

明堂: 뇌부구궁 중 아래의 가장 앞에 있는 궁이거나 심장이다. 아래 주석에서 확인할 수 있듯이 양구자는 심장으로 본 듯하다. 그러나 맥락상 맞지 않는다. 이곳에서는 뇌부구궁 중 하나인 명당궁을 가리킨다.

下漑喉嚨神明通: 양구자는 침샘 즉 현응에서 나온 침을 삼키면 후롱 즉 중루로 들어간다고 하고, 중루의 아래는 명당, 명당 아래는 동방, 동방 아래는 단전으로 이것이 '중부中部'라고 했다.[3]

5) 坐侍華蓋遊貴京, 飄飆三淸席淸涼, 五色雲氣紛靑蔥.

華蓋: 눈썹이거나 폐다. 양구자는 폐라고 했다.[4] 폐라고 하면 뒤의 삼청과 잘 연결되지 않는다는 문제가 있다. 삼청은 머리 쪽에 있는 것처럼 보이기 때문이다. 이 문제 때문에 양구자는 삼청의 淸을 '帝'라고 하고, 삼제를 단전이라고 해석했다.[5] 이 구절은 천중장(제6)의

---

2) 『黃庭內景玉經注』: 五方, 五臟也.

3) 『黃庭內景玉經注』: 咽液之道, 鈴自玄膺下入喉嚨. 喉嚨, 一名重樓. 重樓之下爲明堂, 明堂之下爲洞房, 洞房之下爲丹田. 此中部.

4) 『黃庭內景玉經注』: 華蓋, 肺也. 肝在肺之下.

5) 『黃庭內景玉經注』: 言肝氣飄飄, 周流三丹田之所也. 肝氣爲目精, 故言席淸涼.

다음 글과 부합한다. "灌溉五華植靈根, 七液洞流衝廬間, 迴紫抱黃入丹田, 幽室內明照陽門." 양구자의 해석을 따를 만하다.

貴京: 양구자는 단전이라고 했다.[6] 앞뒤의 맥락이 모두 심장을 떠나지 않는다. 심장이다.

清涼: 은장장(제35)의 "恍惚之間至清靈"에서 청령은 가슴 부위를 가리킨다. 이곳에서도 같은 곳을 가리킨다.

青蔥: 푸른 비취색으로, 생명의 기운을 상징한다.

6) 閉目內眄自相望, 使諸心神還相崇.

閉目內眄自相望: 양구자는 오장이 보이는 것이라고 했다.[7] 내 안의 신과 내가 서로 마주보고 있는 모습이다.

使諸心神還相崇: 이 역주서의 저본인『태상황정내경옥경』에는 相이 "自"로 되어 있다. 양구자본을 따라 고쳤다.

7) 七玄英華開命門, 通利天道存玄根.

七玄英華開命門: 선인장(제28)의 "字曰眞人巾金巾, 負甲持符開七門"과 호응한다. 이곳의 진인은 황정의 신이다. 칠현은 황정장(제4)의 칠정七莛과 통한다. 황정의 구조물이다. 명문은 배꼽이다. 배꼽을 결단結丹 즉 성태가 나오는 모양과 부합한다.

玄根: 상유장(제2)에 나오는 영근靈根과 같다. 황정 즉 췌장에 있는 이자관과 부합한다.

---

6)『黃庭內景玉經注』: 貴京, 丹田也.
7)『黃庭內景玉經注』: 常存念之, 五臟自見矣.

通利: 천중장(제6)에 "通利道路無終休"라는 구절이 있다. 이곳의 도로道路는 얼굴에 있는 것이지만 뜻은 다르지 않다. 신이 다니는 길을 잘 치워 둔다는 뜻이다. 신은 기운이 의인화된 것이라고 할 수 있다.

8) 百二十年猶可還, 過此守道誠甚難.

還: 다시 젊어진다는 뜻이다. 상도장(제16)에서는 "三神還精老方壯"이라고 했다. 정을 돌린다는 뜻으로서 반返과 같다.

9) 唯待九轉八瓊丹, 要復精思存七元.

九轉八瓊丹: 『황제구정신단경결黃帝九鼎神丹經決』은 연단술사 전체를 대표하는 문헌으로 『포박자抱樸子』 「금단金丹」 편에 보이는 '구정단경九鼎丹經'이 그 안에 포함되어 있다. 구정단경에서의 구정은 아홉 번의 변화를 함축한다. 황화수은과 수은을 뽑아내고 이것을 다시 산화수은으로 만드는 과정 그리고 이로부터 수은을 뽑아냈다가 다시 산화수은으로 만드는 과정을 아홉 번 반복한다고 해서 구정이라 한 것이다. 이곳의 구전九轉도 같은 맥락에서 사용된 것이다. 연단술서 중에는 구전이라는 표현이 들어간 것이 적지 않다. 그러나 '경瓊' 자가 들어간 단약이나 연단술서는 보이지 않는다. 상청파 연단술서 중에는 『태상팔경사예자장오주강생신단방경太上八景四蕊紫漿五珠絳生神丹方經』이 있다. 이곳의 瓊은 '景'과 통하는 글자일 것이다.

要復精思存七元: 칠원을 다시 정미하게 존사한다는 뜻이다. 직전에 외단을 말하고 이곳에서 존사를 말한 것에는 까닭이 있다. 도홍경은 이렇게 말했다. "금작신단의 도만을 얻었다고 해도 곧 신선이 될 수 있으니, 다른 방법은 필요치 않다. 만약 대동진경을 얻었다면 결코 금단의 도는 필요하지 않으니 대동진경을 만 번 읽으면 신선이 될 수 있을 것이다."8) 금작金汋·신단神丹 즉 연단의 도와『상청대동진경』의 존사법은 모두 신선이 될 수 있는 방법이다. 그러나 상청파가 연단이 존사와 대등한 수행법이라고 생각했던 것은 아니다. 연단은 불사의 방법이기는 하지만, 존사에 비해 작은 술법일 뿐이다. 얻으면 가능하다는 말은 얻기 어렵다는 뜻이다. 도홍경은 연단을 존사와 대등한 것처럼 평가한 듯하지만, 실은 실현하기 어려운 방법이라고 생각했을 것이다. 연단은 결과를 얻기 어렵거나 비교적 수준이 떨어지는 양생술이라는 것이 상청파의 일반적 인식이었을 것이다.

存七元: 양구자는 북두칠성과 칠규를 담당하는 신이거나, 오제원군과 백원군 그리고 무영군을 말한다고 했다.9) 폐부장(제9)의 칠원과 다르지 않다. 황정이다.

10) 日月之華救老殘, 肝氣周流終無端.

日月之華救老殘:『내경경』은 초기의 태식호흡법 그리고 내단의 원

---

8)『眞誥』: 若得金汋神丹, 不須其他術也, 立便仙矣. 若得大洞眞經者, 復不須金丹之道也, 讀之萬過, 畢便仙也. 금작은 금액과 같다. 갈홍은『금액단경』의 금액과『구정단경』의 단을 합칭해서 금액구단 혹은 금액신단이라고 말했다.『抱朴子』「金丹」: 抱朴子曰. 合此金液九丹, 既當用錢, 又宜入名山, 絕人事, 故能爲之者少… 鄭君雲, 左君告之, 言諸小小山, 皆不可於其中作金液神丹. 단이거나 액이어야 한다. 이곳의 금작신단도 금작과 신단의 합칭이다.

9)『黃庭內景玉經注』: 七元者, 謂七星及七竅之眞神也. 又五帝元君及白元, 元英君, 亦爲七元道君.《洞房袂》云: 存七元者, 其咒曰: 迴元隱遁, 豁落七辰. 乃七元也.

형인 존사가 혼합되어 있는 문헌이다. 이미 말했듯이 당대唐代에는 태식을 위한 기운을 내기로 보았으나,『내경경』의 성립 시기에는 외기로 보았다. 일반적인 인식이 그랬다. 일월지화日月之華는 그런 외기를 대표하는 것이다. 고분장(제26)의 울의鬱儀와 결린結璘은 각각 일신과 월신의 존사수행법을 가리킨다.

肺之章第三十四

肺之爲氣三焦起, 視聽幽冥候童子. 調理五華精髮齒, 三十六咽玉池, 開通百脈血液始. 顔色生光金玉澤, 齒堅髮黑不知白. 存此眞神勿落落, 當憶紫宮有座席, 衆神合會轉相索.

폐의 기는 삼초에서 시작된다. 신장을 보고 들으며 신장의 동자를 살펴본다. 오장의 기운을 조절하고 머리카락과 치아를 정미롭게 한다. 옥지를 서른여섯 번 삼키고 온갖 맥을 열면 혈액이 흐르기 시작한다. (그러면) 안색에서 빛이 나 금이나 옥과 같이 번쩍인다. 치아가 견고해지고 머리털은 검어져 희어지지 않는다. 이 (폐의) 진신을 존사하여 게으름을 피우지 말아야 한다. 마땅히 폐에 (신의) 좌석 즉 신이 있음을 생각해야 한다. 몸 안의 여러 신이 (폐부에) 함께 모여 서로를 찾는다.

해제 기운의 순환에서 폐가 담당하는 역할과 폐장을 존사했을 때의 효과에 관해 말하고 있다.

1) 肺之爲氣三焦起. 視聽幽冥候童子, 調理五華精髮齒.

三焦: 『소문素問』「영란비전론靈蘭秘典論」에서 삼초는 결독決瀆의 관 즉 도랑과 같은 역할을 하는 기관으로 물줄기가 이로부터 나온다고 했다.[1] 『난경』「삼십일난」에서 삼초는 수곡의 도료요, 기가 시작되고 끝나는 곳이라고 했다.[2] 세부 설명은 다르지만 몸의 수액대사를 담당하는 기관이라고 볼 수 있다. 『황제내경』의 수액대사는 몸

---

[1] 『素問』「靈蘭秘典論」: 三焦者, 決瀆之官, 水道出焉.

[2] 『難經』「三十一難」: 三焦者, 水穀之道路, 氣之所終始也.

에서 내려간 물이 방광에 이르렀다가, 아래의 찌는 기운에 의해 다시 위로 올라가는 구도가 기본이다. 이 과정을 담당하는 것이 삼초다. 음식이 위로 들어갔다가 변으로 나오는 것과는 다른 생리를 구성해야 했던 『황정경』 저자들이 삼초를 빌려 쓴 것이다.

視聽幽冥: 유명幽冥은 유궐幽闕과 같다. 신장이다.

候童子: 양구자는 심장신으로 봤다.[3] 그러니 신장신으로 봐야 할 것이다. 체간에서 가장 위에 있는 폐와 가장 아래에 있는 신장을 대응시켜 언급했다.

五華: 양구자는 오장의 기운이라고 했다.[4] 상유장(제2)에 "灌漑五華植靈根"이라는 구절이 있다. 오장의 기운이다.

2) 三十六咽玉池, 開通百脈血液始.

玉池: 침을 옥액 혹은 영액이라고 했다. 같은 뜻이다.

開通百脈血液始: 한의학의 논리에 따르면 음식을 먹고 음식의 기운이 수태음폐경手太陰肺經에 이르는 것으로 생리 과정이 시작된다. 『내경경』에서는 침을 삼키면서 그 과정이 시작된다고 본 것이다.

3) 存此眞神勿落落, 當憶紫宮有座席, 衆神合會轉相索.

眞神: 폐장의 신.

勿落落: 양구자는 정성스럽고 게으르지 않은 뜻이라고 해석했다.[5]

---

3) 『黃庭內景玉經注』: 童子, 心神, 赤城中者.
4) 『黃庭內景玉經注』: 五華, 五臟之氣.
5) 『黃庭內景玉經注』: 專誠不墮.

紫宮: 양구자본에는 "此宮"으로 되어 있다. 차궁이라고 하면 의미가 더 분명해지지만, 폐장을 말한다는 점에서는 차이가 없다. 『내경경』에서 자紫는 상서로운 빛으로 자주 사용된다.

眾神合會轉相索: 현원장(제27)에 "六神合集虛中宴"이라는 구절이 있다. 현원장에서는 황정으로 보았는데, 이곳은 폐에 관해 주로 말하고 있으므로 황정이라고 보기 어렵다. 『외경경』에서는 "下于喉嚨何落落, 諸神皆會相求索, 下入絳宮紫華色"이라고 말하고 있다. 폐가 분명하다.

隱藏章第三十五

隱藏羽蓋看天舍, 朝拜太陽樂相呼, 明神八威正辟邪, 脾神還歸是胃家.
耽養靈根不復枯, 閉塞命門保玉都, 萬神方昨壽有餘, 是謂脾建在中宮.
五臟六腑神明主, 上合天門入明堂. 守雌存雄頂三光, 外方內圓神在中.
通利血脈五臟豐, 骨青筋赤髓如霜. 脾救七竅去不祥, 日月列布設陰陽.
兩神相會化玉英, 淡然無味天人糧. 子丹進饌肴正黃, 乃曰琅膏及玉霜.
太上隱環八素瓊, 溉益八液腎受精. 伏於太陰見我形, 揚風三玄出始青,
恍惚之間至清靈, 戲於諷臺見赤生. 逸域熙眞養華榮, 內盼沉默煉五形.
三氣徘徊得神明, 隱龍遁芝雲琅英, 可以充飢使萬靈, 上蓋玄玄下虎章.

폐 아래에 은밀히 숨어 하늘의 집을 바라본다. (좌신에서 떠오른) 태양을 알
현하고 즐거워하며 서로를 부른다. 밝은 신이 팔방에 위엄을 떨치고 바람
으로써 사기를 물리친다. 비장신이 돌아오니 이것이 위다. 영근을 탐하여
기르고 다시는 마르지 않게 하라. 명문을 닫아걸고 옥도를 보존하면 (체내
의) 온갖 신들이 모여 흠향하여 수명에 남음이 있다. 이를 일러 비장이 중
궁에 있다고 한다. (비장의 신은) 오장육부신명의 주인으로 위로는 천문에
합치하고 명당으로 들어간다. (뇌부구궁의) 자일과 웅일을 존사하면 머리
에 삼광이 비칠 것이다. 밖은 모나고 안은 둥근 속에 신이 머문다. (존사수행
을 잘 연마하면) 혈맥이 잘 통하고 오장의 기운이 풍성해지며 뼈는 푸르게
근육은 붉게 변하고, 골수는 서릿발처럼 된다. 비장이 칠규에서 들어오는
재앙을 치유하고 상서롭지 못한 것들을 물리치면, 해와 달이 열 지어 펼쳐
있고 음양이 조화롭게 되리라. 두 신이 서로 만나 옥영을 만들어 내니 담
박무미하여 하늘사람의 곡식이 된다. 황정의 신이 음식을 진상하니, (그

음식은) 아주 노란색이다. 이를 랑고와 옥상이라고 한다. 저 꼭대기에 있는 목과 뇌부에서 팔액이 넘쳐 떨어지면 신장이 정기를 받는다. 태음에 엎드려 있다가 본모를 드러낸다. 바람을 일으켜 일·월·성의 삼현을 드러낼 처음에는 푸른 기운이었다가 문득 맑고 신령스러운 곳에 이르러, 심장에서 기꺼워하며 심장의 신인 적자가 생겨나는 것을 본다. 소요하며 즐거운 진인이 꽃을 길러 내니 고요히 내시하면 오장의 기운을 연마하리라. 세 기운이 몸을 배회하면 신명을 얻을 것이고 간과 담 그리고 황정의 기운으로 배불러서 온갖 신령을 부릴 수 있게 된다. 위의 뚜껑은 현묘하고 또 현묘한데 아래에는 호장을 두르고 있구나.

해제 심전장心典章(제31)부터 이어지는 기운의 순환에 관한 내용을 총괄해서 설명하고 있다.

1) 隱藏羽蓋看天舍, 朝拜太陽樂相呼.

羽蓋: 화개華蓋와 같다. 화개는 폐 혹은 눈썹을 가리킨다. 이곳에서는 폐다.

天舍: 양구자는 간·폐라고 했다.[1] 『외경경』7장에는 "赤神之子中池立"이라는 구절이 있다. 중지는 폐 혹은 흉부이고, 적신지자는 심장이다. 폐와 심장은 위치 때문에 종종 함께 말해진다.

太陽: 양구자는『소영경素靈經』을 인용하여 태상신선에는 태양군太陽君·소양군少陽君·태허군太虛君·호소군浩素君이 있다고 했다. 즉 최

---

1)『黃庭內景玉經注』: 此明脾官之事. 脾爲丹田黃庭, 中央戊己, 土行也. 上觀肝肺, 如蓋如舍也.

고 신격인 태상신선 중 태양신이라는 뜻이다. 간기장(제33)에서는 해·달·별의 삼광이 육부에서 떠오른다고 했다.[2] 육부 바로 위에 있는 비장에서 태양을 알현한다고 할 때 태양에 대응할 것은 심장 외에는 없다. 상유장(제2)에서는 왼쪽을 소양, 오른쪽을 태음이라고 했다.[3] 맥락상 상유장의 소양은 좌신左腎, 태음은 우신右腎에 해당한다. 이런 생각들을 연결시키면, 좌신에서 일어난 소양이 체내의 상부로 올라가 태양이 되었다가 다시 소음으로, 이어서 궁극적으로 태음이 된다는 생각을 읽어 낼 수 있다. 소양은 간, 태양은 심장, 소음은 폐, 태음은 신장에 각각 대응한다.

2) 明神八威正辟邪, 脾神還歸是胃家.

明神: 체내의 팔방을 지키고 있는 신이다.

八威: 황정장(제4)의 "重堂煥煥揚八威"에 보인다. 팔방에 위엄을 드러내는 것이다.

胃家: 비脾와 호응관계에 있으므로 위가胃家라고 했다. 비부장(제13)에서 비부를 태창 즉 위와 짝하는 동자라고 말했다.[4]

3) 耽養靈根不復枯, 閉塞命門保玉都.

靈根: 상유장(제2)의 영근과 같다. 황정이다.

玉都: 옥玉은 자紫와 유사한 기능을 한다. 신령스러움을 표시하는

---

2)『太上黃庭內景玉經』: 羅列六腑生三光.
3)『太上黃庭內景玉經』: 左爲少陽右太陰.
4)『太上黃庭內景玉經』: 是爲太倉兩明童.

수식어다. 『내경경』에서 옥이 장소와 관련되어 쓰인 사례는 모두 세 번이다. 폐부장(제9)의 "下有童子坐玉闕", 영대장(제17)의 "明堂金匱玉房間", 약득장(제19)의 "玉堂絳宇盡玄宮"이다. 심장을 가리키거나 심장의 아래 부위에 해당한다. 이곳에서는 명문이 배꼽이므로 배꼽 뒤다.

4) 萬神方阼壽有餘, 是謂脾建在中宮.

萬神方阼: 온몸의 신들이 황정에서 기른 영근을 흠향歆饗한다는 뜻이다.

中宮: 비脾가 토土에 해당하므로 중궁이라고 했다. 췌장이 있는 곳이 몸의 중앙이기도 하다.

5) 五臟六腑神明主, 上合天門入明堂.

五臟六腑神明主: 비장이 오장육부의 주인임을 말한 것이다.

上合天門入明堂: 비장에서 올라가 명당에 이르는 과정을 묘사한 것이다.

6) 守雌存雄頂三光, 外方內圓神在中.

守雌存雄: 뇌부구궁은 남성 신과 여성 신으로 나뉜다. 그중 아래에 있는 남성 신을 존사하는 것을 '수웅일守雄一'이라 하고, 위에 있는 여성 신을 존사하는 것을 '수자일守雌一'이라고 한다.

頂三光: 뇌부구궁신의 존사를 통해 머리에 일·월·성의 빛이 비치는 것을 말한다.

外方內圓: 땅은 모나고 하늘은 둥글며, 땅은 암컷이고 하늘은 수컷이다. 그러므로 외방내원은 천지의 교감을 상징하는 표현이자, 양의 수은이 음의 납가루 속에 놓인 상태에 대응한다. 신神은 음양의 교감을 통해서 태어난다는 관념이 들어 있다.

7) 脾救七竅去不祥, 日月列布設陰陽.

脾救七竅: 양구자는 비장이 소화를 시켜 이목이 총명해진다는 뜻이라고 했다.[5]

日月列布設陰陽: 몸이 음양의 질서에 따라 조율되는 것을 신체우주관에 빗대어 말했다.

8) 兩神相會化玉英, 淡然無味天人糧.

玉英: 비장장(제15)의 "含漱金醴吞玉英"에서는 침이라는 뜻으로 쓰였다. 좌신과 우신이 황정에서 만나 옥영을 만드는데, 옥영과 침의 근원이 같다는 관념을 반영한 말이다.

9) 子丹進饌肴正黃, 乃曰琅膏及玉霜.

子丹: 비장의 신을 말한다.

進饌肴正黃: 앞의 '만신방조萬神方胙'와 통한다. 몸의 신들이 황정의 기운을 흠향한다는 뜻이다.

---

5) 『黃庭內景玉經注』: 脾磨食消, 耳聰目明.

10) 太上隱環八素瓊, 溉益八液腎受精

太上隱環: 약득장(제19)에서 "重中樓閣十二環"이라고 해서 목을 가리키는 데 환環을 사용했다. 목 부위와 관련 있다.

八素瓊: 경실장(제21)에 "瓊室之中八素集"이라는 표현이 있다. 뇌부 구궁 중 니환궁을 제외한 나머지 여덟이라고 할 수도 있다. 경실장의 경실이 뇌부를 가리키기 때문이다. 혹은 삼소 즉 세 가지 색으로 이뤄진 상서로운 여덟 기운이라고 볼 수 있다.

腎受精: 침을 삼키면 그 진액이 신장으로 들어간다는 것은 『내경경』의 일관된 관점이다.

11) 伏於太陰見我形, 揚風三玄出始青.

太陰: 상유장(제2)에 "左爲少陽右太陰"이라는 구절이 나온다. 소양은 왼쪽 신장을, 태음은 오른쪽 신장을 가리킨다.

我形: 좌신과 우신이 교감하여 만들어 낸 성스러운 생명 즉 후대의 성태다.

三玄: 양구자는 음·양과 화기의 셋이라고 말했다.[6]

12) 恍惚之間至淸靈, 戱於飈臺見赤生.

恍惚之間至淸靈: 『외경경』에 "下於喉嚨通神明, 過華蓋下淸且涼. 入淸冷淵見吾形"이라는 구절이 있다. 『외경경』의 청랭연淸冷淵은 가슴 부위를 가리킨다. 이곳에서도 다르지 않을 것이다. 간에서 올라간

---

6) 『黃庭內景玉經注』: 陰陽二氣與和氣爲三.

기운이 어느 사이엔가 가슴으로 내려온 모습을 묘사하고 있다.

颷臺: 양구자는 신선이 노니는 틈풍대閶風臺라고 했다.[7] 적생赤生을 강궁의 신이라고 하면, 영대 즉 강궁과 같은 것으로서 심장을 가리킨다고 말해야 한다.

13) 逸域熙眞養華榮, 內盼沉默煉五形.

華榮: 생명의 꽃 즉 생명 정화의 정·기·신을 이른다.

內盼: 내시內視와 같은 의미다.

五形: 오장이다.

14) 三氣徘徊得神明, 隱龍遁芝雲琅英.

三氣: 양구자는 삼단전의 기라고 했다.[8] 『내경경』에서는 내단의 삼단전이 확인되지 않는다. 그러나 유사한 개념은 있다. 이곳의 삼기는 심장·황정·단전에 대응한다.

隱龍: 간을 말한다.

遁芝: 중지장(제5)에서 "隱芝翳鬱自相扶"의 은지는 담을 가리킨다. 담 즉 쓸개가 간에 가려 있고 그 모양이 마치 버섯 같아서 은지라고 말한 것이다.

雲琅英: 양구자는 비장의 기운이라고 했다.[9] 앞의 옥영을 참고할 만하다.

---

7) 『黃庭內景玉經注』: 閶風臺, 神仙之遊集也.
8) 『黃庭內景玉經注』: 三丹田之氣也.
9) 『黃庭內景玉經注』: 雲琅英, 脾氣之津液.

15) 可以充飢使萬靈, 上蓋玄玄下虎章.

可以充飢使萬靈: 앞의 '만신방조수유여萬神方胙壽有餘'와 같은 맥락이다. 황정의 기운을 몸의 온갖 신들이 흠향한다는 뜻이다.

上蓋玄玄: 비장의 위쪽에 있는 뚜껑 혹은 관에 비유될 수 있는 것은 횡격막과 화개라고 표현된 폐뿐이다. 횡격막은 지붕 모양이고 폐도 몸의 뚜껑에 비유된다.

下虎章: 비부장(제13)에서는 호장虎章을 두르고 있다고 했다.10) 황정을 묘사한 말이다.

---

10)『太上黃庭內景玉經』: 黃錦玉衣帶虎章.

6장
沐浴章第三十六

沐浴盛潔棄肥薰, 入室東向誦玉篇. 約得萬遍義自鮮, 散髮無欲以長存.
五味皆至正氣還, 夷心寂悶勿煩冤. 過數已畢體神精, 黃華玉女告子情.
眞人既至使六丁, 即授隱芝大洞經. 十讀四拜朝太上, 先謁太帝後北向,
黃庭內經玉書暢. 授者曰師受者盟, 雲錦鳳羅金鈕纏, 以代割髮肌膚全,
攜手登山歃液丹, 金書玉景乃可宣. 傳得審授告三官, 勿令七祖受冥文
患. 太上微言致神僊, 不死之道此其文.

(황정내경경을 암송할 때는) 목욕하여 몸을 깨끗이 하고 비리고 매운 음식
을 먹지 않는다. 정실에 들어가 동향하고 황정경을 암송한다. 대략 만 번
을 암송하면 뜻이 절로 선명해진다. 머리를 풀어헤치고 욕망을 버리면 장
생할 수 있다. 오미가 모두 이르고 정기가 돌아온다. 마음을 편안히 하고
번민을 잠재우며 (마음을) 번거롭지 않게 만들어야 한다. 암송하는 숫자를
마쳐 신정을 체득하면, 황화옥녀가 수행자의 수행했음을 하늘에 고한다.
진인이 이르러 육정을 부리면 곧 상청대동경을 전수해 준다. (상청대동진
경을) 열 번 읽은 후 네 번 절하고 태상을 알현함에, 먼저 태제를 알현하고
이어서 북향한 채 황정내경경을 펼친다. 가르침을 주는 이를 스승이라 하
는데 받는 이는 (스승에게) 맹약한다. 구름비단에 봉황무늬가 있는 옷감 그
리고 황금단추의 예물을 바침으로써 머리를 잘라 신체를 온전히 보존하
지 못하는 수수의 의식을 대신한다. 이어서 손을 잡고 산에 올라 피를 마셔
맹약한다. 이에 비로소 금서옥경이 전수될 수 있다. 전해 받은 이는 살펴
서 주어야 하며 삼관에게 맹약함으로써 칠대의 조상들이 명계의 재환을
받지 않게 해야 한다. 태상대도옥신군이 은미하게 말하여 신선을 이르게
하니, 불사의 도리가 바로 이 글이겠구나.

해제 『내경경』을 암송하는 과정의 의례에 관해 말하고 있다. 『내경경』을 암송한 결과로 『상청대동진경』을 받을 수 있다고 말하는 것에서, 『내경경』 저자들이 두 문헌을 보는 관점을 엿볼 수 있다.

1) 沐浴盛潔棄肥薰, 入室東向誦玉篇.

肥薰: 비리고 냄새나는 음식으로서 송경하기 전에 피해야 하는 것들이다.

2) 約得萬遍義自鮮, 散髮無欲以長存.

萬遍: 만 번.

3) 五味皆至正氣還, 夷心寂悶勿煩冤.

五味皆至: 한의학의 오장에 오미를 배당하는 관례를 전제한 것이다. 오장의 기운이 바르게 되면 정기가 돌아온다는 뜻이다.

夷心: 夷는 平과 같다. 마음을 고요히 한다는 뜻이다.

4) 過數已畢體神精, 黃華玉女告子情.

告子情: 하늘에 그대의 수련 정도를 보고한다는 뜻이다.

5) 眞人旣至使六丁, 卽授隱芝大洞經.

六丁: 정묘丁卯·정사丁巳·정미丁未·정유丁酉·정해丁亥·정축丁丑의 육정신六丁神을 말한다. 비교적 위계가 낮지만 일종의 수호신이다. 이곳에서는 심부름을 담당하는 직위가 낮은 신으로 묘사되어 있다.

大洞經:『상청대동진경』.

6) 十讀四拜朝太上, 先謁太帝後北向, 黃庭內經玉書暢.

太上:『내경경』모두에 나오는 태상대도옥신군을 말한다. 옥신군에서 경배하는 것이다.

太帝:『내경경』을 전수한 부상태제扶桑太帝를 이른다. 양구자는 이이가 동쪽에 있다고 했다.

北向: 양구자는 칠원을 향하는 것이라고 했는데,[1] 그렇다면 칠원은 북두칠성이 된다.

7) 雲錦鳳羅金鈕纏, 以代割髮肌膚全.

雲錦: 구름처럼 가벼운 비단.

鳳羅: 봉황의 문양이 있는 옷감.

金鈕: 황금단추.

8) 攜手登山歃液丹, 金書玉景乃可宣.

歃液: 삽혈歃血 즉 피를 나누어 마시는 맹약의 의식.

9) 傳得審授告三官, 勿令七祖受冥患.

三官: 천天·지地·수水. 본래 오두미도에는 천·지·수의 삼관에게 죄를 참회하는 의식이 있었다.

冥患: 조상이 명계에서 받게 되는 벌.

---

1)『黃庭內景玉經注』: 先謁太帝後北向, 太帝在東, 七元居北故也.